JN412242

스마트한
서비스경영

이상식 지음

Smart
Service Management

유원북스

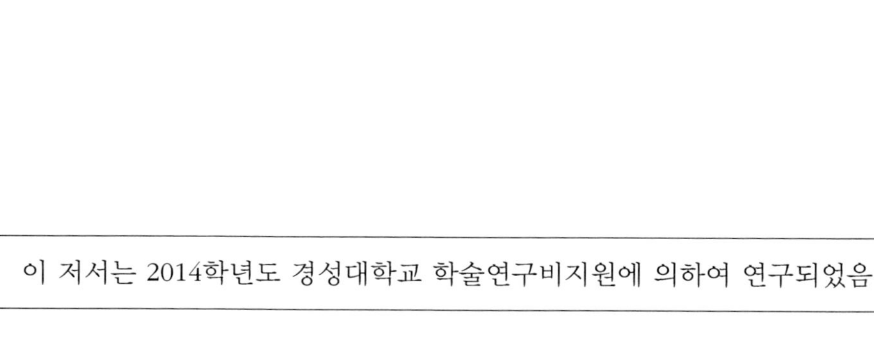

이 저서는 2014학년도 경성대학교 학술연구비지원에 의하여 연구되었음

/ 머리말 /

글로벌 경쟁 심화와 빠른 기술적 변화는 기업이 제품이나 서비스 그 자체만으로는 생존하기 힘들게 만들고 있다. 고객의 변화하는 욕구와 니즈에 맞는 제품과 서비스를 제공할 뿐만 아니라 지속적으로 제품과 서비스를 혁신하는 역량이 필요하다. 경제 발전의 대부분이 유형적 상품이 아니라 지식과 서비스에 의존한 지식기반 서비스 사회로 빠르게 이동하고 있다.

글로벌 제조기업도 제조기술 격차의 감소와 부품의 모듈화로 인해 제품으로 차별화하는 것이 점차 힘들어지자 제품의 서비스화를 경쟁우위 전략으로 활용하고 있다. 제품 판매보다 제품 사용에 따른 유지/보수, 소모품 구입, 기술지원, 금융 등 부대서비스에서 창출되는 수익이 훨씬 커지고 있기 때문이다. 제조부문에서 창출되는 가치보다 디자인, 브랜드, 유통, 사전/사후 서비스에서 창출되는 가치가 더 큰 상황을 대만의 컴퓨터 제조업체 에이서Acer의 창업자인 스탄 신Stan Shin은 스마일커브라고 불렀다. 앞으로 제조보다 서비스에 집중하면 할수록 더 웃을 일이 많다는 것을 반증한다고 하겠다.

앞으로 국내외 양질의 일자리 대부분은 지식서비스산업에서 생겨날 것이다. 선진국일수록 서비스산업이 국가경제에서 차지하는 비중이 더 높으며, 지식서비스에 종사하는 근로자의 비중도 더 높게 나타나고 있다. 지식서비스산업을 이해하기 위해서는 서비스산업과 서비스경영의 전반적인 내용과 흐름을 이해하고 있어야 한다. 그리고 서비스의 특성상 고객과의 상호작용 및 고객의 참여가 서비스의 생산성과 품질에 미치는 영향도 이해해야 한다. 따라서 본서는 고객 중심의 서비스를 통해 기업 경영의 효과성과 효율성을 높일 수 있는 다양한 방법들을 설명하고자 한다.

본서는 지식서비스산업에 종사하고자 하는 대학생들이 서비스경영에 대해 꼭 알아야 할 것이 무엇인지에 대한 고민에서 시작하였으며, 가능한 한 사례를 중심으로 저술함으로써 학생들의 이해력을 높이려고 노력하였다. 국내 기업보다 외국 기업의 사례가 많은 것은 탁월한 서비스로 유명한 기업의 서비스경영 노하우와 서비스 마인드를 소개하고 이를 배우는 기회로 삼기 위함이다. 본서는 학부 학생들이 한 학기동안 배우고 이해했으면 하는 내용으로 이루어져 있지만 서비스기업에 종사하고 있는 임직원들도 읽어보면 서비스를 개선하고 혁신하는데 필요한 아이디어를 얻을 수 있을 것으로 기대한다.

본서는 지난 10년간 서비스경영을 강의하고 연구하면서 생각했던 바를 바탕으로 국내외의 저서와 논문을 참조하여 집필하였다. 많은 선진 사례를 통해 서비스 경영에 대한 이해를 높이고자 노력하였으나 본인의 능력과 견문이 부족하여 충분치 못한 점은 앞으로 독자들의 조언과 충고를 바탕으로 보완하겠다는 약속을 드린다. 본서를 집필하느라 무관심했을 남편과 아빠를 이해해 준 사랑하는 가족에게 먼저 고맙다는 인사를 하고 싶다. 그리고 자료 수집과 편집에 많은 도움을 준 유서영 선생에게도 고마움을 전한다. 마지막으로 본서의 출간을 위해 물심양면으로 도와준 유원북스 관계자 여러분과 도움을 준 모든 분들에게 감사를 드린다.

2015년 2월

경성대학교 교정에서

/ 차　례 /

Chapter 1 서비스 중심의 경제

Chapter 2 서비스의 이해

Chapter 3 비즈니스 모델과 서비스 트라이앵글

Chapter 4 고객만족과 고객경험

Chapter 5 서비스 전략

Chapter 6 서비스 혁신

Chapter 7 서비스품질

Chapter 8 수요와 공급의 관리

Chapter 9 서비스 접점 디자인

Chapter 10 고객 대기 관리

서비스 중심의 경제

> *"To survive and succeed, every organization will have to turn itself into a change agent. The most effective way to manage change is to create it."*
>
> *- Peter Drucker -*

우리는 엄청난 변화가 시시각각 발생하는 혼돈의 시대에 살고 있다. 빠른 기술적 발달은 제품과 서비스를 개발하고 만들고 전달하는 전체 프로세스에 변화를 요구하고 있다. 기존의 내연기관 자동차를 생산하던 GM, 포드Ford, 도요타Toyota가 가솔린과 전기를 함께 사용하는 하이브리드Hybrid 모델을 출시할 때까지만 해도 변화는 점진적이고 예측 가능하였다. 하지만 미국의 테슬라Tesla가 인터넷과 연동된 17인치 터치스크린 모니터에서 제어되는 순수 전기자동차를 개발하여 고가에 판매하는 데 성공하면서 자동차 시장의 앞날도 어떻게 변화될지 알 수 없게 되었다. [그림 1-1]은 테슬라의 대표 차종인 Model S의 외관과 내부를 보여주고 있다. 내연기관이 들어갈 자리에 트렁크

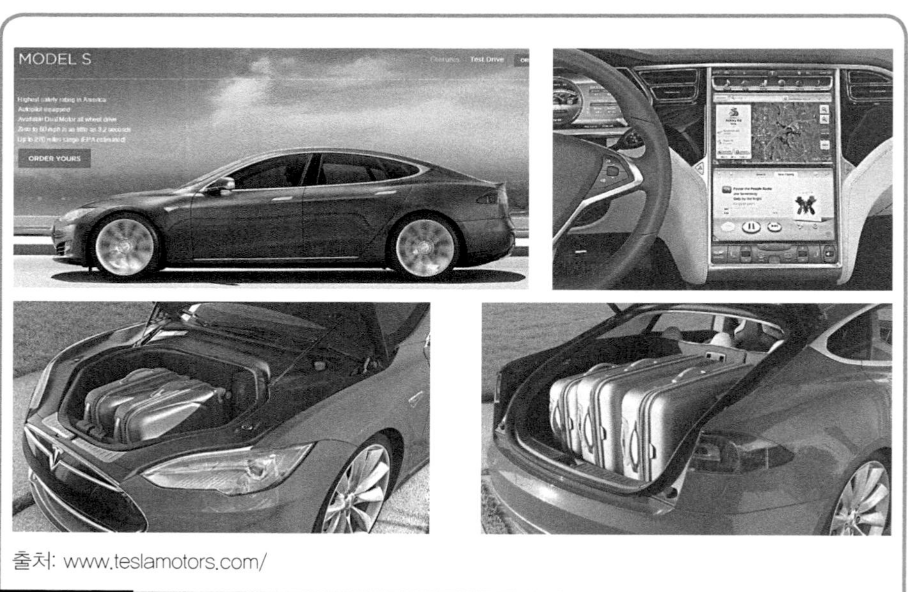

출처: www.teslamotors.com/

그림 1-1 테슬라 자동차의 대표 차종인 Model S

출처: www.cnet.com/news/

그림 1-2 샌프란시스코에서 출발을 앞둔 아우디 A7(일명 Jack)

공간이 있는 것을 볼 수 있는 것처럼 기존의 자동차와는 전혀 다른 기술이 사용되었다.

여기에 더해서 IT기업인 구글Google과 애플Apple이 무인자동차를 개발하여 테스트를 하고 있다는 소식이 전해지고 있다. 매년 1월에 미국 라스베가스에서 열리는 세계최대의 소비자 가전쇼 CES에 2015년에는 자동차회사들이 대거 앱App과 센서기술Sensor technology, 사물인터넷IoT이 결합된 무인자동차를 선보여 스마트카Smart Car 시대를 열고 있다. 아우디Audi는 A7 모델에 20여 개의 센서와 자동항법장치 등을 탑재해 샌프란시스코에서 라스베가스까지 850km가 넘는 거리를 2일 동안 무인으로 주행하는 실험을 성공적으로 마쳤다. 자동차가 더 이상 하드웨어가 아니라 소프트웨어와 정보기술이 복합된 융합 제품화되어 가는 것을 알 수 있다.

무인자동차 기술의 발달은 사람이 자동차를 통제해서 이르어지던 많은 일자리를 빼앗아 갈 수 있다. 트레일러를 운전하는 수많은 운전자의 일자리를 기술이 대체할 수도 있으며, 로봇이 그 역할을 하게 될지도 모른다. 이와 같이 놀라운 기술의 발달은 제품과 서비스라는 이분화된 경계를 허물어뜨리고 제품과 서비스가 결합된 혁신적인 융합 제품 혹은 융합 서비스를 가능하게 한다. 본장에서는 제조 중심에서 서비스 중심 경제로의 이전에 대하 구체적으로 살펴볼 것이다.

1. 서비스경제 사회로의 전환

미국의 경제 · 경영전문지인 포춘Fortune지가 매년 발표하는 Global 500(전세계 매출액 기준 상위 500개 기업)에서 2002년 놀라운 사건이 발생했다. 미국의 대형 소매유통업체인 월마트Wal-mart가 2001년 매출액 기준으로 500대 기업 중 1위를 차지한 것이다. 포춘지가 500대 기업을 발표한 이래 최초로 서비스기업이 1위로 올라섰기 때문이다. 하지만 서비스산업이 경제에서 차지하는 역할과 비중을 보았을 때 이는 이미 예견된 사건이었고, 상위 100대 기업을 살펴보면 64개가 서비스 기업이었다. 그 이후로 2014년까지 월마트는 10차례나 1위를 차지하였으며, 2013년에 4,762억 달러의 매출을 기록해 2014년 발표에서도 1위를 하였다. 2014년에 우리나라의 삼성전자Samsung Electronics가 13위를 차지하여 8위와 9위를 기록한 폭스바겐Volkswagen과 도요타Toyota에 이어 세 번째로 큰 제조업체가 되었다. 12위 내 나머지 8개 기업은 석유화학기업인 로얄 더치 쉘Royal Dutch Shell, 시노펙Sinopec, 엑손 모빌Exxon Mobile 등 에너지 기업이었다.

미래학자인 존 나이스비트John Naisbitt는 미국역사상 처음으로 기술, 관리,

출처: fortune.com/global500/

그림 1-3 포춘지가 발표한 2002년과 2014년 Global 500 기업 순위

표 1-1 ■ 사회별 특징 비교

	전기산업사회	산업사회	후기산업사회
경제 부문	농업, 어업, 광업	제조업	서비스
인간 노동력 사용	육체적인 힘	기계에 의존	예술적, 창조적, 지적능력
생활수준의 척도	생존	재화의 양	건강, 교육, 여가 측면의 삶의 질
구조	전통적, 권위적	관료적, 계급적	상호의존적, 국지적
기술	원료	에너지	정보

사무직에 종사하는 화이트컬러 근로자의 수가 블루컬러 노동자의 수를 넘어선 1956년을 서비스경제의 원년으로 보고 있다. 미국이 산업 중심의 사회에서 벗어나 새로운 사회로 전환했음을 의미하며, 나이스비트는 이 새로운 시대를 '정보사회information society'라고 불렀다. 한편 사회학자인 다니엘 벨Daniel Bell은 같은 사건과 현상을 주시하면서 '포스트산업사회post-industrial society로 진입하였다고 말했다. 이들 학자들이 무엇으로 정의하든지 간에 제조업보다 서비스가 중심이 되는 시대가 되었으며, 흥미로운 사실은 대학교육이 필요한 관리직 및 전문직 근로자의 필요가 더욱 커졌다는 점이다.

〈표 1-1〉는 다니엘 벨이 분류한 전기산업사회, 산업사회, 후기산업사회의 사회별 특징을 나타내고 있다. 산업사회가 재화의 양에 따라 삶의 수준이 결정된다면 후기산업사회는 삶의 질에 관심을 더 많이 가지며, 자연스럽게 건강, 교육, 여가 등의 서비스에 대한 소비가 늘어나게 된다. 후기산업사회에서 핵심적인 자원은 육체적인 힘이 아니라 정보와 지식이며, 지배적인 활동이 서비스이다.

농업과 제조업에서 서비스 산업으로 노동력이 이동하면서 전 세계적으로 서비스가 경제의 중심이 되고 있다. 글로벌 커뮤니케이션, 기술 발전, 도시화, 소득증가와 맞물려 생산, 판매, 소비, 고용 등 경제 전 과정에 걸쳐 서비스의 비중이 크게 높아지는 경제의 소프트화 혹은 서비스화가 크게 진전되고 있다. 특히 최근에는 많은 서비스기업들이 첨단의 정보기술을 활용하여 과거에는 불가능하였던 개별 고객 니즈를 파악하고 분석하여 개인화된 응대와 고객의 편의성을 대폭 개선하는 서비스 혁명을 이루고 있다.

2. 우리나라의 서비스경제 현황

개도국에서 중진국으로 발전하는 단계에서는 산업화에 따라 제조업 부가가치와 고용이 급속히 증가하지만 중진국에서 선진국으로 진입하는 단계에서는 소득수준이 높아지고 서비스 소비가 증가함에 따라 부가가치와 고용에서 제조업이 차지하는 비중은 급격하게 떨어지게 된다. [그림 1-4]와 같이 일반적으로 국민소득 1만 달러를 기점으로 제조업 비중이 감소하기 시작하여 2만 4천 달러가 되면 서비스 경제로 완전히 진입하였다고 인정받는다.

우리나라의 경제도 선진국형으로 발전함에 따라 서비스산업의 비중이 지속적으로 높아지고 있다. 2013년 1인당 GDP가 2만 4천 329달러로 2만 4천

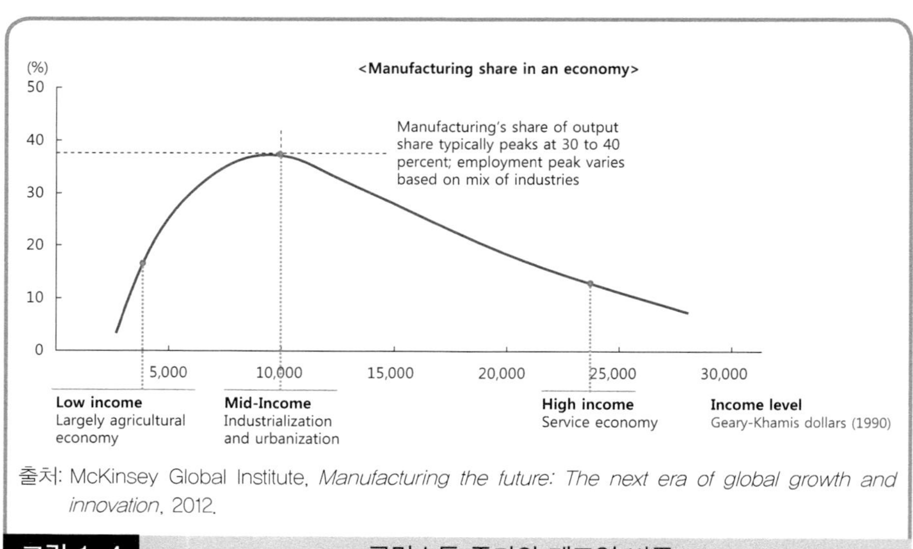

출처: McKinsey Global Institute, *Manufacturing the future: The next era of global growth and innovation*, 2012.

그림 1-4 국민소득 증가와 제조업 비중

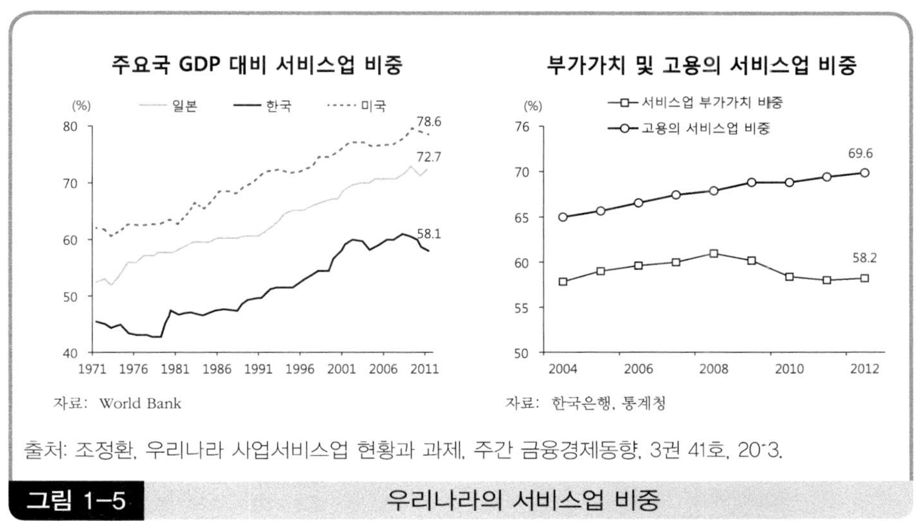

출처: 조정환, 우리나라 사업서비스업 현황과 과제, 주간 금융경제동향, 3권 41호, 2013.

그림 1-5 우리나라의 서비스업 비중

달러를 돌파하여 서비스경제 중심의 국가이다. 하지만 주요 선진국에 비해서 경제 내에 서비스업이 차지하는 비중은 낮은 반면에 고용의 서비스화는 상당히 진행된 상태이다. [그림 1-5]와 같이 우리나라의 GDP 대비 서비스업 비중은 2011년 기준으로 58.1에 불과하여 미국(78.6)과 일본(72.7)에 비하면 상당히 낮은 수준임을 알 수 있다. 그리고 서비스업 고용의 비중은 69.2%로써 주요 선진국보다는 낮지만 서비스화가 상당히 진행되고 있음을 알 수 있다.

하지만 서비스산업의 노동 생산성을 살펴보면 우리나라의 상황이 매우 심각하다는 것을 알 수 있다. 노동생산성에 관한 2014년 경제협력개발기구 OECD의 발표에 따르면 우리나라 근로자의 연간 노동시간은 2,163시간(2012년 기준)으로 OECD 34개 회원국 중 멕시코(2,237시간)에 이어 두 번째로 길다. 반면 한국생산성본부가 OECD 자료를 토대로 국가별 시간당 노동생산성을 비교한 결과, 한국의 노동생산성은 30.4달러로 34개 회원국 중 28위에 그쳐 OECD 평균 노동생산성은 47달러보다도 현격하게 낮았다. [그림 1-6]은 2012년 국가별 연평균 근로시간과 시간당 노동생산성을 보여주고 있는데 노동생산성이 1위인 노르웨이의 40%에도 미치지 못하고 있는 실정이다.

우리나라 전체의 노동생산성이 OECD국가의 평균에도 한참 미치지 못하지만 서비스업 노동생산성은 더욱 심각한 상황이다. 2013년 현재 서비스업

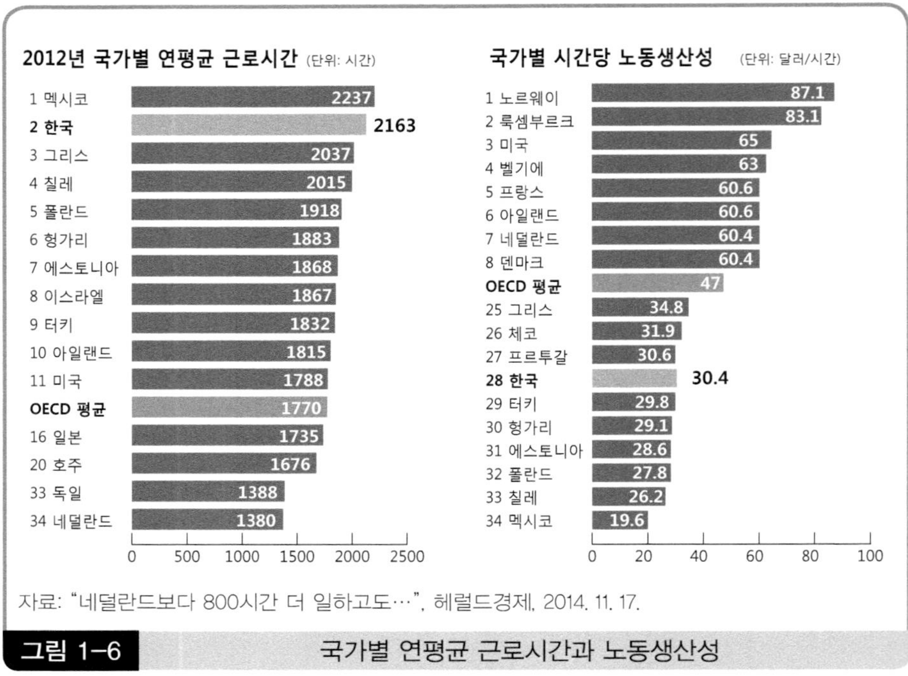

자료: "네덜란드보다 800시간 더 일하고도…", 헤럴드경제, 2014. 11. 17.

그림 1-6 국가별 연평균 근로시간과 노동생산성

노동생산성은 제조업의 47.1%에 불과하며 [그림 1-7]에서와 같이 최근 10년 동안 서비스업 전체 노동생산성 개선 속도가 제조업에 못 미쳐 제조업 대비 서비스업 노동생산성이 지속적으로 하락하는 추세를 보여주고 있다. 제조업의 노동생산성은 10년간 연평균 6.7% 증가한 반면, 서비스업의 노동생산성은 같은 기간 연평균 2.6%에 그쳤기 때문이다. 서비스업의 낮은 노동생산성이 국가 전체의 낮은 노동생산성에 지대한 영향을 미치고 있다.

선진국과 비교하면 서비스업 노동생산성은 더욱 격차가 크다. 2010년 현재 국내 서비스업 노동생산성을 미국과 일본에 비교할 경우 [그림 1-8]에서 보는 바와 같이 제조업에 비하여 서비스업에서 많은 차이가 있음을 알 수 있다. 한국이 미국에 비하면 서비스업의 노동생산성이 50%에도 미치지 못하며 상대적으로 서비스업의 경쟁력이 취약하다고 알려진 일본에 비해서도 현저하게 낮다는 것은 심각한 문제이다.

서비스업의 낮은 노동생산성은 내수시장의 협소성과 외수시장에서의 낮

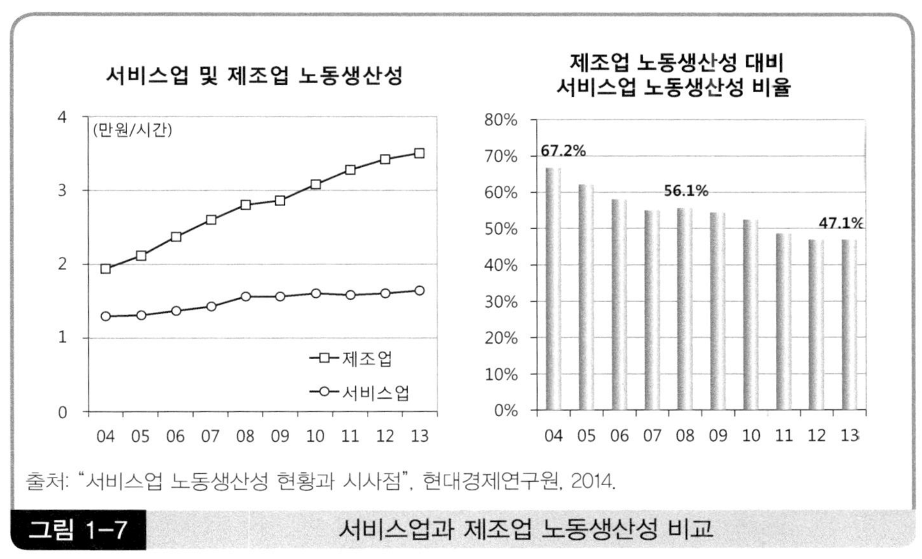

출처: "서비스업 노동생산성 현황과 시사점", 현대경제연구원, 2014.

그림 1-7 서비스업과 제조업 노동생산성 비교

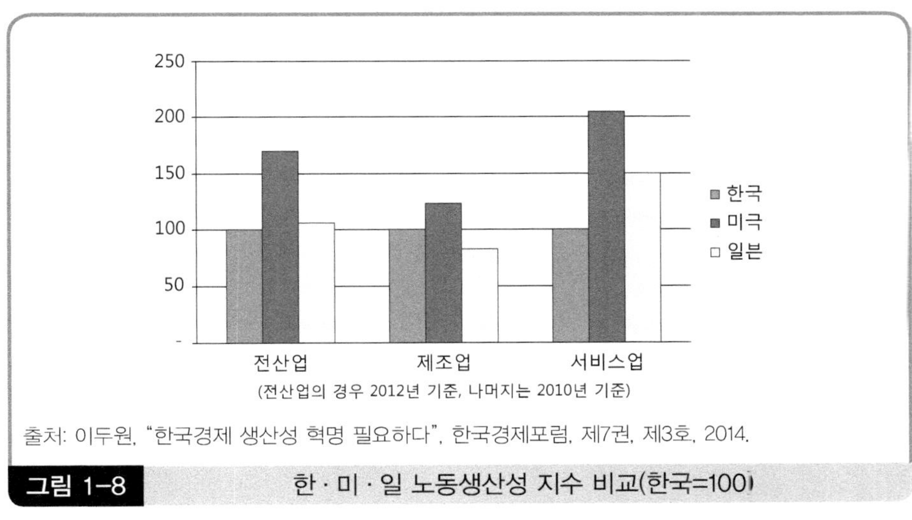

출처: 이두원, "한국경제 생산성 혁명 필요하다", 한국경제포럼, 제7권, 제3호, 2014.

그림 1-8 한 · 미 · 일 노동생산성 지수 비교(한국=100)

은 시장점유율로 인해 서비스업의 부가가치 창출력이 낮은 데 기인한다. [그림 1-9]에서와 같이 국내 총 내수시장 규모는 2011년 기준 약 2조 8천억 달러이며, 이 중 서비스 내수시장 규모는 총 내수시장의 36.8%인 1조 달러 정도이다. 반면 미국의 서비스 내수시장은 18조 9천억 달러로 총 내수시장의

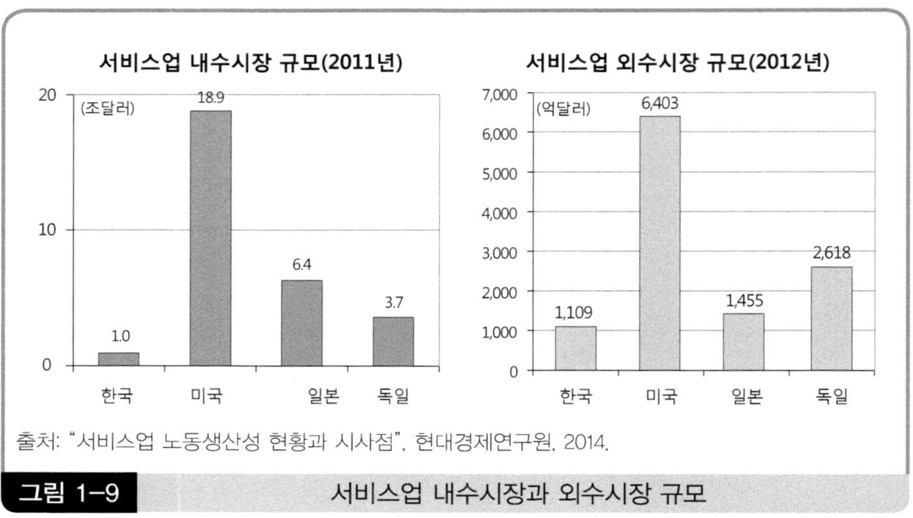

출처: "서비스업 노동생산성 현황과 시사점", 현대경제연구원, 2014.

그림 1-9 서비스업 내수시장과 외수시장 규모

68.9%를 점유하고 있다. 한편 서비스업 외수(수출)시장의 경우도 2012년 기준 약 1,109억 달러로 미국의 6,403억 달러에 비해 매우 낮은 수준이다. 서비스업의 수출시장 점유율 또한 우리나라는 2012년 2.5%인 반면 미국은 14.5%, 일본은 3.3%로 나타나고 있다.

최근에도 노동력이 서비스업으로 과도하게 유입되고 있으며, 유입된 노동력은 저생산성 서비스업으로 집중되고 있다. [그림 1-10]과 같이 서비스업 부가가치는 증가하지 않는데 노동력은 계속 서비스업으로 유입되어 부가가치 비중과 취업자 비중 간의 격차가 2009년에 13.3%까지 확대된 것을 알 수 있다. 미국과 일본은 격차가 5% 미만이며, 독일은 균형 수준을 유지하고 있다.

서비스업 중 제조업 수준의 노동생산성을 기록하는 업종인 부동산·임대, 금융보험, 정보통신, 공공행정·국방을 고생산성 서비스업으로, 제조업의 노동생산성을 하회하는 업종인 문화오락, 교육, 운수·보관, 보건·사회복지, 사업, 도소매·음식숙박을 저생산성 서비스업으로 분류할 때, 지난 10년간 저생산성 서비스업에 종사하는 취업자 비중이 2004년 53.4%에서 2013년 57.5%로 오히려 상승한 것을 보여주고 있다.

우리나라가 선진국으로 진입하는 데 있어서 서비스산업의 고부가가치화와 내수 및 수출시장 활성화가 매우 절실한 실정임을 알 수 있다. 이에 정부는 2014년 8월에 '유망 서비스산업 육성 중심의 투자활성화 대책'을 확정해 발표했다. 보건의료 · 교육 · 관광 · 금융 · 소프트웨어 · 콘텐츠 · 물류 등 7대 유망 서비스산업을 육성하여 15조원의 투자효과와 약 18만 개의 일자리 창출을

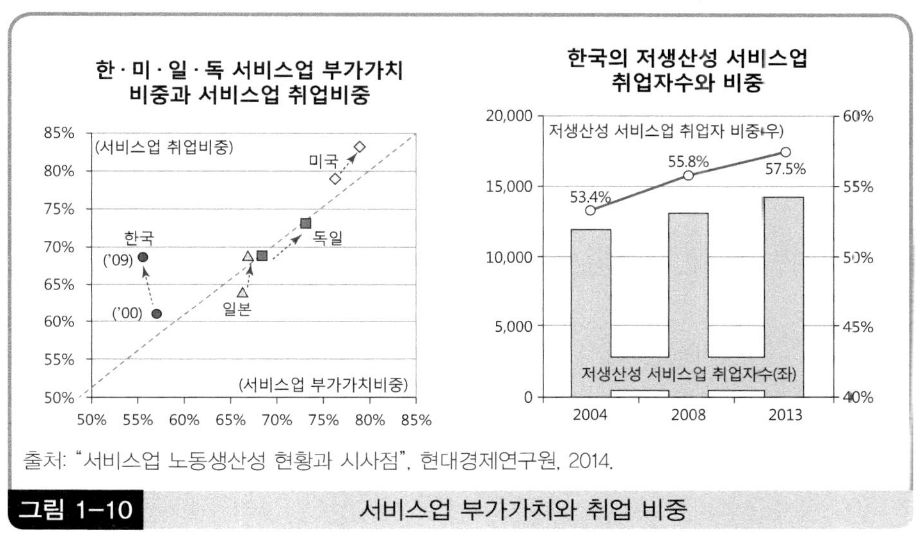

출처: "서비스업 노동생산성 현황과 시사점", 현대경제연구원, 2014.

그림 1-10 서비스업 부가가치와 취업 비중

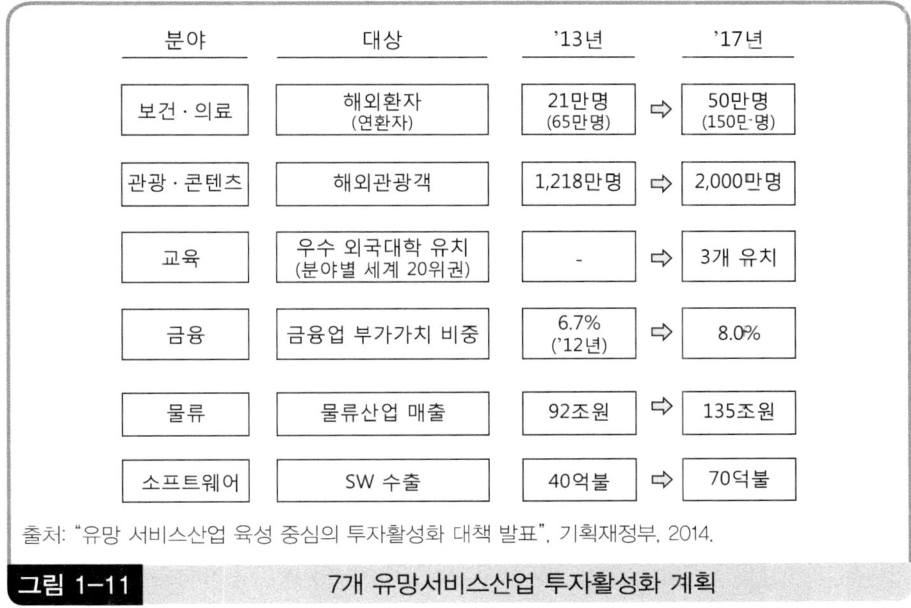

분야	대상	'13년		'17년
보건 · 의료	해외환자 (연환자)	21만명 (65만명)	⇨	50만명 (150만명)
관광 · 콘텐츠	해외관광객	1,218만명	⇨	2,000만명
교육	우수 외국대학 유치 (분야별 세계 20위권)	-	⇨	3개 유치
금융	금융업 부가가치 비중	6.7% ('12년)	⇨	8.0%
물류	물류산업 매출	92조원	⇨	135조원
소프트웨어	SW 수출	40억불	⇨	70억불

출처: "유망 서비스산업 육성 중심의 투자활성화 대책 발표", 기획재정부, 2014.

그림 1-11 7개 유망서비스산업 투자활성화 계획

목표로 하고 있다. [그림 1-11]은 정부의 7개 유망 서비스산업에 대한 활성화 계획이다.

3. 서비스산업의 성장

3.1 서비스산업의 발달

경제의 서비스화는 서비스산업의 양적 확대와 질적 변화를 가져왔다. 카마카르Karmarkar에 의하면 서비스의 산업화란 과거 제조업이 경험했던 것과 마찬가지로 자동화, 아웃소싱, 새로운 프로세스 개발, 역외진출offshoring 등을 통하여 서비스에도 기술을 근간으로 변화가 일어난다는 것이다. 서비스산업이 성장하게 된 배경을 살펴보면 다음과 같다.

(1) 산업구조의 소프트화 때문이다. 산업구조가 고도화될수록 기업의 생산과정은 분업화가 촉진되고 서비스에 대한 수요가 증대된다. 유통·물류, 정보처리, 인력관리, 급식, 청소, 경비 등 기업의 비핵심활동들이 경비절감과 핵심역량 강화를 위해서 이들 업무를 전문적으로 수행하는 외주업체로의 아웃소싱이 증가하고 있다.

(2) 소득의 증가와 소비자 욕구의 다양화 때문이다. 가계소득의 증가는 외식, 세탁과 청소, 육아 등의 서비스 수요를 증가시키며, 의·식·주의 기본적인 욕구를 넘어서 교육, 문화, 레저, 건강 등에 대한 지출을 늘리고 있다.

(3) 정보기술의 발달 때문이다. 인터넷과 모바일을 포함한 정보통신기술의 발달은 정보와 지식에 기반한 새로운 산업과 서비스를 만들어 내고 있다. 또한 기업 내에서 행하는 일의 대부분이 정보처리와 관련이 있어 점점 더 서비스와 관련된 업무가 증가하고 있다.

(4) 여성의 사회 진출과 평균수명의 증가 때문이다. 여성의 사회진출과

평균 수명의 증가는 탁아소, 유아원, 홈쇼핑, 양로원, 실버타운, 복지와 건강관리 등 다양한 서비스를 요구하고 있다.

(5) 제품과 삶의 복잡성 때문이다. 제품의 디자인과 기능이 복잡해지면서 수리 전문가가 더 많이 필요해지고, 삶이 복잡해지면서 세무상담, 법률상담, 결혼상담 등 개인적인 문제를 해결해주는 사람의 필요성이 계속 증가하고 있다.

(6) 기업활동에서의 서비스 수요 증가 때문이다. 제품 개발에서 폐기까지 제품의 수명주기에 걸쳐 시장조사, 디자인, 광고·홍보, 경영 컨설팅, 사후서비스 등의 수요가 증가하고 있다.

(7) 서비스산업의 국제화 때문이다. WTO와 FTA 등은 서비스산업의 개방과 글로벌화를 촉진하고 있어 금융, 교육, 관광, 유통, 의료, 컨설팅 등에 고객과 기업의 이동이 활발해지고 있다.

3.2 서비스화로의 진전

서비스화는 제품, 서비스, 지원, 지식, 셀프서비스를 하나로 묶음으로 제공하는 것으로 다음의 3단계로 진화하였다. 첫 단계는 기업이 단순히 제품 또는 서비스를 제공하는 비즈니스를 수행하는 단계, 그 다음은 제품과 서비스를 결합하여 복합적으로 제공하는 단계, 마지막으로 제품과 서비스뿐만 아니라 고객 교육과 원격지원 시스템을 포함한 모든 지원 활동, 고객의 문제를 해결하는 노하우 같은 지식, 고객의 셀프서비스를 하나의 패키지로 제공하는 단계이다. 즉 과거에 제품판매에 부가요소로 제공되었던 서비스가 제품과 완전히 융합되어 서로 분리할 수 없는 단계로 진화한 것을 의미한다.

서비스화를 두 개로 구분할 수 있다. 제품 서비스화$_{\text{product servitization}}$는 제품과 서비스가 융합되어 제품에서 서비스가 차지하는 비중이 높아지는 현상을 말하며, 기업 서비스화$_{\text{enterprise servitization}}$는 제조기업이 서비스기업으로 변화하는 현상으로 기업 자체가 서비스화되는 것을 의미한다. 제조기업이 핵심제품에 서비스를 통합시켜 서비스화를 하는 이유는 크게 세 가지 때문이다.

첫째, 제품수명주기 동안 제품을 저가로 공급하고 서비스에서 이윤을 창출하는 설치기반 서비스를 제공함으로써 지속적으로 높은 이윤을 창출하는 경제성, 둘째, 서비스에 대한 고객요구가 증가하고 있는 시장 요구, 셋째, 서비스의 비가시성과 높은 노동의존도로 모방하기 힘들게 하여 지속적으로 경쟁우위를 유지하려는 차별화가 서비스화를 촉진하고 있다.

코웨이

우리나라의 정수기 제조업체인 코웨이는 정수기 판매에서 정수기 렌탈과 관리로 제품 서비스화를 시작하여 공기청정기, 룰루비데, 연수기, 음식물처리기, 심지어 매트리스 케어까지 담당 코디직원이 가정을 정기적으로 방문하여 맞춤형 사전서비스를 제공하는 기업 서비스화를 이루었다. 코웨이는 '환경을 건강하게 하는 기술, 사람을 행복하게 하는 서비스로 새로운 생활의 방식을 제안'한다는 비전으로 The Lifestyle Design Company를 모토로 하고 있다. [그림 1-12]는 코웨이의 다양한 서비스를 보여주고 있다.

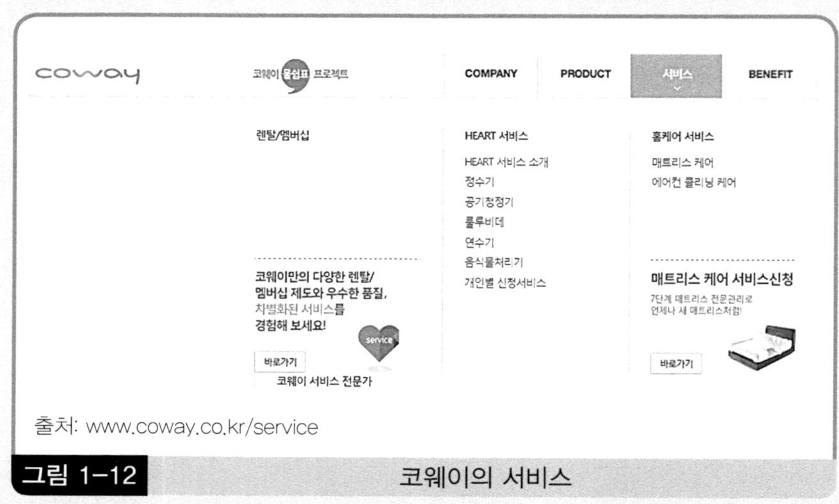

출처: www.coway.co.kr/service

그림 1-12 코웨이의 서비스

3.3 서비스산업의 분류

서비스산업이란 '눈에 보이지 않는 것을 생산하는 산업'으로 정의된다. 테어도어 레빗Theodore Levitt은 서비스에 대한 이해가 높아지면서 서비스와 비서비스의 구분이 모호해지고 있다고 주장하면서 "서비스산업이라는 것은 없다. 단지 기업마다 서비스 요소가 상대적으로 많거나 적을 뿐이다"라고 하였다. 시티그룹Citi Group에서 18만 명의 직원이 고객과의 접촉이 없는 백오피스, 즉 고객 접점에서의 서비스를 돋보이게 하는 지원서비스를 제공하고 있으며, GM의 직원 중 절반이 고객을 상대하고 있다. 전통적인 기준으로 금융서비스를 제공하는 시티그룹은 서비스기업이며, 자동차회사인 GM은 제조업체로 분류될 것이다. 하지만 두 개의 회사 모두 서비스를 포함하고 있으며, 서비스는 모든 기업의 비즈니스이다.

우리나라는 국제연합UN의 국제표준산업분류ISIC를 우리나라 산업의 특성에 맞도록 수정 및 보완하여 1964년부터 한국표준산업분류KSIC를 제정하여 사용하고 있다. 2007년에 한국표준산업분류는 9차 개정이 이루어졌으며, 한국의 산업을 대분류 21개, 중분류 76개, 소분류 228개 등으로 분류하였다. 〈표 1-2〉는 대분류에 따라 3차 산업에 속하는 서비스들을 보여주고 있다.

표 1-2 ■ 한국표준산업분류 9차 개정 산업분류

1차 산업	2차 산업	3차 산업
농림어업	광업, 제조업, 전기·가스·증기 및 수도사업, 하수·폐기물처리·원료재생 및 환경복원업, 건설업	출판·영상·방송통신·정브서비스업, 금융·보험업, 부동산업·임대업, 전문·과학·기술서비스업, 사업시설관리· 사업지원서비스업, 공공행정, 교육서비스업, 보건업, 여가관련 서비스업, 협회, 개인서비스업, 자가생산활동, 국제·외국기관

4. 서비스와 서비스경영

4.1 서비스의 정의

서비스는 서비스의 특성과 학자들에 따라 다르게 정의되고 있다. 서비스의 사전적 정의는 "니즈를 만족시키거나 수요를 충족시키기 위해 수행된 행위, 과정, 그리고 성과deeds, processes, and performance"이다. 우리들의 일상에서 일어나는 많은 행위들, 예를 들어 식당에서 음식을 사먹는 것, 대학교에서 강의를 수강하는 것, 병원에서 의사의 진료를 받는 것, 은행에 돈을 맡기고 찾는 것 등 어느 한 쪽이 다른 쪽을 위해 수행하는 일련의 행위이며 과정이자 성과라고 볼 수 있다.

하지만 서비스는 고유의 서비스 현장에서만 일어나는 것은 아니라 제조업 부문에서도 확대된 총제품total product의 형태로 제공되고 있다. 제조 기술이 일반화되고 '세계의 공장'이라는 중국과 인도 등의 제품 기술력이 향상되면서 제품에서의 차별성을 통한 경쟁이 점차 어려워지면서 제조기업들은 제품 배달 및 설치, 보증, 사후서비스, 할부금융, 소비자 교육 등 차별화된 서비스를 통해 경쟁우위를 확보하려 노력하고 있다. 삼성전자의 제품을 구매하는 고객은 최신 기능과 감각적인 디자인의 제품만이 아니라 삼성전자에서 제공하는 보증 서비스, 삼성카드와 연계된 할부 및 할인, 배달 및 설치, 기사의 현장방문 수리, 편리한 서비스센터 등을 함께 구매하는 것이다. 이와 같이 제조업 부문에서 나타나고 있는 서비스들도 행위, 과정, 그리고 성과라고 할 수 있다.

따라서 서비스에 대한 정의는 단순히 '고객을 도와주는 헬프미help me' 서비스를 벗어나 고객의 문제를 해결해 주는 픽스잇fix it 서비스와 고객에게 높은 부가가치를 제공해주는 부가가치value-added 서비스 모두를 포함해야 한다. OECD는 "서비스란, 높은 기술력과 지식 집약형 산업, 그리고 노동 집약적

산업을 포함한 다양한 분야의 경제활동이다…. 서비스업은 노동, 컨설팅, 경영능력, 엔터테인먼트, 교육, 에이전시 그리고 이와 비슷한 여러 사업 분야에 인간의 가치가 더해진 것이다"라고 서비스를 정의하고 있다.

그뢴루스Grönross는 "다소 무형성을 가지는 일련의 활동으로 고객의 문제를 해결하기 위해 고객과 서비스 제공자의 인적자원, 물적자원 혹은 서비스 제공시스템 사이의 상호작용에 의하여 발생하는 것"으로 서비스를 정의하였고, 퀸Quinn 등은 "생산된 시간에 소비가 이루어지며, 편의성, 즐거움, 적시성, 안락함, 건강 등과 같이 최초 구매자에게 무형의 부가가치를 제공하는 모든 경제활동을 포함하는 것"을 서비스라 하였다.

코틀러Kotler는 "서비스란 본질적으로 무형성을 지니고 어느 한 쪽이 다른 쪽에게 제공하지만 어느 쪽의 소유로도 귀결되지 않는 행위나 성과를 말하며, 그 생산은 어떤 물리적 제품과 연계될 수도 있고 그렇지 않을 수도 있다"고 말하였다. 피츠먼Fitzsimmons은 서비스를 "고객이 공동생산자 역할을 수행하면서 얻는 시간 소멸적이고 무형적인 경험"으로 정의하였다.

이와 같은 학자들의 서비스에 대한 다양한 정의들을 살펴볼 때, 서비스는 "고객의 욕구와 니즈를 충족시켜주기 위해서 생산과 동시에 소비되는 무형적인 활동이나 형태로써 고객과 서비스 제공자 사이의 인적·물적·정보적 상호작용에 의해 생성된 경험"으로 정의할 수 있다. 따라서 서비스는 모든 경제활동에 부가가치를 제공하고 있으며, 서비스업은 서비스를 제품화 혹은 제품에 부가해서 판매하는 사업이라 할 수 있다. 선진화된 사회가 될수록 서비스적인 요소가 더 높은 부가가치를 지니게 되며, 경제활동의 더 많은 부분을 서비스가 차지하게 되는 것이다.

4.2 서비스경영

서비스경영은 서비스업이나 서비스 중심의 조직을 대상으로 하는 경영으로써 '서비스를 제대로 하는 것'을 의미한다. 즉 고객이 경험하는 진실의 순간이 긍정적이 되도록 경영하는 것을 말한다. 서비스경영의 목표는 고객을 위한 서비스 가치의 실현에 있으며, 조직의 유한한 자원과 지식을 계획, 실행, 통제하여 효과적이며 효율적으로 활용하는 경영활동 전반을 서비스경영이라 할 수 있다.

서비스경영은 고객이 원하는 가치를 창출하기 위해 물리적 제품, 서비스 제품, 서비스 환경, 서비스 전달 시스템을 관리하는 것이다. 가치value는 '제품이나 서비스에 대해 고객이 얼마나 지불할 용의가 있느냐'에 따라 결정되는 그 무엇을 의미한다. 고객이 지불한 가격과 이용한 서비스에 대한 만족감의 차이가 바로 가치인 것이다. 가치가 높다는 것은 가격대비 만족감이 크다는 것이므로 서비스기업은 가치를 창출할 수 있어야 수익을 내어 성공할 수 있다. 가치는 한 가지의 요인에 의해 결정되는 것이 아니라 제품과 서비스를 창출하는 과정에 관여한 모든 활동과 자원들의 결합체이다.

따라서 서비스경영은 유형적인 제품과 무형적인 서비스가 서비스 환경을 통해 제대로 전달되도록 시스템을 관리하는 것과 관련이 있다. 영화를 관람하려는 고객은 영화관의 안락한 의자와 깨끗한 환경에서 스마트폰 앱으로 예약을 하고 무인발권기에서 티켓을 출력한 후 필름과 팝콘이라는 유형적인 제품과 함께 만족된 영화 관람 경험을 기대한다. 고객은 영화 관람료와 영화관에 오는데 소요되었던 노력보다 더 큰 만족을 얻고자 한다. 서비스경영은 이 모든 고객 경험을 관리하고 더 나은 경험을 제공할 수 있도록 고객을 위한 일을 효율적이고 효과적으로 수행하는 활동이다. 효과성effectiveness은 고객이 원하는 것을 하는 것이며 효율성efficiency은 그것을 올바르게 수행하는 것을 말한다. 서비스경영은 고객이 원하는 것을 올바르게 수행하기 위한 전략을 수립하고 방법을 제시하며 지속적으로 혁신하는 과정이 되어야 한다.

4.3 가치사슬과 스마일 커브

마이클 포터Michael Porter가 제안한 가치사슬은 고객에게 가치를 제공함에 있어서 부가가치 창출에 직·간접적으로 관련된 일련의 활동, 기능, 프로세스의 연계를 의미한다. 구체적으로 가치사슬은 원재료의 조달부터 최종 사용단

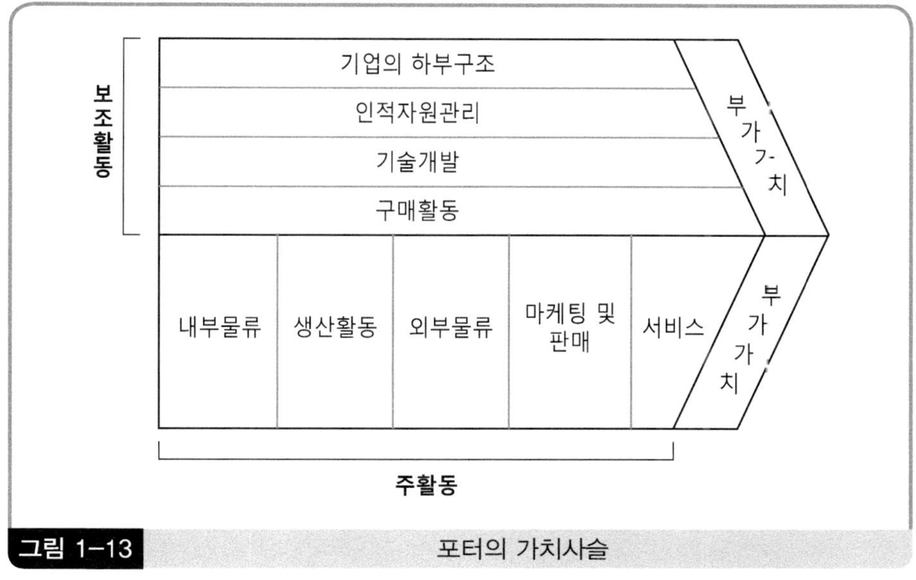

그림 1-13 포터의 가치사슬

계까지 물질 및 정보의 흐름과 관계되는 모든 활동을 의미하며, 원재료에서 최종소비에 이르기까지 부가가치를 향상시키는 제품, 서비스, 정보의 흐름을 제공하는 경영 프로세스의 통합이라고 한다.

[그림 1-13]과 같이 포터가 제안한 가치사슬은 기업의 전반적인 생산 활동을 주활동 부문과 보조활동 부문으로 나누고 기업의 각각의 단계, 즉 구매 및 재고관리 → 물류 → 생산과정 → 판매 → 애프터서비스에서 비용이 얼마나 들고 고객들에게 얼마나 부가가치를 창출하는지를 분석할 수 있는 틀을 제공하고 있다. 주활동 혹은 본원적 활동primary activities은 제품과 서비스의 물리적 가치창출과 관련된 활동들로써 직접적으로 고객들에게 전달되는 부가가치 창출에 기여하는 활동들을 의미한다. 보조활동 혹은 지원활동support activities은 본원적 활동이 발생하도록 하는 투입물 및 인프라를 제공하며, 직접적으로 부가가치를 창출하지는 않지만 이를 창출할 수 있도록 지원하는 활동들을 의미한다.

제품을 생산하는 가치사슬과 서비스를 창출하는 가치사슬에는 다소 차이가 있을 것이다. [그림 1-14]는 서비스 가치사슬의 예로써 의료서비스 가치사슬을 나타내고 있다. 제조업의 주활동과 보조활동을 대신하여 의료서비

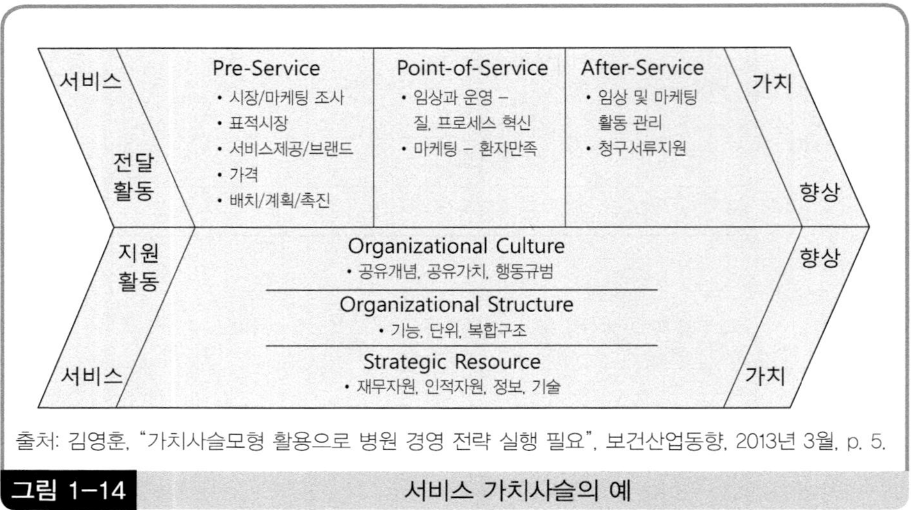

출처: 김영훈, "가치사슬모형 활용으로 병원 경영 전략 실행 필요", 보건산업동향, 2013년 3월, p. 5.

그림 1-14 서비스 가치사슬의 예

스는 전달활동Service delivery activity과 지원활동Support activity으로 구분하고 있다. 서비스 전달활동은 Pre-service, Point-of-service, After-service라는 일련의 활동으로 이루어지며, 지원활동은 조직문화, 조직구조, 조직자원을 포함하고 있다. 즉, 서비스 전달활동과 지원활동이 전략적 조화를 이루어야 가치를 향상시킬 수 있다는 논리적 구조를 설명하고 있는 서비스 가치사슬의 하나의 예가 될 것이다.

김수욱 등(2009)은 [그림 1-15]에서처럼 가치사슬은 "고객에게 가치를 주는 기업의 활동performance과 이 활동을 가능케 하는 생산 과정process이 밀접하게 연결돼 고객의 욕구needs를 충족시키는 전체 과정이다"라고 하였다. 고객은 기업의 활동을 통해 만족을 얻기 때문에 고객이 중요시하는 가치를 생산 과정에 반영할 때만 기업의 활동이 가치를 지닌다. 즉, 고객의 욕구를 포착하고, 이를 생산 과정에 반영했을 때만 가치사슬이 작동했다고 말할 수 있다.

대만의 컴퓨터 제조사인 에이서Acer의 창업자인 스탄 신Stan Shin은 제조부문에서 창출되는 부가가치보다 디자인, 브랜드, 유통, 사전/사후 서비스에서의 부가가치가 더 높다는 것을 스마일 커브Smile Curve 모델로 설명했다. 가치사슬에서 기존의 가치는 제조부문에서 높게 나타나며, 제조부문의 전방과 후방의 가치가 낮게 나타나 오목한 형태를 띤 것에 반해서 현재의 가치는 제조부

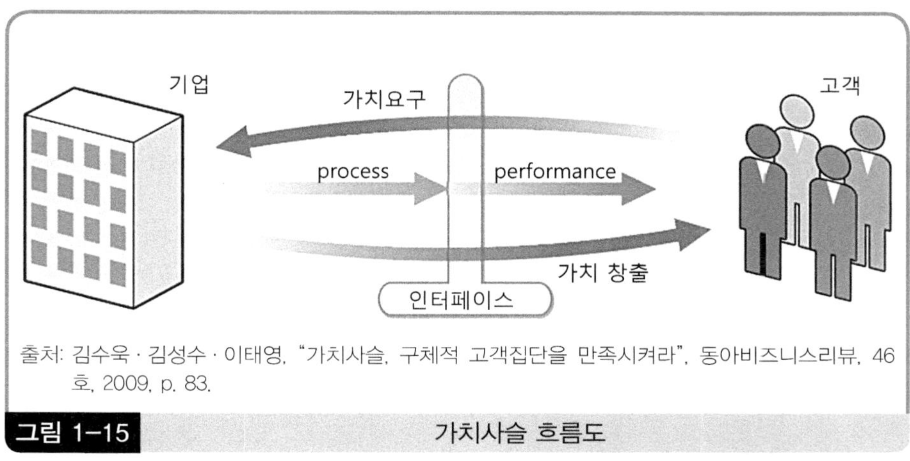

출처: 김수욱 · 김성수 · 이태영, "가치사슬, 구체적 고객집단을 만족시켜라", 동아비즈니스리뷰, 46호, 2009, p. 83.

그림 1-15 가치사슬 흐름도

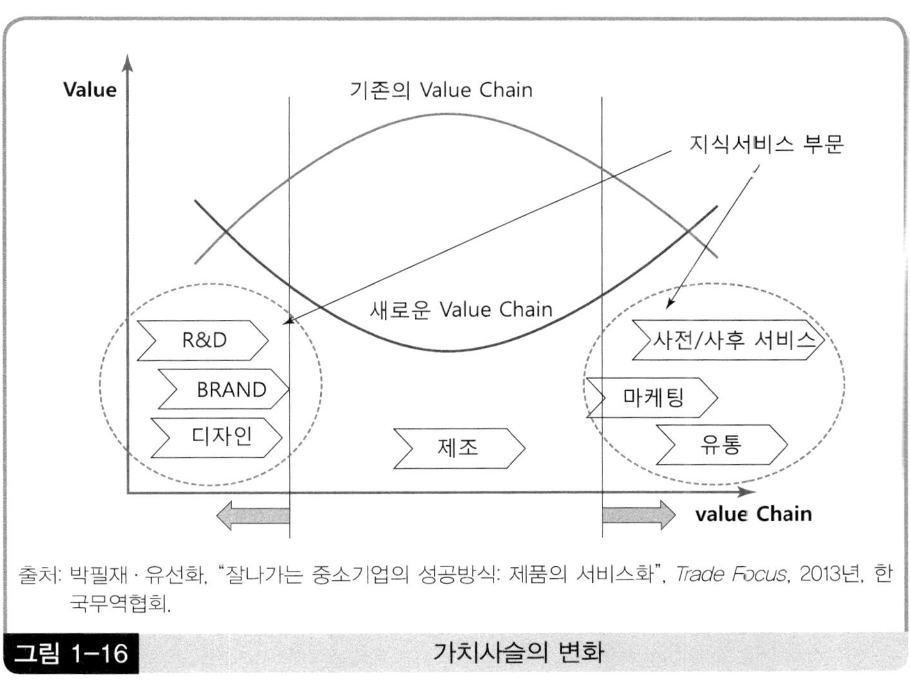

출처: 박필재 · 유선화, "잘나가는 중소기업의 성공방식: 제품의 서비스화", *Trade Focus*, 2013년, 한국무역협회.

그림 1-16 가치사슬의 변화

문보다 전방과 후방의 가치가 더 높게 나타나 볼록한 형태를 띠는데 이 모양이 사람의 웃는 입모양과 유사하다고 하여 스마일 커브로 명명하였다. [그림 1-16]은 스마일 커브를 보여주고 있다.

가치의 원천이 제품에서 서비스로 옮겨가는 서비스 중심의 시대에 우리가 있는 것이다. 우리나라에서도 낮은 서비스의 생산성을 높이고 양질의 일자리를 지식기반 서비스 산업에서 찾고 있다. 스마일 커브의 양쪽 가장자리가 바로 지식기반 서비스 부문이다. 우리가 살아가는 세상은 지식과 정보에 기반한 서비스 경쟁시대라는 것을 잊지 말아야 한다.

4.4 서비스 부문의 성장

서비스 부문 성장은 정보기술의 향상과 고령화 등 인구통계학적 변화로

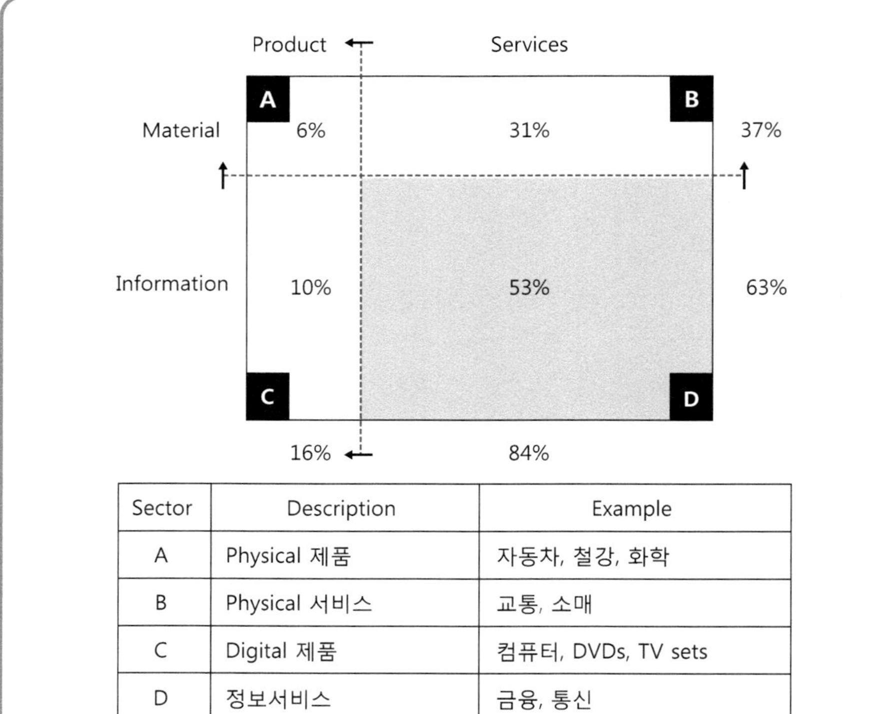

Sector	Description	Example
A	Physical 제품	자동차, 철강, 화학
B	Physical 서비스	교통, 소매
C	Digital 제품	컴퓨터, DVDs, TV sets
D	정보서비스	금융, 통신

출처: Karmarkar, et al., "Operations Management in the Information Economy: Information Products, Processes, and Chains", *Journal of Operations Management*, Vol. 25, No. 2, 2007, p. 440.

그림 1-17 미국 경제의 GDP 분포

인해 지속될 것으로 전망되고 있다. 정보기술은 디지털서비스의 성장을 견인하고 있으며, 정보기술을 활용한 서비스 혁신이 기존의 서비스를 대체하면서 서비스 산업의 성장을 견인하고 있다. 향후 경제성장의 대부분은 물질적이거나 제품 기반에서 더 정보적이고 서비스 기반으로 옮겨 갈 것이라는 것을 [그림 1-17]에서 볼 수 있다. 1997년 미국의 GDP에서 정보 서비스가 차지하는 비중이 53%이며 앞으로도 더욱 성장할 것임을 알 수 있다. 두 축상의 화살표는 경제에 있어 서비스 부문과 정보 부문의 예상되는 성장 방향을 보여준다.

현대자동차의 고객접점 서비스

현대자동차는 'New Thinking New Possibilities(새로운 생각이 새로운 가치를 만든다)'는 브랜드 슬로건처럼 고객 서비스 혁신을 위해 철저하게 고객의 입장에서 성각하고 행동하는 능동형 서비스로 고객만족을 실천하고 있다. 시간이 제한된 직장인 및 일반고객을 위한 '홈투홈 서비스', 고객이 있는 곳에 직접 찾아가 예방점검을 실시하는 '비포 서비스', 시승을 원하는 고객을 위한 '365일 찾아가는 시승센터' 등 다양한 서비스를 실시하고 있다.

"차량 수리도 집에서 전화 한 통으로 해결하세요"라는 컨셉의 홈투홈$_{\text{Home to Home}}$ 서비스를 2011년부터 시행하고 있다. 국내 승용차 시장의 수입차 점유율이 10%를 상회함에 따라 수입차 업계의 고질적인 문제점인 애프터서비스$_{\text{A/S}}$를 파고 들겠다는 전략이다. 현대차 멤버십 프로그램인 '블루멤버스' 회원이 대상이며, 직접 정비업체를 방문하기 어려운 고객이 신청을 하면 원하는 시간과 장소에 정비요원이 직접 찾아가 차량을 가져오는 '픽업$_{\text{pickup}}$ 서비스' 및 차량 수리 완료 후 고객이 원하는 장소로 차량을 가져다 주는 '딜리버리$_{\text{delivery}}$ 서비스'로 구성된 고객 맞춤형 정비서비스다. 최소 하루 전에 고객센터를 통해 예약 신청해야 하며, 픽업 및 딜리버리에 2만원의 서비스 비용을 청구하지만 한가지 서비스만 요청해도 1만원에 가능하도록 운영해 고객 편의성을 높이고 있다.

'찾아가는 비포 서비스$_{\text{B/S: before service}}$'는 문제 발생 후 대처하는 기존의 애프터서비스의 고정관념을 깨고 고객에게 먼저 찾아가 고객의 불편을 미연에 방지하는 적극적인 서비스 활동이다. 아파트 단지, 대형마트, 공원 등으로 고객들을 직접 찾아가서 차량의 성능 향상과 고객의 안전을 위하여 고장 전 예방점검을 기본으로 하는 '방문 서비스' 활동이다. 2006년 업계 최초로 도입해 현재 32개 비포 서비스 전담 순회팀을 운영 중이다.

'365일 찾아가는 시승센터'는 고객이 원하는 시간과 장소에 담당 직원이 시승차를 가지고 방문하는 서비스이다. 차량 반납 역시 담당 직원이 시승 종료 장소로 찾아가 차를 인수하는 방식으로 진행하는 등 고객 편의를 최우선으로 했다. 이 밖에 2009년 전세계 홈페이지를 고객중심과 판매중심 체제로 개편, 충분한 정보를 제공함으로써 직접 전시장에 방문하는 것처럼 편리하게 제품정보를 확인할 수 있도록 했다.

〈출처: 한국경제신문, 2011. 7. 18.과 현대자동차 홈페이지 자료 참조〉

Chapter 2

서비스의 이해

> "Your most unhappy customers are your greatest source of learning."
>
> - Bill Gates -

서비스업은 투입물input을 변환과정transformation process을 거쳐 산출물output을 만들어 낸다는 점에서는 제조업과 유사하지만 서비스 환경은 매우 독특하기 때문에 제조업에서 사용되는 경영방식을 그대로 적용하기에는 어려움이 많이 따른다. 즉 제조업의 마인드와 운영방식으로 서비스업을 경영한다면 사업은 실패할 가능성이 크다. 따라서 제품과 서비스의 차이를 분명히 이해하고 각각의 특성에 맞게 적합한 경영방식을 도입해야 한다.

〈표 2-1〉은 제품과 서비스 생산시스템의 차이를 비교해 보여주고 있다. 유형재와 무형재 생산과 같이 산출물의 특성에서부터 고객과의 접촉 정도까지 많은 점에서 제조업과 서비스업은 차이가 많다. 하지만 지금까지 제조업에 성공적으로 적용되었던 최신의 경영기법을 창의적으로 해석해서 적용한다면 다른 경쟁업체보다 높은 고객만족도와 재무적 성과를 이룰 수 있을 것

표 2-1 ■ 제품과 서비스생산시스템 비교

요소 \ 분류	제품생산시스템	서비스생산시스템
생산물	유형재	무형재
재고보유	가능	불가능
수요변동주기	길다	짧다
고객과의 접촉	적다	많다
품질평가	제품자체에 의해	소문, 평가에 의해
시장	넓다	좁다
시스템 규모	크다	작다
입지선정	자유롭다	고객 소재지에 입지
마케팅과 생산	분리	밀착
생산공정	복잡	단순

이다. 본장에서는 서비스가 제품과 차별화되는 특성을 살펴보고, 이를 통해서 서비스업을 영위하는 차별화된 방식을 살펴볼 것이다.

1. 서비스의 특성

제품과 서비스를 구별하는 것은 매우 어렵다. 제품을 구매하는 과정에 우리는 서비스를 활용하고 경험하게 되며, 제품을 사용하는 과정에서도 서비스의 도움을 받지 않을 수 없다. 그리고 제품에 문제가 발생하면 더욱 빈번하게 서비스를 찾게 되며, 제품보다 서비스의 성과를 더욱 중시하게 된다. 이와 같은 상황은 서비스에 있어서도 예외가 아니다. 많은 서비스는 유형적인 제품을 포함하고 있기 때문이다. 식당에서 식사를 할 경우에 물리적 시설과 음식이라는 제품을 소비하게 되며, 스마트폰의 수선서비스를 이용할 때 전문기사의 기술과 시간, 친절한 설명 등의 서비스와 더불어 부품의 교환이 포함되기 때문이다. 제품의 구매에는 부수적인 서비스를 동반하며, 서비스의 구매에는 보조용품의 제공을 포함하기 때문이다.

따라서 대부분의 구매와 소비에는 제품과 서비스가 묶음으로 제공되는 경우가 일상적이며, 제품과 서비스가 통합된 패키지 형태로 구매하게 된다. 이와 같이 제품은 점점 더 서비스화 되어 가고 있으며, 서비스는 점점 더 제품화 되어가는 과정 속에 있다. 하지만 제품과 서비스는 본질적으로 많은 차별화된 요소를 갖고 있으며, 제품과 차별화되는 서비스의 특성을 먼저 이해하는 것이 필요하다. 일반적으로 서비스의 특성을 무형성, 생산과 소비의 동시성, 이질성, 시간소멸성으로 분류하고 있다.

1.1 무형성Intangibility

서비스와 제품을 구분하는 첫 번째의 기준이 서비스의 무형성intangibility이다. 제품은 눈에 보이는 유형성tangibility을 갖고 있는 반면에 서비스는 눈에 보이지 않는 비유형성, 즉 무형성의 특징을 가지고 있다. 서비스는 아이디어 혹은 개념으로써 특허로 보장받을 수 없으며, 신속하게 시장을 확장하여 경쟁자들에게 강력한 진입장벽을 구축해야 한다.

서비스의 무형성은 고객에게도 영향을 미친다. 제품을 구매하는 경우에는 제품을 보고 만지고 느끼며 시험을 해 볼 수 있기 때문에 구매 전에 경쟁제품들과 비교할 수 있다. 하지만 대부분의 서비스는 구매해서 소비하기 이전에는 제공되는 서비스의 가치를 평가하거나 경쟁회사의 서비스와 비교하기 어렵다. 이런 서비스의 한계를 극복하기 위해서 서비스를 보다 유형적으로 느낄 수 있도록 하는 노력이 기업에게 요구되고 있다.

1.2 생산과 소비의 동시성Simultaneity

서비스의 무형적인 특징은 생산과 소비의 동시성이라는 특징에 영향을 미친다. 제품은 생산과 소비가 분리되어 있어 생산된 이후 판매되어 소비되는 과정에 시차timelag가 존재하지만 서비스 제공자와 고객과의 접촉에서 발생하는 서비스는 생산과 동시에 소비되는 특성을 갖고 있다. 즉 서비스는 제품과 같이 미리 생산하여 재고inventory로 저장되어 고객이 필요한 때에 제공하는 것이 어렵다.

따라서 수요와 공급의 불균형을 조절하기 위해서 제조업에서 자주 사용하는 방법이나 전략들을 사용할 수 없다. 제조업에서는 완충재고buffer stock 혹은 안전재고safety stock라는 완충역할을 할 수 있는 재고를 통해서 수요변동을 흡수하고 있다. 즉 제조업은 고객의 수요변동을 흡수할 수 있는 재고를 가진 폐쇄시스템closed system인 반면에 서비스업은 수요변동이 시스템에 즉각적으로 영향을 끼치는 개방시스템open system이다. 따라서 폐쇄시스템인 제조업은 외부환경의 변화에 대처하기 용이한 반면에 개방시스템인 서비스업은 외부환경에 노출되어 있어 환경의 영향을 받기 쉬우며 그 만큼 관리하기가 더욱 어렵다.

서비스업에서 제조업의 재고와 같은 역할을 하는 것은 고객의 기다림이다. 수요와 공급이 일치하지 않을 때 고객의 대기나 서비스 능력의 유휴화가 발생하게 된다. 서비스 공급능력의 부족으로 인해 발생하는 고객의 기다림 혹은 대기는 고객의 불만요소로써 작용될 가능성이 높으며, 고객수요의 부족으로 쉬고 있는 서비스 능력은 인력이나 장비의 비효율화로 인해서 기업의 재무적 성과에 악영향을 미치게 된다. 따라서 적절한 수준의 그객대기와 대기시간은 시설의 활용도를 높일 수 있을 뿐만 아니라 충성도 높은 고객을 유지하게 하는데 중요한 역할을 한다.

또한 생산과 소비의 동시성은 품질 관리를 어렵게 만들고 있다. 서비스는 구매하기 이전에 품질을 인지하고 평가하는 것이 어려울 뿐만 아니라 서비스 결과로써 고객에게 전달이 완료된 후 사후적으로 평가를 받는 것이 일반적이다. 서비스가 전달되는 과정에서 품질을 통제하기도 어렵지만 서비스 프로세스에는 고객의 개입이 빈번하게 발생하여 일관성 있는 서비스를 제공하기 더욱 어렵다. 서비스 품질에 대해서는 7장에서 구체적으로 논의가 될 것이다.

1.3 이질성Heterogeneity

서비스의 무형성과 생산과 소비의 동시성은 제공되는 서비스를 고객들마다 각기 다르게 느끼도록 한다. 서비스전달시스템에는 서비스 제공자와 고객간의 상호작용이 빈번하게 일어나며, 서비스 제공자에 따라 서비스가 달라질 뿐만 아니라 고객의 참여 정도에 따라 서비스가 달라질 수가 있다. 또한 상호간의 교류과정에는 환경적 · 심리적 · 문화적 요인들이 관여하게 되어 서비스를 이질적으로 느끼게 된다. 단골로 이용하는 헤어샵이나 레스토랑에서 매번 다르게 서비스를 인식하게 되는 경우를 많이 경험했을 것이다. 항상 같은 헤어스타일리스트에게 서비스를 받더라도 당일 서비스 제공자의 개인적 감정이나 신체적인 조건에 따라 서비스가 영향을 받으며, 서비스 전달과정에서의 고객의 반응이나 태도에 따라서도 결과가 달라지기 때문이다.

하지만 매번 변동하는 서비스는 고객의 신뢰를 형성하기 어렵다. 구매를 결정하기 이전에 완료된 서비스에 대한 확고한 믿음이 없다면 구매를 주저하게 마련이다. 따라서 무형적인 서비스를 표준화하려는 노력이 서비스업에서도 필요하다. 매뉴얼화된 서비스 제공 절차와 서비스 제공자에 대한 철저한 교육을 통해 서비스를 유형화하고 표준화하는 것이 필요하다. 탁월한 서비스로 인식되는 기업일수록 표준화된 운영 절차를 수립하고, 고객과의 접촉에서 직원이 일관된 태도를 유지하도록 하며, 직원들에 대한 교육과 복지에 많은 관심을 기울이고 있음을 상기할 필요가 있다.

많은 서비스산업에서 표준화된 서비스를 위해서 기술의 도움을 많이 받고 있다. 비용적인 측면도 고려된 것이지만 은행에서는 표준화된 서비스는 가능한 한 온라인 뱅킹, 모바일 뱅킹, 자동현금입출금기ATM 등을 이용하도록 권장하고 있다. 수수료 면제나 할인과 같은 유인책을 제공해 표준화된 서비스는 서비스 제공자와의 접촉 없이 기술에 기반한 서비스를 이용하도록 함으로써 일관된 서비스를 제공할 기회가 증대될 수 있다.

맥도날드의 표준화된 운영 절차

맥도날드McDonald's는 고객의 즐거움과 만족을 전 세계에서 똑같이 제공할 수 있는 원칙과 매뉴얼을 구축해 온 대표적 사례다. 마인드mind, 행동behavior, 비주얼visual 측면에서 잘 정립된 원칙들이 서비스경영 체계의 기준이 되고, 이를 매뉴얼로 해 구현하고 있는 것이다.

마인드 측면에서는 QSC&V 정신을 강조한다. 최상의 원재료로 정확하게 조리할 것Quality, 빠르고 정확하고 친절한 서비스Service, 청결한 매장과 직원위생Clean, 가장 좋은 음식을 가장 좋은 가격에Value를 기본 정신으로 한다.

행동 측면에서는 5가지 원칙이 있다. 그 행동의 원칙은 존중과 인정, 가치와 리더십, 경쟁력 있는 보상 체계와 복리후생 제도, 학습과 개인적인 성장, 최상의 서비스 실현을 위한 지원이 바로 그것이다.

비주얼 측면에서는 즐거움과 가족을 위한 공간임을 강조한다. 따뜻하고 즐거운 이미지를 보이기 위한 노란색과 빨간색 컬러를 활용한 CI와 캐릭터, 항상 청결한 매장과 위생적 조리기구 유지를 규정하고 있다.

이런 원칙들을 정리한 매뉴얼에는 5만여 개 항목의 업무와 서비스에 대한 모든 사항이 상세히 정리돼 있다. 일례로 빵 두께 17mm, 고기 두께 10mm, 총 두께는 44mm, 소고기 지름 3.8인치, 지방비율 19% 이하 등이 매뉴얼에 정해져 있다. 서비스에 대해서도 주문 후 30초 이내에 모든 서비스를 끝낼 것, 햄버거나 감자튀김을 시키면 무조건 "감사합니다"라고 말한 뒤 3초 내에 "콜라도 드시겠습니까?"라고 묻는 것도 명시돼 있다.

매뉴얼은 매장운영과 관리 항목에도 적용된다. 카운터 높이는 사람이 가장 편안하게 지갑을 꺼낼 수 있는 72cm, 조리 기자재는 영업시간이 끝난 후 전부 분해해 세척 및 건조해야 한다 등이다. 특히 이 매뉴얼에 근거해 햄버거 더학Hamburger University에서 전 세계 매니저들은 일관된 교육을 받음으로써 현장 접점에서 맥도날드다운 서비스를 구현하고 있다.

1.4 서비스능력의 시간 소멸성Perishability

서비스는 시간적인 제약이 많은 상품이다. 비행기의 빈 좌석, 호텔의 빈 객실, 병원의 빈 병실, 그리고 카페의 빈 자리는 재고로 저장하여 다음에 판매할 수 없이 소멸되는 특성을 갖고 있다. 서비스능력은 저장될 수 없기 때문에 한 번 판매기회를 상실하면 영원히 소멸되는 기회손실opportunity loss이 된다. 고객수요의 변동으로 인한 서비스능력의 과잉과 부족은 경영자에게 매우 힘든 과제이다. 고객의 수요를 조절하는 능력을 갖추거나 서비스능력을 수요에 따라 변화시키는 것이 매우 어렵기 때문이다.

이를 극복하는 것은 서비스를 재고화하는 것이다. 서비스의 재고화를 위해서 예약시스템을 사용하고, 가격을 변화시켜 피크타임peak time에 몰릴 수 있는 수요를 분산하며, 다양한 인센티브를 고객에게 제공하는 마케팅 활동을 사용할 수 있다. 많은 병원이나 헤어샵에서 예약을 하지 않고 방문하는 고객들은 장시간을 대기하게 함으로써 향후 예약을 통해 이용하도록 유도하고 있으며, KTX도 다양한 요금제를 도입하여 고객의 이용률이 낮은 시간대에 좌석 점유율을 높일 수 있도록 가격을 다양하게 제시하고 있다. 또한, 성수기에 고객을 분산시킬 목적으로 오전 시간에 방문하는 고객에게 사은품을 제공하는 백화점의 전략도 이에 해당한다고 볼 수 있다. 수요와 공급을 조절하는 보다 구체적인 방법은 8장에서 논의될 것이다.

1.5 서비스의 또 다른 특성

일반적으로 제품과 서비스를 구분하는 4가지의 특성 이외에 서비스가 가지는 특성을 살펴보면 다음과 같다.

1.5.1 생산과정에 고객의 참여

생산과 소비가 분리되어 있는 제조업과 달리 서비스업에서는 생산 프로세스에 고객이 참여하는 것이 일상적이다. 헤어샵에서 머리카락을 커트할 때 고객은 생산과 소비의 전 과정에 참여를 하게 되며, 고객의 협조와 반응에 따라 결과는 사뭇 달라진다. 고객의 참여로 인해 서비스업에서는 서비스 지원설비의 디자인에 세심한 주의를 기울여야 한다. 고객이 이용하기 편리하게 시설배치와 안내가 잘 갖추어져 있는 병원과 그렇지 않은 병원을 생각해 보라. 병원로비에서 어디로 가야하는지를 몰라서 우왕좌왕하는 환자들로 북적이는 소란스러운 병원에서 받게 되는 의료서비스에 대한 고객의 신뢰는 그렇지 않은 병원에 비해 낮을 수밖에 없다.

고객의 참여는 고객에게 긍정적인 경험을 제공할 수 있을 뿐만 아니라 기업의 입장에서도 상당한 비용절감과 서비스능력의 확대를 가져올 수 있다. 고객은 자기가 원하는 서비스를 받기를 원하고 있는 반면에 서비스기업은 효율적으로 서비스를 제공하고자 하는 상충되는 관계에 있다. 고객의 니즈와 기업의 효율성을 동시에 만족할 수 있는 방법이 바로 고객의 참여에 있다. 고객은 스스로 노동을 제공함으로써 자신이 원하는 서비스를 스스로 창출할 수 있으며, 기업은 비용이 전혀 들지 않는 고객의 노동력을 활용해 서비스능력을 확대할 수 있기 때문이다.

미스터피자Mr. Pizza는 피자 주문과 동시에 샐러드바를 이용할 수 있는 쟁반을 제공한다. 샐러드바에서 고객은 자신의 기호에 맞는 샐러드를 얼마든지 즐길 수 있으며, 원하는 샐러드를 자신이 선택할 수 있다는 만족감을 향유하는 동안에 피자를 기다리는 지루함도 사라지게 된다. 미스터피자는 샐러드를 만들고 고객 테이블로 전달하는데 필요한 노동력을 줄일 수 있으며, 표준화된 샐러드로 인한 고객의 불만족을 제거할 수 있다. 이와 같이 적절하게 활용되는 고객의 참여는 상충되는 서비스 제공자와 고객 모두에게 만족스러운 결과를 가져다 줄 수 있다. 하지만 이를 위해서는 고객이 이해하기 쉽고 사용하기에 편리한 시스템을 갖추는 것이 필요하다.

1.5.2 서비스의 비소유

서비스는 제품과 달리 소유권이 이전되지 않는 경우가 많다. 서비스는 배타적인 소유권을 갖는 것보다 고객들 간에 자원의 사용을 배분하여 자원을 공유하도록 한다. 호텔의 객실, KTX의 좌석, 도서관의 책, 외과의사의 수술 등 소유를 하는 것이 아니라 일정 시간동안 자원의 사용권을 구매하는 것이다. 러브락Lovelock과 구메슨Gummesson은 비소유 서비스를 다섯 가지 유형으로 분류하여 설명하였다.

(1) 제품 대여goods rental

독점적인 사용권을 일시적으로 획득하는 것으로 자동차 렌트와 건설현장에서 장비의 임대 등이 해당된다. 서비스를 제공하는 위치가 경쟁에 있어 매우 중요하며, 대여 제품의 유지 · 보수와 반환시 상태의 확인이 매우 중요하다. 자동차를 렌트하는 경우에 유지 · 보수가 잘 되어 있어야 하며, 고객이 자동차를 반환할 때 사고 유무를 확인하는 것이 예가 될 것이다.

(2) 공간 대여space rental

공간의 일정부분에 대한 독점적인 사용권을 획득하는 것으로써 호텔 객실, 비행기 좌석, 창고 임대 등이 해당된다. 이 서비스는 호텔처럼 대규모 공간을 다른 사용자와 공유하게 함으로써 규모의 경제economy of scale를 얻을 수 있으며 깨끗하게 시설물을 관리하는 것이 매우 중요하다.

(3) 노동력 및 전문기술labor and expertise

필요에 의해서 다른 사람의 노동력을 활용하는 것으로써 자동차 정비, 외과적 수술, 경영 컨설팅 등이 해당된다. 이 서비스를 제공하는 전문기술이 항상 최상의 상태를 유지하도록 교육과 훈련을 지속적으로 제공하는 한편 유휴시간이 발생하지 않도록 예약시스템 등을 통해 관리하는 것이 필요하다. 종합병원에서 외래환자의 예약 방문을 요구하는 것이 예가 될 것이다.

(4) 물리적 시설의 사용physical facility usage

일정기간 동안 시설물의 사용 권리를 얻는 것으로써 테마파크, 캠핑장, 피트니스센터의 사용 등이 해당된다. 이 서비스는 고객 대기를 관리하는 것이 필요하며, 혼잡시 적절하게 대응하는 관리 능력이 요구된다. 여름철 캐리비안베이와 같은 테마파크의 운영이 예가 될 것이다.

(5) 네트워크 사용network usage

네트워크에 접근하는 것을 허용하는 것으로써 전기 공급, 이동전화, 인터넷의 사용 등이 해당된다. 이 서비스는 24/7(일일 24시간 연중무휴)로 제공하는 능력이 중요하며, 서비스능력을 최대한 활용할 수 있도록 하는 가격책정이 중요하다. 한전에서 심야전기에 할인된 전기료를 부과하는 것이 예가 될 것이다.

2. 서비스의 분류

매우 다양한 서비스가 사회에 제공되고 있다. 각기 다른 서비스처럼 보이지만 각 서비스가 가지는 특성들을 살펴보면 일정부분 비슷한 측면이 있음을 발견할 수 있다. 유사한 서비스는 유사한 특성을 갖고 있으며, 경영 관리에 있어서 공통된 방법을 사용할 수 있기 때문에 서비스를 분류하는 것은 서비스를 체계적으로 이해하는데 도움이 된다. 서비스의 복잡성으로 인해 매우 다양한 분류법이 알려져 있는데 가장 널리 사용되는 두 가지의 분류법만 살펴보도록 하자.

2.1 서비스 프로세스 매트릭스

슈메너Schmenner는 [그림 2-1]과 같이 고객과의 상호작용의 정도와 노동집

노동집약도의 정도 \ 상호작용과 고객화의 정도	낮다	높다
낮다	서비스 공장 • 호텔 • 항공사 • 물류회사	서비스 숍 • 종합병원 • 자동차 정비소 • 기타 수리 서비스
높다	대량 서비스 • 도·소매점 • 학교 • 은행의 소매금융	전문 서비스 • 개인병원 의사 • 변호사 • 회계사

그림 2-1 서비스 프로세스 매트릭스

약도의 정도에 따라 서비스를 분류하는 서비스 프로세스 매트릭스service process matrix를 제안하였다. 매트릭스의 수평축은 상호작용과 고객화의 정도로써 왼쪽에서 오른쪽으로 갈수록 표준화에서 고객화로 서비스가 이동하는 것을 나타낸다. 고객과의 상호작용이 낮을수록 표준화된 서비스에 가깝게 제공할 수 있으며, 상호작용이 높을수록 고객화 혹은 개인화된 서비스를 제공할 수 있게 된다. 매트릭스의 수직축은 노동과 자본의 비율을 나타내는데 위쪽에서 아래쪽으로 갈수록 자본에서 노동중심으로 서비스가 이동하는 것을 나타낸다. 노동집약도가 낮을수록 자본과 기술투자에 대한 의존도가 높아지며, 노동집약도가 높을수록 서비스에서 사람들의 노동이 차지하는 비중이 높아진다.

서비스 프로세스 매트릭스의 네 부문은 서비스 공장, 서비스 숍, 대량 서비스, 전문 서비스로 불린다. 서비스 공장service factory은 표준화된 서비스를 자본집약적인 시설과 기술을 사용하여 제공하는 것으로써 호텔, 항공사, 물류회사들이 이 부류에 속한다. 서비스 숍service shop은 고객화된 서비스를 제공하지만 자본집약적인 시설에서 제공하는 것으로써 종합병원, 자동차 정비소, 기타 수리 서비스가 이 부류에 속한다. 대량 서비스mass service는 표준화된 서비스를 노동집약적인 환경에서 제공하는 것으로써 도·소매점, 학교, 은행의 소매금융 등이 이 부류에 속한다. 전문 서비스professional service는 고객화된 서비스를 노동집약적인 환경에서 제공하는 것으로써 개인병원 의사, 변호사, 회계사, 건축가와 같이 전문적인 지식을 가진 전문가에 의해 수행되는 서비스이다.

서비스를 분류하는 것은 같은 부문에 속한 서비스는 비록 다른 산업에 있지만 운영방식에 유사점이 많아서 산업간의 장벽을 넘나드는 공동 학습을 가능하게 하기 때문이다. 서비스 공장에 속한 산업은 항공과 택배 등 물류서비스와 호텔이나 리조트와 같은 환대서비스로써 서로 다른 산업에 속하지만 표준화된 서비스를 자본집약적인 시설과 기술로 제공한다는 점에서 매우 유사한 방식으로 운영되고 있다. 따라서 각 영역에 속하는 기업들은 운영상에 있어 유사한 문제와 도전과제를 갖고 있다. 네 개의 분류에 따른 도전과제들을 살펴보자.

(1) 낮은 상호작용과 고객화

상호작용과 고객화가 낮다는 것은 서비스의 많은 부분이 표준화되어 있다는 의미로 해석할 수 있다. 표준화된 운영절차를 가지고 있으며 엄격한 상하관계로 조직이 이루어져 있어 고객의 요구에 대한 개별화된 대응이 낮을 경우가 많다. 따라서 표준화된 절차를 따르지만 고객 개개인이 개인화된 대접을 받았다고 느끼도록 하는 것이 가장 큰 도전과제이다.

(2) 높은 상호작용과 고객화

상호작용과 고객화가 높다는 것은 개별 고객의 요구에 맞는 맞춤화된 서비스를 제공하고 있으며, 조직내 상하관계가 느슨한 수평적 조직인 경우가 많다. 높은 고객화는 프로세스 내에 고객이 개입할 수 있어 서비스 품질에 변동이 발생할 수 있으며, 비용을 높이는 원인이 될 수 있다. 따라서 비용을 통제하고 일관된 품질을 유지하는 것이 가장 큰 도전과제이다.

(3) 낮은 노동집약도

노동집약도가 낮다는 것은 자본이 많이 투입되고 자동화를 추구하며 새로운 기술의 도입이 활발하다는 의미로 해석할 수 있다. 자본의사결정과 신기술의 도입과 적용이 중요한 경영문제이며, 자본투자에 의해 고정비용이 높기 때문에 24/7(24시간 일주일내내)로 시설이 활용되도록 성수기와 비수기의 수요조절과 일정관리가 가장 큰 도전과제이다.

(4) 높은 노동집약도

노동집약도가 높다는 것은 직원의 노동력이 경영의 핵심요소라는 의미로써 우수한 사람을 고용하고 교육·훈련하고 유지하는 것이 가장 중요한 경영문제이다. 따라서 직원이 만족하는 사업장을 만들 수 있도록 합리적인 보상과 복지제도를 만들고, 직원의 유휴시간으로 인한 손실이 발성하지 않도록 직원의 일정을 관리하는 것이 가장 큰 도전과제이다.

2.2 고객접촉모형

서비스를 고객과의 접촉 빈도에 따라 분류하는 것이다. 고객과의 접촉이 많은 순수서비스부터 고객과의 접촉이 거의 없는 유사제조업까지 고객의 접촉 빈도에 따라 분류하는 것이다. [그림 2-2]는 고객접촉모형을 통해 고객접촉 빈도에 따른 스펙트럼을 보여주고 있다.

순수서비스는 고객과의 접촉이 많은 서비스로써 의료서비스, 미용관련 서비스, 식음료서비스, 운송서비스와 같이 고객의 신체와 관련성이 높은 개인화된 서비스가 이 영역에 주로 속한다. 경영컨설팅이나 회계사, 변호사, 건축사 등의 서비스도 순수서비스로 분류할 수 있다. 반면에 유사제조업은 서비스산업으로 분류가 되지만 고객과의 접촉이 거의 없어 마치 제조업을 운영하는 것과 같은 서비스로써 유형적인 제품을 주로 이동하거나 저장하는 유통센터, 도소매점, 은행의 정보처리센터 등이 이 영역에 속한다. 순수서비스와 유사제조업의 중간에는 고객 접촉 빈도가 다소 높지만 제조업과 같은 방식으로 운영되는 혼합서비스가 있다. 자동차 수리, 세탁서비스, 보험대리점, 은행지점 등이 이 영역에 속한다.

고객과의 접촉에 따라 서비스를 분류하는 것은 서비스의 잠재적인 효율성을 고려할 때 매우 중요하다. 잠재적 효율성은 아래의 수식에 의해 구해질 수 있다.

고접촉			**저접촉**
순수서비스	혼합서비스	유사제조업	제조업
의료 요식업 운송	은행지점 보험회사 대리점	본사 유통센터	

그림 2-2 고객접촉모형

$$\text{잠재적 효율성} = 1 - \frac{\text{고객접촉시간}}{\text{총서비스시간}}$$

잠재적 효율성은 고객접촉시간을 총서비스시간으로 나눈 값을 1에 뺀 값으로 계산될 수 있다. 예를 들어 펌을 하러 미용실에 갔다고 생각해보자. 먼저 스타일을 결정하기 위해서 상담을 한 후 머리카락에 약품 처리를 하며 와인딩을 한다. 그 다음에는 열처리와 자연방치를 하며, 중화제를 바르고 대기한 후 와인딩한 것을 풀고 샴푸를 하게 된다. 고객이 펌을 하는데 소요된 총서비스시간이 100분이며, 미용사가 고객을 직접 접촉하는 시간은 약 60분 정도일 때 잠재적 효율성은 아래와 같이 계산되어 0.4가 된다.

$$\text{잠재적 효율성} = 1 - \frac{60}{100} = 1 - 0.6 = 0.4$$

만약 펌을 하지 않고 커트만 하는 경우를 생각해보자. 상담하고 커팅하고 샴푸하고 드라이를 하며 셋팅을 하는데 총 30분이 소요되었으며, 이때 대기 등을 제외하고 미용사가 직접 접촉한 시간이 24분일 때 잠재적 효율성은 아래와 같이 계산되어 0.2가 된다.

$$\text{잠재적 효율성} = 1 - \frac{24}{30} = 1 - 0.8 = 0.2$$

또 다른 상황으로 미용실에서 염색을 하는 경우를 생각해보자. 상담을 하고 염색을 한 후 상당시간을 기다렸다가 샴푸를 하는데 총 60분이 소요되었으며, 미용사가 직접 접촉한 시간이 12분일 때 잠재적 효율성은 아래와 같이 계산되어 0.8이 된다.

$$\text{잠재적 효율성} = 1 - \frac{12}{60} = 1 - 0.2 = 0.8$$

세 가지 상황에 대한 잠재적 효율성을 계산한 결과를 살펴보면 커트를 할 때 잠재적 효율성이 가장 낮으며, 염색을 할 때 잠재적 효율성이 가장 높게 나타났다. 총서비스시간에서 차지하는 고객과의 접촉시간이 많아질수록 잠재적 효율성이 떨어지는 것을 알 수 있다. 즉 고객과의 접촉이 많은 순수 서비스에 가까울수록 잠재적 효율성이 떨어지며, 고객과의 접촉이 거의 없는 유사제조업에 가까울수록 잠재적 효율성은 올라가게 된다. 고객과의 접촉을 얼마나 줄이느냐에 따라 서비스기업의 효율성이 높아질 수 있기 때문에 가격경쟁이 치열한 서비스일수록 고객의 프로세스 개입을 통제해야 하며, 고객별로 개인화된 서비스일수록 효율성보다는 고객의 다양한 요구를 만족시키는데 집중해야 한다.

은행들의 경우 고액자산가를 대상으로는 직접 접촉하는 프라이빗 뱅킹private banking을 통해 개인화된 서비스를 제공하며, 송금이나 현금 인출과 같이 단순 반복적인 업무는 ATM이나 인터넷 뱅킹internet banking을 사용하도록 유도해 고객과의 접촉을 피함으로써 효율성을 높이려 하고 있다. 즉 고객접촉빈도가 높을수록 서비스 직원의 역할이 중요하며, 고객접촉빈도가 낮을수록 장비나 기술의 역할이 중요하다는 것을 알 수 있다. 이와 같이 고객접촉빈도에 따라 서비스를 분류하는 것은 서비스 직원과 기술의 사용 사이에 적절한 조화와 선택이 필요하다는 것을 보여준다.

2.3 서비스 패키지

서비스 패키지service package는 고객이 느끼는 서비스 경험을 극대화하기 위한 재화·정보·서비스의 묶음으로써 대부분의 서비스는 이와 같은 묶음의 형태로 고객에게 제공된다. 이 묶음은 [그림 2-3]과 같이 서비스 경험을 형성하는 명시적·묵시적 서비스와 이들 서비스를 지원하는 지원설비, 보조용품, 정보로 구성되어 있다. 이를 구체적으로 살펴보자.

① **지원설비**: 서비스 제공 이전에 반드시 갖추어야 하는 물리적인 자원들로 호텔, 골프코스, 스키리프트, 항공기 등이 여기에 포함된다.

② **보조용품**: 고객들에 의해 소비되거나 구매되는 물품, 또는 고객들에

의해 제공되는 물품으로 골프클럽, 스키, 음식, 자동차 부품, 의료보험서류 등이 여기에 포함된다.

③ **정보**: 고객화된 서비스를 제공할 수 있도록 고객의 데이터와 운영 정보로서 환자의 진료 기록, 비행기의 좌석 유무, 고객의 예약기록 등이 여기에 포함된다.

④ **명시적 서비스**: 고객이 직접적으로 알 수 있는 본질적이고 핵심적인 서비스로서 치료 후 통증의 완화, 맛있는 음식, 정비 후 잘 달리는 자동차 등이 여기에 포함된다.

⑤ **묵시적 서비스**: 고객이 간접적으로 느끼는 심리적인 혜택이나 감각적인 서비스로서 특급호텔의 위상, 친절한 미소, 개인 정보의 보호, 신뢰감 등이 여기에 포함된다.

[그림 2-3]과 같이 5가지의 특성들이 모여서 고객 경험을 형성하게 되며, 고객은 긍정적인 경험에 높은 가치를 부여하게 된다. 서비스 조직은 자신이 제공하고자 하는 서비스에 따라서 각기 다른 서비스 패키지를 구성하게 된다.

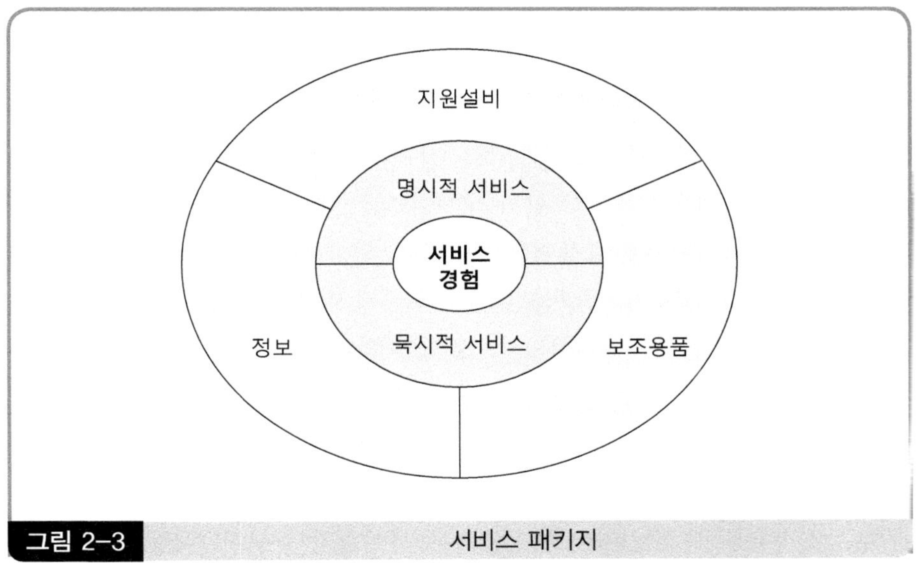

그림 2-3 서비스 패키지

삼류호텔을 특급호텔과 비교해 보자. 삼류호텔의 지원설비는 고객이 이용하기에 불편함이 없는데 초점을 맞추고 있으며, 고급스러운 장식이나 분위기 좋은 바bar나 레스토랑을 갖고 있지 않다. 객실에서 고객에게 제공되는 보조용품도 수건과 샴푸 정도로 제한되어져 있으며, 금고나 침실가운은 제공되지 않을 것이다. 또한, 개인화된 서비스를 위해 고객에 대한 정보를 데이터베이스화해서 관리하지 않을 것이다. 삼류호텔을 이용하는 고객이 기대하는 명시적이거나 묵시적인 서비스는 특급호텔을 이용하는 고객의 그것과는 현격하게 차이가 있을 것이다. 따라서 제공하고자 하는 서비스에 적합한 서비스 패키지를 갖추는 것이 필요하다.

고객 기대 이상의 서비스를 제공하는 것도 중요하지만 과도한 서비스로 인해서 고객이 오히려 불편해하거나 운영 비용이 상승하는 것은 바람직하지 못하다. 서비스 패키지는 고객의 기대를 알고 이에 적합하게 재화·정보·서비스를 묶어서 제공하기 위한 서비스 디자인 과정에서 사용할 수 있으며, 경쟁기업의 서비스 패키지에 변화가 있는지를 항상 고려하는 것이 필요하다.

2.4 서비스 지배논리

산업혁명 이후 생산성이 높아져 생산자 본인이 소비할 수 있는 이상의 잉여재화가 발생하자 이를 다른 재화로 교환하는 과정에서 재화의 가치가 사용가치에서 교환가치value-in-exchange(다른 상품과 일정한 비율로 교환될 수 있는 가치)로 전환되었다. 시장에서 교환의 대상이 되는 제품의 경쟁력이 기업 및 국가의 경쟁력이 되었으며, 효율적으로 제품을 생산하는 시스템을 갖추는 것이 중요하게 되었다. 제품을 생산하고 판매하는 과정에서 가치가 창출되고 서비스는 제품의 가치창출을 지원하는 보조적인 역할로 인식하는 것을 제품지배논리product-dominant logic라고 한다.

하지만 1980년대부터 제3의 물결인 정보혁명이 일어나면서 서비스산업이 빠르게 성장하기 시작했다. 제품 자체가 가치를 창출하는 시대에서 고객과의 상호작용을 통해서 가치를 창출하는 서비스가 중심이 되는 개념을 서비

표 2-2 ■ 제품지배논리와 서비스지배논리의 비교

	제품지배논리	서비스지배논리
고객화	• 낮다	• 높다
통합	• 낮다	• 높다
범위	• 좁음	• 넓음
전달 프로세스	• 거래적	• 관계적
결과물	• 기능하는 제품	• 고객에 대한 가치

스지배논리product-dominant logic라고 한다. 즉 제품이나 서비스 그 자체가 제공하는 가치보다는 고객과의 상호작용으로써 발생하는 사용가치value-in-use(고객에 의해 실현되고 결정되는 가치)가 중요해진 것이다.

〈표 2-2〉는 제품지배논리와 서비스지배논리를 비교한 것이다. 제품 중심은 고객화와 통합의 정도가 낮고 범위가 좁으며 상호 거래하는 관계로써 제품의 기능성이 중요한 결과물이 된다. 반면에 서비스 중심은 고객화와 통합의 정도가 높고 범위가 넓으며 고객과 관계적으로 거래하며 고객이 인지한 가치가 결과물이 된다. 즉 서비스가 중심이 되면서 고객과의 관계가 많아지고 고객화된 가치를 폭넓게 제공하는 기업이 경쟁우위를 갖게 됨을 알 수 있다.

〈표 2-3〉은 서비스지배논리를 이해하는데 도움이 되는 10개의 전제를 다루고 있다. 서비스는 지식, 기술, 정보, 창의력 등과 같은 무형자원을 고객과 공유하고 교환하는 과정에서 생성되며, 제품이나 다른 서비스와 결합되어 제공되고, 제품을 사용하고 경험하는 과정 속에서 서비스 가치가 창출된다.

객체적 자원인 천연자원이나 물리적 자원과 같은 유형자원으로 유형의 산출물을 만드는 것은 제품지배논리이며, 주체적 자원인 지식이나 기술과 같은 무형자원을 조합하거나 결합하여 무형의 산출물을 만드는 것이 서비스지배논리이다. 서비스는 고객과의 다양한 의사소통에 의해 가치가 창출되므로 고객은 가치의 공동창출자이며, 가치창출의 전체 프로세스에 고객의 참여가 발생하므로 고객 중심의 관계를 지향해야 한다. 기업은 활용된 자원을 전달할 뿐이고 고객이 그 자원과의 상호작용을 통해 가치를 창출하게 된다. 기업

표 2-3 ■ 서비스지배논리의 10가지 명제

	전제
1	서비스는 교환의 기본단위이다.
2	서비스는 매개가 되는 제품이나 기타 수단과의 결합을 통해 간접적으로 전달이 가능하다.
3	제품이 사용될 때 서비스 가치가 창출된다.
4	주체적 자원이 경쟁우위의 근원이다.
5	모든 경제는 서비스 경제다.
6	고객은 항상 가치의 공동창출자다.
7	기업은 가치를 직접 전달할 수 없고, 단지 제안만 할 뿐이다.
8	서비스 중심 관점은 내재적으로 고객 위주의 관계를 지향한다.
9	모든 사회 및 경제 주체들은 자원 통합자다.
10	가치는 언제나 수혜자의 각기 다른 경험을 통해서 생성된다.

출처: Stephen L. Vargo and Robert F. Lusch, "Service-dominant logic: Continuing the evolution", *Journal of Academy of Marketing Science*, 2008, pp. 1-10.
재인용: 남기찬 · 김용진 · 김진화, "서비스력", 2010, 동아일보사, p. 37.

혼자서는 가치를 창출하거나 전달할 수 없으며, 모든 사회 및 경제주체들이 자원을 통합할 때 가치가 창출되는 서비스 경제이다. 그리고 가치는 고객과 서비스 조직의 상호작용에서 발생하는 개인화된 경험이므로 고객들이 자신의 서비스 경험을 공유할 수 있는 환경을 구축하는 것이 서비스지배논리의 관점이다. 〈표 2-3〉은 서비스지배논리의 10가지 명제에 대해 설명하고 있다.

2.5 서비스의 공동가치창출

서비스는 프로세스가 곧 제품이다. 고객들의 서로 다른 요구를 만족시키는 방법은 고객을 프로세스에 참여시켜 생산과 마케팅 기능을 담당하게 하는 것이다. 고객과의 공동가치창출은 네 가지의 특성을 지니고 있다.

첫째, 제품이나 서비스를 광고나 판촉활동을 통한 일방향 커뮤니케이션으로 홍보하는 것이 아니라 소비자의 감성을 자극해 자사의 제품을 이용하게

그림 2-4 아우토슈타트의 전경과 카 타워

하고 그 경험을 다른 소비자 혹은 기업과 공유하게 하는 쌍방향 커뮤니케이션을 가능하게 한다. [그림 2-4]에서 보이는 독일 폭스바겐Volkswagen의 아우토슈타트Autostadt는 축구장 40개 넓이의 옛 본사 자리에 자동차 테마파크를 형성한 곳이다. 자동차 출고센터인 '카 타워'는 출고 직전의 차량들이 대기하는 곳으로써 두 개의 원통형 빌딩이다. 480m 높이의 20층 건물 안에 각 400대씩, 총 800대의 차가 빼곡히 들어차 있으며, 외벽은 유리로 되어 있어 밖에서도 차량을 볼 수 있으며, 마치 자판기에서 캔 음료를 사먹는 것처럼 자동차의 출고과정을 경험할 수 있다. 매년 30만 명 이상의 고객이 아우토슈타트에 직접 방문해서 차량을 받아 가는 즐거운 경험을 향유하며, 어떤 광고나 메시지도 찾아볼 수 없지만 자연스럽게 폭스바겐 브랜드가 기억에 남고 이를 다른 소비자들과 공유하게 되는 것이다.

둘째, '셀프서비스'를 통해 고객을 제품이나 서비스가 생성되는 프로세스에 참여시킴으로써 공동으로 가치를 창출하게 한다. 고객이 직접 제품을 조립하도록 하는 스웨덴 가구회사 이케아IKEA는 고객의 노동력을 활용함으로써 비용을 절감할 수 있어 낮은 가격에 제품을 공급하는 능력으로 잘 알려져 있지만 직접 조립한 가구에 대한 만족감과 높은 애착이 이케아를 다른 가구회사와 구분하게 하는 핵심이라고 한다.

셋째, 서비스 기업은 경험을 제공하고 고객은 제공받은 경험을 통해 가치를 창출한다는 점이다. 디즈니랜드Disney Land는 생동감 있는 경험을 제공하며 고객들은 디즈니랜드를 꿈과 환상을 실현하는 곳이라는 가치를 부여하게 된다.

넷째, 서비스 기업이 제공하는 다양한 의사소통 경로를 통해서 고객은 자신이 원하는 방식으로 문제를 해결할 수 있다. 은행들은 인터넷 뱅킹, 모바일 뱅킹, ATM 등 다양한 기술을 활용한 접점을 확대함으로써 지점에 방문하지 않고도 자신의 필요를 해결할 수 있도록 하고 있다. 이를 통해 은행들은 부가가치가 낮은 업무에서 벗어나 부가가치가 높은 서비스에 집중할 수 있게 되었다.

고객과의 공동가치창출은 기술의 혁신, 산업구조의 변화, 고객 라이프스타일의 변화 등에 기인한다. 정보와 커뮤니케이션 기술의 혁신은 기업과 고객의 소통방식을 변화시켰고, 고객이 원하는 제품이나 서비스를 제공할 수 있도록 했다. 인터넷은 시간과 공간을 초월하여 고객의 요구에 유연하게 대응하게 만들었으며, 통신기술의 발달은 개인의 지식과 창의력을 효과적으로 공유할 수 있게 함으로써 새로운 방식의 가치를 공동으로 창출할 수 있게 하였다. 개인의 경험을 중요시하고 차별화된 제품이나 서비스를 선호하는 고객의 증가는 고객의 프로세스 내 참여를 확대시켰다.

비즈니스 모델과 서비스 트라이앵글

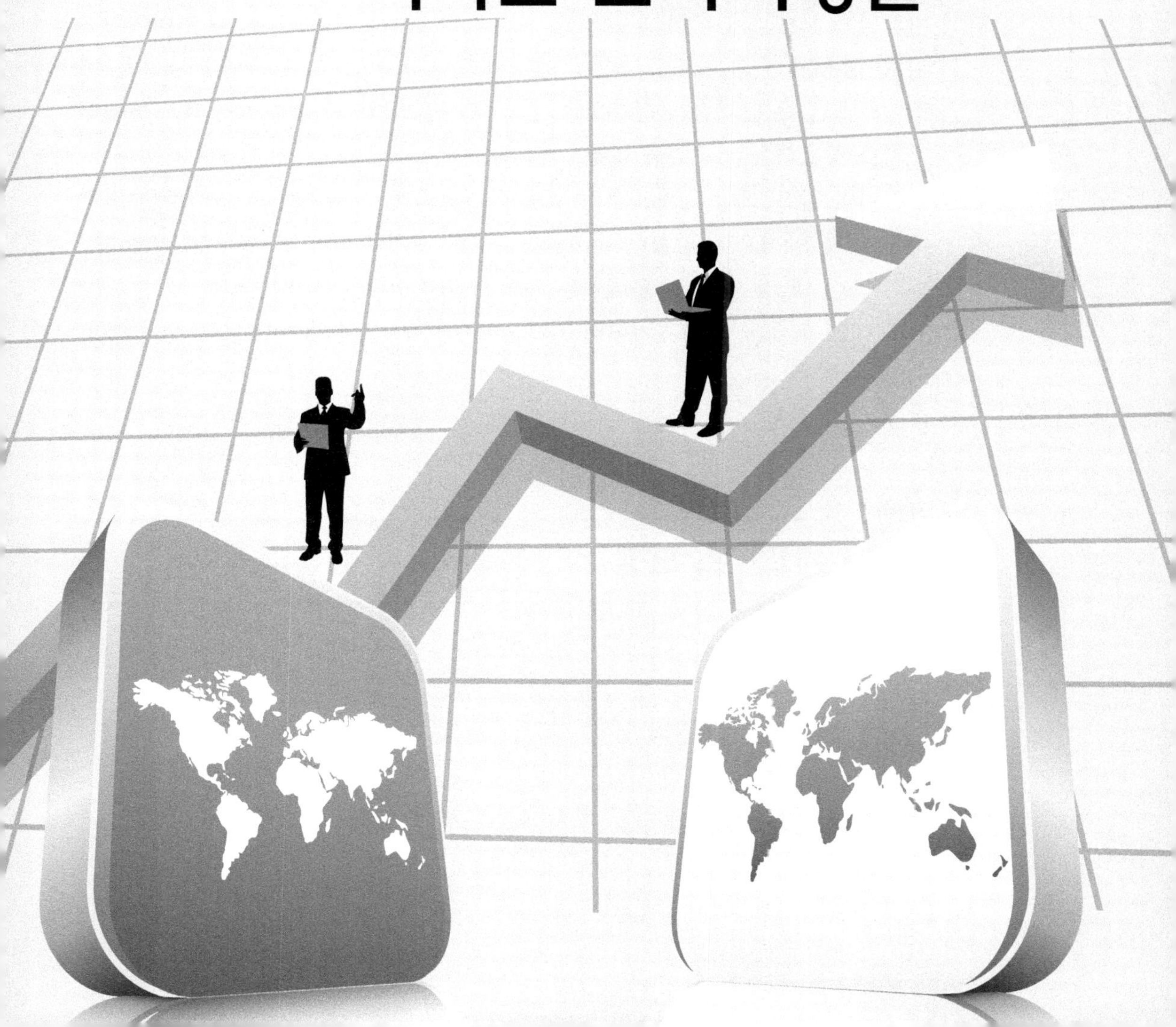

> *"Get the business model wrong, and there is almost no chance of success …"*
>
> *- David Teece -*

요즘 신문이나 방송에서 비즈니스 모델business model이란 용어를 심심찮게 듣게 된다. 우리말로 해석하면 사업모형이란 의미인데 기업을 어떻게 운영해서 돈을 벌 것인가를 구체적으로 설명하는 이야기이다. 통신 및 운송 기술의 발달에 따라 지역 소비자를 대상으로 하던 비즈니스가 글로벌 고객을 대상으로 확장되고 있으며, 인터넷 기반의 비즈니스 모델이 모바일을 중심으로 한 비즈니스 모델로 변화하고 있으며, 사물인터넷IoT(Internet of Things)과 빅데이터big data를 활용한 새로운 비즈니스 모델들이 탄생하고 있다. 대부분의 새로운 비즈니스 모델은 IT기술을 활용한 서비스 혁신을 통해 고객이 생각지도 못했던 가치를 창출하는데 초점을 맞추고 있다.

이와 같은 서비스 비즈니스 모델의 생성과 발전은 기존의 기업들을 전혀 다른 경쟁 방식으로 위협할 수 있으며, 상상하지도 못했던 새로운 비즈니스를 만들어 낼 수 있다. 본장에서는 서비스 기반의 다양한 비즈니스 모델과 탁월한 성과를 내는 서비스기업이 갖추고 있는 서비스 트라이앵글을 살펴볼 것이다.

1. 비즈니스 모델

1.1 비즈니스 모델의 정의

'경영이란 무엇인가'라는 저서에서 조안 마그레타Joan Magretta는 비즈니스 모델은 "회사나 조직이 고객과 모든 이해관계자들을 위해 어떻게 가치를 창출하고 어떻게 성과를 낼 수 있을지 그 방법을 담은 가정들을 모아놓은 것"이라고 정의했다. 비즈니스 모델은 기업이 고객을 위한 가치를 어떻게 창조해 전달하고, 어떤 방법으로 이윤을 창출할 것인가를 설명하는 '하나의 스토리'이다. 즉 어떻게 하면 지속적으로 수익을 획득할 수 있는지에 대한 물음에 답을 하는 것이다. 기업이 보유하고 있는 자원과 역량들을 활용해 어떻게 고객가치를 창출하고, 지속가능한 성장을 할 것인지를 설명하는 방안을 모형화한 것이다. 따라서 훌륭한 비즈니스 모델은 단순한 사업 아이디어가 아니라 경쟁기업과 차별화된 가치제안으로 핵심고객을 끌어 들이고 이를 실행할 능력을 논리적으로 표현한 것이어야 한다. 비즈니스 모델은 비즈니스 플랜(사업계획서)과 다르며 계획보다는 실질적인 실행에 초점을 맞춰야 한다. 기술의 진보, 사회적·경제적 변화, 소비자 라이프스타일의 변화, 고령화 사회로의 진입 등은 새로운 비즈니스 모델을 끊임없이 요구하고 있다.

1.2 비즈니스 모델의 역사

비즈니스 모델은 인류가 물물교환 방식으로 상품 거래를 시작했을 때부터 존재했으며, 시대의 흐름에 따라 보다 정교한 형태로 발전하였다. 비즈니스 모델이란 용어가 일반화되어 사용되기 시작한 것은 1990년대 후반 인터넷의 발달과 함께 닷컴dot.com 비즈니스가 활성화되었고, 비즈니스 모델이 특허로 보호받을 수 있다는 인식이 퍼지면서 인터넷을 활용한 새로운 사업 기회를 모색하던 젊은 창업가들에 의해 널리 알려지게 되었다. 이 당시 봇물처럼 쏟아져 나오던 다양한 비즈니스 모델의 대다수가 불분명한 수익모델로 인해서 실패를 하고, 닷컴 거품이 붕괴되면서 비즈니스 모델에 대해 상당히 부정적인 인식이 형성되었다. 하지만 기업의 지속적인 생존과 성장을 위한 수단으로 비즈니스 모델의 혁신에 대한 관심이 계속 증대하고 있다. 2008년 IBM이 40개국 1,000여 명의 글로벌 기업 CEO를 대상으로 설문조사를 실시한 결과, 69%의 기업이 기존 비즈니스 모델의 혁신을 시도 중이라고 응답하였다.

특히 인류가 생성해 내는 새로운 기술과 지식은 새로운 비즈니스 모델의 필요성을 계속 높이고 있다.

2008년 미국의 대표적인 경제잡지인 비즈니스위크BusinessWeek는 혁신적인 비즈니스 모델을 가진 기업이 혁신적인 제품, 혁신적인 프로세스, 혁신

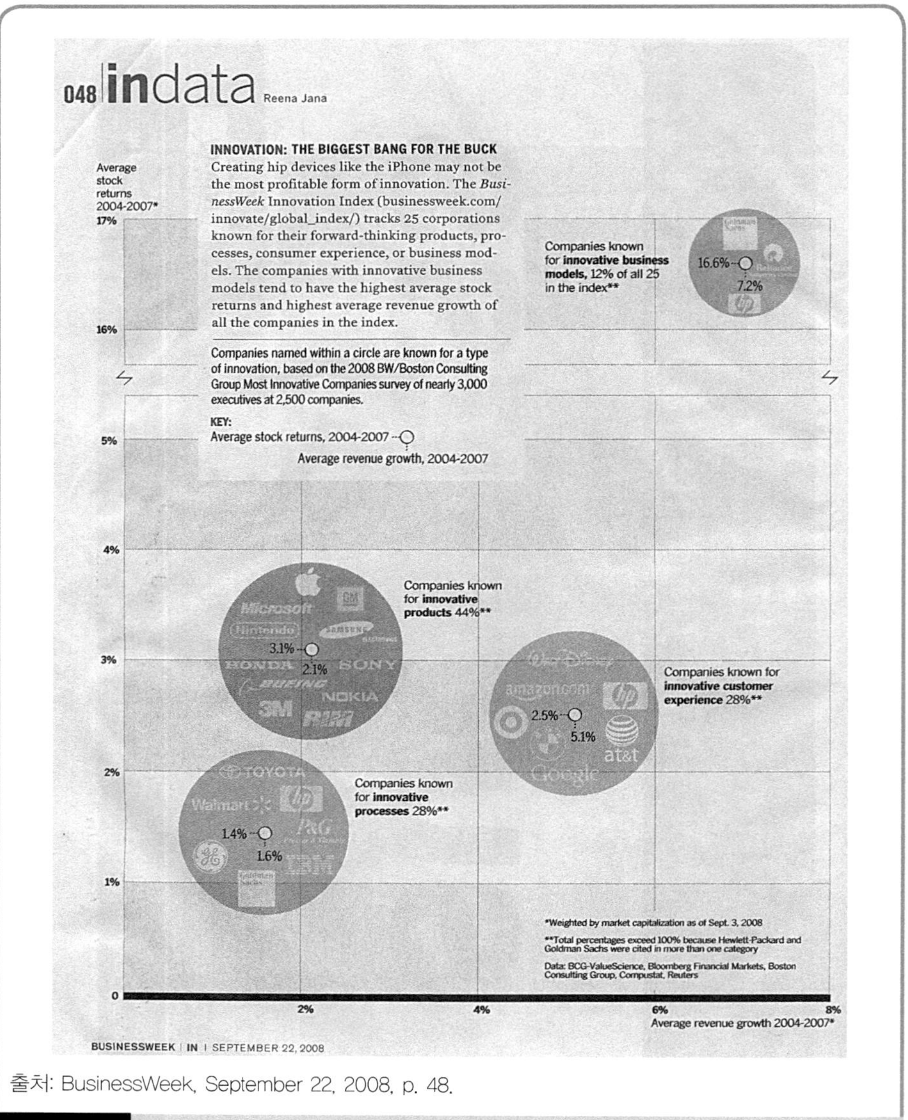

출처: BusinessWeek, September 22, 2008, p. 48.

그림 3-1 혁신적인 비즈니스 모델의 성과

적인 고객 경험을 제공하는 경쟁기업보다 수익성장률과 주가수익률 모두에서 지속적으로 더 나은 결과를 보인다는 연구결과를 발표했다. [그림 3-1]은 2004~2007년 동안 비즈니스 모델을 혁신한 기업들이 프로세스를 혁신한 기업에 비해서 수익성장률이 4.5배, 주가수익률이 12배나 높다는 결과를 보여주고 있다.

1.3 비즈니스 모델의 유형

가장 오래된 비즈니스 모델은 고객이 있을 만한 장소에 상점을 내고 제품이나 서비스를 판매하는 상점주인 모델로서 단세포single-celled방식이라고 일컫는다. 제과점이나 화장품가게를 유동인구가 많은 지역에 상점을 여는 것이 이에 해당된다. 여기에서 진화한 것이 다세포multicellular방식으로 질레트Gillette에 의해 처음 개발된 면도기와 면도날razor and blades과 같은 연관상품tied products 모델이다. 이 모델은 미끼bait와 낚시바늘hook로도 표현되는데 면도기는 시장에 싸게 공급하고 면도날의 교체에서 수입을 획득하는 것으로 프린터와 토너printer and toner, 큐리그Keurig 커피머신과 일회용 커피 캡슐, 휴대폰과 통화시간cell phones and air time이 이와 유사한 방식이다. [그림 3-2]와 같이 면도기와 커피

출처: english.cohga.net/picasa/lock+market/

그림 3-2 연관상품 모델의 예

머신에서는 낮은 이윤을 얻거나 경우에 따라서는 거의 공짜로 제공되지만 면도날과 커피 캡슐에서는 고수익을 추구하는 비즈니스 모델이다.

고객밀집도를 활용하여 고객에게 가치를 전달하는 집합적collective 모델이 있다. 네트워크 효과를 이용하는 것으로 가입자 수가 증가함에 따라 고객 가치가 증대하는 것으로 전화, 인터넷, 협동조합, 체인점 등이 이에 해당된다. 또한, 기업과 장기적인 관계를 쌓아감으로써 고객이 지속적으로 보상을 받는 충성심loyalty 모델이 있다. 항공사가 대표적으로 이용한 거리만큼 마일리지를 적립해 주고 무료항공권이나 좌석 업그레이드를 제공함으로써 계속 거래를 유지하게 하는 것이다. 요즘에는 유통업체와 커피전문점, 인터넷 서점 등이 이 방식을 활용하고 있다.

1950년대에 맥도날드McDonald가 표준화된 제품의 대량 유통을 가능하게 하는 프랜차이즈 기반의 비즈니스 모델을 처음으로 제시했으며, 1960년대 월마트Wal-Mart가 유통혁명을 이끄는 혁명적 발상을 했고, 1970년대에 페덱스FedEX가 거점경유방식hub-and-spoke이라는 획기적인 아이디어로 미국 전역에 24

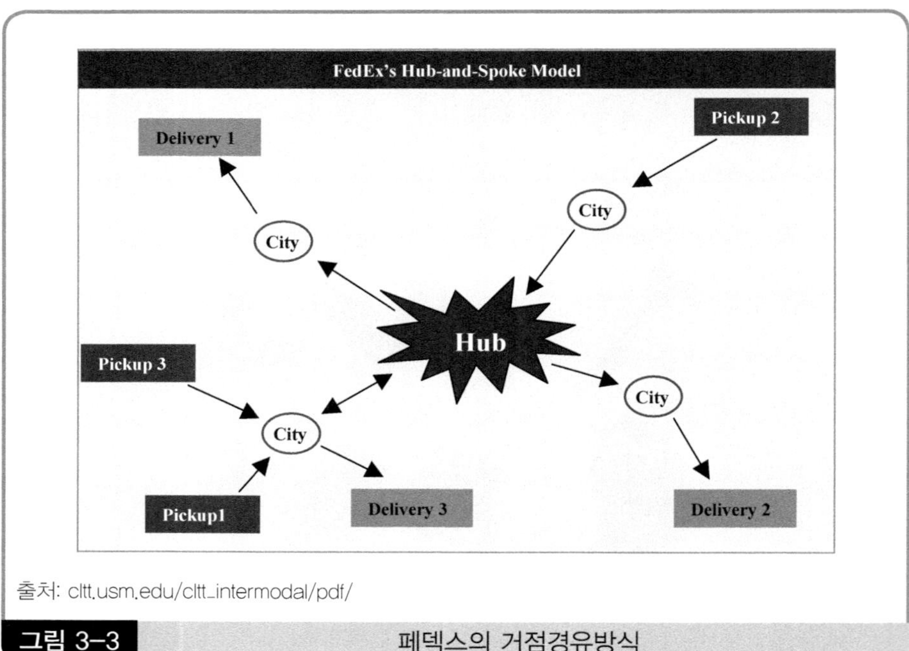

출처: cltt.usm.edu/cltt_intermodal/pdf/

그림 3-3 페덱스의 거점경유방식

시간 내 배달이라는 수화물 택배 서비스를 시작했고, 1980년대에는 홈디포 Home Depot가 카테고리 킬러Category Killer의 유통방식을 제시했고, 1990년대에는 넷플릭스Netflix가 인터넷을 이용해서 DVD를 대여하는 비즈니스 모델을 시작했다.

[그림 3-3]은 페덱스의 거점경유방식을 보여주고 있다. 각 도시의 집하장에 모인 수화물들은 비행기나 트럭을 이용해 늦은 저녁까지 Hub인 멤피스에 모아지고, 이들은 목적지별로 분류되어 새벽까지 각 도시로 배송된다. 각 도시는 다시 지역별 집하장으로 수화물을 분류하여 배송하고, 오전중으로 모든 수화물은 가정과 직장으로 배송이 완료된다. 왼쪽 아래의 도시에서 수령된 Pickup1은 Hub를 거쳐 왼쪽 위의 도시 집하장을 거쳐 목적지로 배달되는 시스템이다.

또한 1990년대 초에 시작된 인터넷 기술은 많은 새로운 비즈니스 모델을 가능하게 했다. 벽돌과 클릭brick and click이라 불리는 비즈니스 모델로서 오프라인과 온라인을 결합한 O2Oonline to offline 비즈니스를 통해 새로운 가치를 부여하고 있다. 델Dell컴퓨터에 의해 성공적으로 활용된 직접판매모델direct sale model은 델컴퓨터 홈페이지에서 원하는 사양의 개인화된 컴퓨터를 온라인으로 주문을 하면 중간상인을 거치지 않고 집으로 직접 배송되게 하는 방식이다. 이를 통해서 고객은 더 고객화된 컴퓨터를 더 싼 가격에 구매할 수 있게 되었으며, 1990년대 중반부터 최근까지 델컴퓨터는 세계 1위의 컴퓨터 판매기업이 되었다. [그림 3-4]는 전통적인 유통방식과 달리 델컴퓨터는 고객에 직접 판

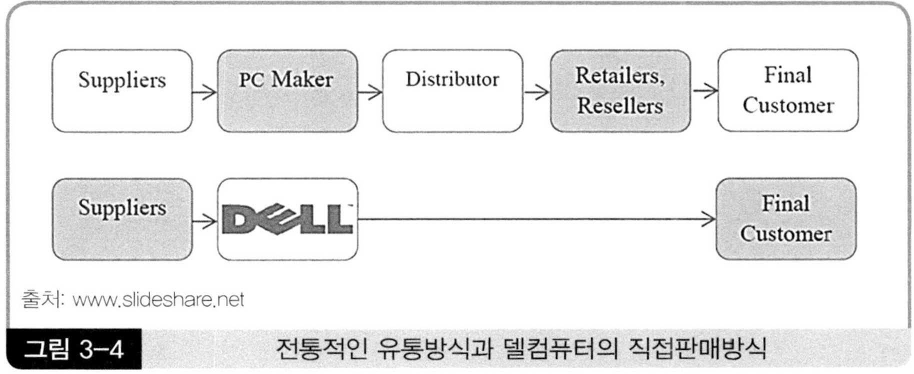

출처: www.slideshare.net

그림 3-4 전통적인 유통방식과 델컴퓨터의 직접판매방식

출처: www.airbnb.co.kr

그림 3-5 에어비엔비의 국내 홈페이지

매하는 단순화된 공급사슬을 갖고 있음을 보여준다.

미국의 아마존닷컴Amazon.com과 중국의 알리바바Alibaba와 바이두Baidu와 같이 온라인에서 제품과 서비스를 판매하는 전자상거래 업체, 가정 주택의 차고에서 이루어지던 중고물품판매를 전 세계로 확장시킨 이베이eBay의 경매 서비스와 고객이 제시한 가격에 기업이 서비스를 판매하는 프라이스라인닷컴Priceline.com의 역경매 서비스, 미국의 그루폰Groupon과 우리나라의 쿠팡coupang이나 티몬TicketMonster과 같이 일정한 고객 수에 도달하면 할인가에 판매하는 소셜커머스social commerce, 온라인 커뮤니티를 제공하고 부수적인 제품 판매나 광고로 수익을 얻는 페이스북Facebok과 카카오톡KakaoTalk의 SNS 서비스 등 무수히 많은 비즈니스 모델이 하루가 다르게 생겨나고 있다.

최근에는 차를 쉐어하는 집카Zipcar에서 시작된 공유서비스 비즈니스 모델이 있다. 택시운전자가 아니라 일반인이 운송서비스를 제공하는 우버Uber와 잠시 비어 있는 집을 임대하여 공유하는 에어비엔비AirBnB는 대표적인 공유서비스로서 여행자와 임대자 사이의 거래를 중개하는 비즈니스 모델이다. 이와 같이 정보기술을 활용한 다양한 비즈니스 모델들이 계속 진화를 거듭하면서 생멸하고 있다.

1.4 성공적인 비즈니스 모델의 구성 요소

비즈니스 모델은 사업을 수행하는 방법으로써 연구자들에 따라 다르게 정의하고 있다. 체스브로Chesborough와 로젠블룸Rosenbloom은 성공적인 비즈니스 모델의 구성 요소로써 가치제안, 목표고객, 가치사슬 및 조직, 전달방식, 수익 흐름, 경쟁전략의 6가지를 제안하고 있다.

(1) 가치제안value proposition

어떤 가치를 고객에게 전달할 것인가에 관한 것으로써 고객의 관점에서 제품과 서비스가 얼마나 고객의 욕구와 니즈를 충족시키는지를 의미한다. 고객가치제안은 제품이나 서비스 자체가 아니라 고객의 문제를 해결하고 니즈를 충족시키는 해결책의 제공을 말한다. 넷플릭스는 DVD 반납 연체에 따르는 고객의 고통을 줄여주는 아이디어를 실현하여 고객에게 가치를 제공하였다.

(2) 목표고객target customer

누구를 대상으로 가치를 전달할 것인가에 관한 것으로써 다양한 니즈를 가진 고객들 중에서 세분화된 목표시장을 선정하는 것을 의미한다. 미국의 엔터프라이즈렌트카Enterprise Rent-A-Car는 여행객을 대상으로 공항에 사무실을 두는 기존 업체와는 달리 차량을 정비소에 맡긴 고객을 목표고객으로 삼아 주거지역 내에 영업점을 설치하고, 정비소와 네트워크를 체결하는 전략으로 업계 1위가 되었다.

(3) 가치사슬 및 조직value chain/organization

가치사슬 및 조직은 어떻게 가치를 창출할 것인가에 관한 것으로써 제품이나 서비스를 생산하고 유통하는데 필요한 자원의 효율적 활용과 조직의 구조를 의미한다. 델컴퓨터는 소매상을 배제한 직접판매방식을 도입함으로써 경쟁사보다 낮은 가격에 최신의 기술이 반영된 고객화된 컴퓨터를 제공할 수 있었다.

(4) 전달방식delivery design

어떻게 가치를 전달하는 시스템을 설계할 것인가에 관한 것으로써 고객과 공급업체를 연결하는 가치네트워크 안에서 전·후방활동의 효과적인 설계를 의미한다. 낮은 가격이나 신속한 공급 등 전달하려는 고객 가치에 따라서 공급망을 분리하거나 통합하는 것을 말한다. 자라Zara와 유니클로Uniqlo와 같은 SPA(Specialty store retailer of Private label Apparel의 약자로 자사의 기획 브랜드 상품을 직접 제조, 유통하는 전문 소매점을 의미) 브랜드들은 수시로 변하는 고객의 취향에 신속하게 반응하기 위하여 공급망을 통합하고 있다.

(5) 수익 흐름revenue stream

어떻게 수익으로 연결시킬 것인가에 관한 것으로써 창출한 고객가치를 비용과 수익의 매커니즘에서 이윤으로 연결시키는 능력을 의미한다. 단순한 가격과 비용의 관점에서 벗어나 다양한 방식으로 수익 획득의 원천을 확보하는 것을 말한다. GE 에어크래프트엔진Aircraft Engines은 상품을 서비스화하여 비행기 엔진을 판매하는 대신에 엔진의 실제 사용시간에 기반한 과금pay-per-use 방식으로 지속적인 수익을 획득하고 있다. 이는 대규모의 고정비를 변동비화 함으로써 항공사들의 초기 구매비용을 줄여줄 뿐만 아니라 엔진의 유지·보수와 관련된 서비스를 제공함으로써 항공사들의 엔진 보유에 대한 부담을 덜어주고 있다.

(6) 경쟁전략competitive strategy

지속가능한 경쟁우위에 관한 것으로써 기업이 장기적으로 생존 가능하도록 자사가 보유한 강점을 극대화하는 전략적 유연성을 갖추는 것을 말한다. 신생기업은 기존기업이 가진 강점을 무력화시키는 전략을 추구해야 하며, 기존기업은 핵심역량에 기반한 비즈니즈 모델을 구축해 경쟁기업의 모방을 차단해야 한다. 사우스웨스트항공사는 거점공항을 경유하여 여러 지역에 갈 수 있는 대형 항공사의 거점경유방식 대신에 출발지와 도착지를 한 번에 연결하는 직항point-to-point노선 방식을 이용함으로써 저렴한 비용과 높은 정시 도착률로 차별화된 경쟁우위를 창출할 수 있었다.

1.5 플랫폼 비즈니스 모델

최근에는 GAFA라는 약어로 표현되는 미국의 IT기업인 구글Google, 애플Apple, 페이스북Facebook, 아마존Amazon이 세계 경제를 주도하고 있다. 혁신적이고 거대한 정치·경제·문화적 가치를 창출한 이들 기업들에게 발견된 공통점 중 하나는 모두 플랫폼Platform 비즈니스 모델을 사용하고 있다는 것이다.

플랫폼 비즈니스 모델이란 사업자가 직접 재화를 생산하기보다는 재화를 생산하는 사업자들과 잠재적 재화 구매자 두 그룹을 자사의 플랫폼 내부에서 거래를 유도함으로써 가치를 생성하여 이윤을 추구하는 비즈니스모델을 말한다. 구글, 애플, 아마존, 페이스북 등의 인터넷 기업은 이러한 플랫폼 전략을 통해 가입자 및 다양한 개발자들을 자사의 플랫폼에 참여하게 하여 거대한 이윤을 추구하고 있으며, 이들 기업의 영향력은 나날이 커져가고 있다. 〈표 3-1〉은 GAFA 기업의 플랫폼 사업을 구체적으로 설명하고 있다.

이들 글로벌 기업 이외에도 〈표 3-2〉와 같이 국내의 카카오, 미국의 공유서비스 에어비엔비, 비즈니스 소셜 네트워킹 업체 링크드인LinkedIn 등이 있

표 3-1 ■ 창조기업의 플랫폼 비즈니스화 성공 사례

주요 사업자	전략	성과
Google	브라우저, 모바일 OS를 무료로 배포하고 사용자를 확보 후 검색광고에서 수익화	전세계 검색 점유율 90% 전세계 스마트폰 점유율 79%
Apple	단말, OS, 앱스토어의 가치사슬을 구성하고 사용자의 구매 충성도를 높임	미국 기업 중 시가총액 1위 애플 콘텐츠 수익=윈도우즈 OEM 판매수익
Facebook	소셜 미디어 기반으로 사용자층을 확보하고 광고, 게임에서 수익화	월간 액티브 이용자 수: 12억 3천만 명
Amazon	클라우드-콘텐츠-단말로 이루어진 강력한 고객 생태계를 구축하고 온라인콘텐츠, 커머스, 클라우드 서비스에서 수익 창출	미국 내 온라인 커머스, 전자책 디바이스 매출 1위 아마존 프라임, 전체 수익의 1/3 추정

출처: 동동현·유재필, "인터넷 플랫폼 비즈니스 동향분석 및 정책적 제언", *INTERNET & SECURITY FOCUS*, May 2014, p. 9.

표 3-2 ■ 주요 플랫폼 사업의 전략 및 성과

분야	주요 사업자	현황	성공요인/전략
소셜서비스	카카오 (Kakao)	• 창업 4년 만에 연매출 2,000억, 550여 명 국내 스마트폰 사용자 93% 사용	• 무료로 충분한 회원 확보 후 양면시장 비즈니스로 수익 창출
온라인 숙박	에어비엔비 (Airbnb)	• 기업가치: 약 10조 7천억 원 • 192개국 34,000도시에서 서비스 제공	• '공유경제'원리를 소셜서비스에 응용(수요)값싼 숙박비 – (공급) 남는 방을 대여해 소득 원함
사진공유 소셜서비스	인스타그램	• 직원수 12명, 1억 3천만 명 사용 • 페이스북이 '12년 1조 원에 인수	• 단순한 사진 편집/필터링 기능제공 • 페이스북과 트위터 등 다른 소셜서비스와의 연동기능 극대화
비즈니스 중심 소셜서비스	Linkedin	• 약 2억 6천 명의 가입자 보유	• 전문 비즈니스 플랫폼을 전략사용, 기존 친목형 소셜서비스 플랫폼과 차별화

출처: 동동현 · 유재필, "인터넷 플랫폼 비즈니스 동향분석 및 정책적 제언", *INTERNET & SECURITY FOCUS*, May 2014, p. 5.

다. 중국에서는 TBA라는 약어로 명명되는 텐센트Tencent, 바이두Baidu, 알리바바Alibaba 등이 플랫폼 기반으로 성장하고 있다.

다음카카오

카카오Kakao는 모바일 메신저 카카오톡을 기반으로 게임, 쇼핑몰, 소설 블로그 서비스를 제공하는 멀티 플랫폼이다. 2014년 5월 현재 전 국민의 93% 가입률과 전 세계 1억 명의 가입자를 돌파하며 입지를 단단히 하고 있다. 카카오는 2011년 카톡 메신저의 성공을 플랫폼 확장 기반으로 삼아 다양한 서비스를 제공하며 개발자와 이용자를 끌어들이는 전통적 양면시장 플랫폼 전략을 이용하며 수익을 내

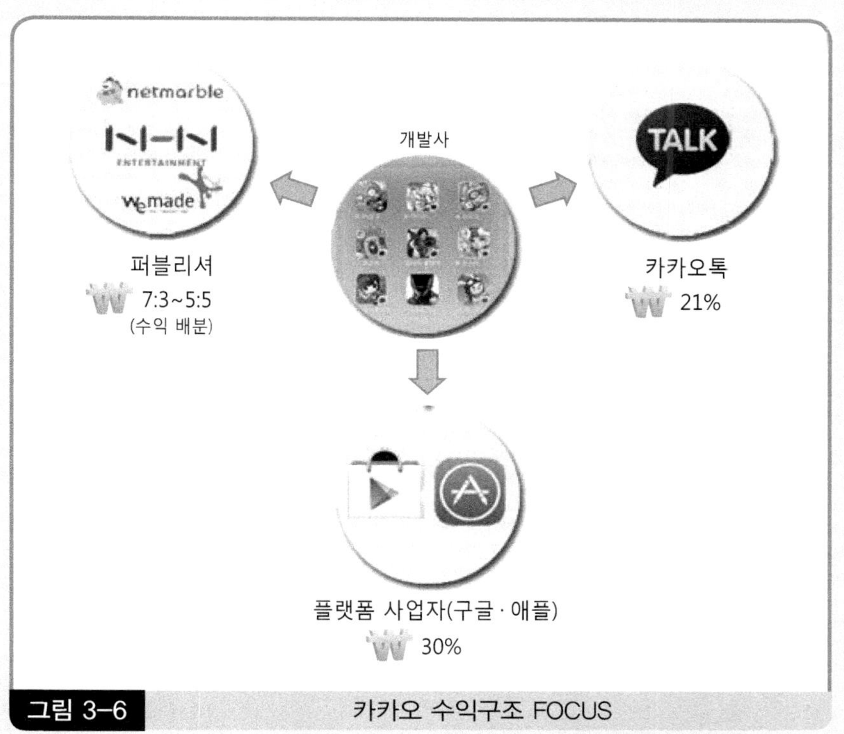

그림 3-6 카카오 수익구조 FOCUS

기 시작했다. 카카오는 무료메신저 서비스인 카카오톡으로 고객을 확보한 후 자사 게임서비스인 카카오 게임으로 고객을 흡수, 게임 사업자/개발자와의 연계를 통해 플랫폼 가치를 형성하는 플랫폼 전략을 사용하였는데, 이러한 전략은 크게 성공하여 국내 모바일 게임시장의 판도를 변화시켰다. 카카오 게임 플렛폼의 네트워크 효과로 인한 국내 모바일 게임 시장은 기존 400억 원에서 8천억 원으로 20배 성장하였다. 카카오는 모바일 쇼핑몰 카카오스타일, 소셜 SNS기능을 강화한 카카오스토리 서비스를 제공하며 플랫폼을 확장하였다.

카카오의 수익원은 대부분 게임과 연관된 사업에서 발생하는 중개수수료, 광고매출이다. 게임의 총 매출 중 30%는 앱 마켓 플랫폼 사업자인 구글과 애플이 수수료 명목으로, 나머지 70% 중 30%의 수익을 카카오가 수수료 명목으로 가져 오는 구조이다. 카카오 게임의 상당수가 게임을 무료로 제공한 후 게임 진행 시 필요한 앱을 판매하여 수익을 얻는 인앱인inapp-in 게임들인데, 카카오는 게임이용자의 게임 아이템 및 선물구입과 관련한 중개수수료를 매출로 연결시킨다. 카카오 게임하기 플랫폼 내의 게임이 인기를 얻을수록 카카오의 수익도 오르는 전형적인 플랫폼 비즈니스 전략인 것이다. 카카오는 이렇게 이윤 창출기반을 안정화 시키기까지 약 6년 여의 기간이 걸렸다. 카카오의 매출은 2012년 462억 원, 총 1조 원이라는 매출 누적을 기록하며 승승장구하고 있다. 특히 카카오는 420여 개의 게임을 서비스하며, 2,000만 명의 누적가입자를 보유하고 서비스 플랫폼 시장에서 그 가치를 더욱 견고히 하고 있다.

그러나 카카오게임의 영향력이 커지며, 플랫폼 비즈니스 전략의 문제점 중 하나인 플랫폼 고착화 문제가 제기되고 있다. 게임개발자의 플랫폼 진입의 어려움으로 인한 시장 내 다양성이 제한되고 있기 때문이다. 예를 들어, 카톡 게임플랫폼에 입점을 하지 못하면, 개발한 게임이 잠재적 사용자에게 노출될 기회가 매우 적어지는 결과를 낳게 되고 이에 대한 두려움으로 개발자들은 카카오톡을 상대로 목소리를 낼 수 없게 될 수 있다는 잠재적 위험이 감지되고 있다. 이러한 카카오게임 플랫폼의 사례는 플랫폼 내 종속이라는 관점에서 인터넷서비스 플랫폼 규모의 거대화가 어떻게 플랫폼 내 사업자에게 같은 업종의 신규 사업자의 진입장벽으로 작용할 수 있음을 보여주는 예일 것이다.

〈출처: 동동현 · 유재필, "인터넷 플랫폼 비즈니스 동향분석 및 정책적 제언", *INTERNET & SECURITY FOCUS*, May 2014, p. 10-11〉

2. 서비스 트라이앵글

2.1 서비스 트라이앵글의 개념

탁월한 성과를 보이는 서비스기업은 보통의 성과를 보이는 기업과는 차별화된 특징을 가지고 있다. 알브라이트Albright와 젬케Zemke는 탁월한 서비스를 제공하는 기업들에 대한 연구를 통해 [그림 3-7]과 고객을 중심으로 서비

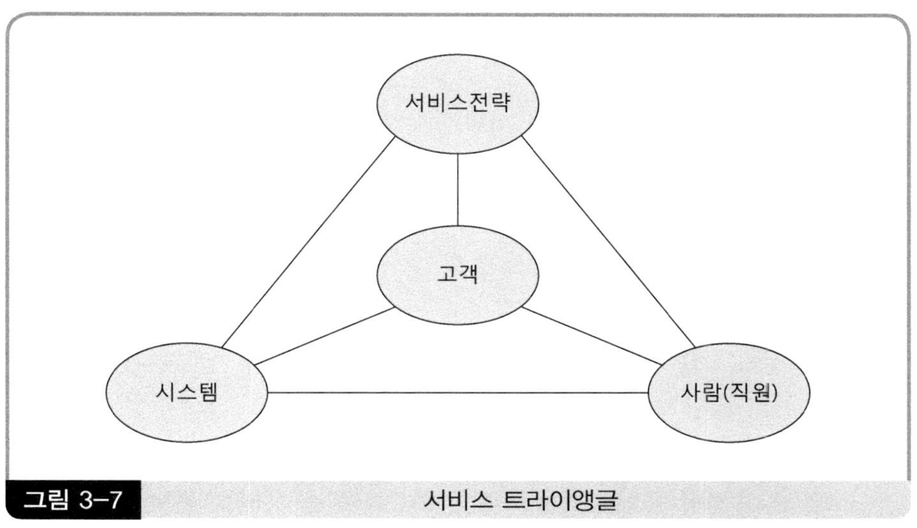

그림 3-7 서비스 트라이앵글

스전략, 시스템, 사람이 유기적으로 연결된 서비스 트라이앵글service triangle이란 개념을 제시하였다. 탁월한 서비스는 서비스 트라이앵글에서 제시하는 4개의 구성요소가 상호작용하는 관계에서 발생한다는 것이다. 이 개념을 구체적으로 설명해보자.

2.2 서비스 트라이앵글의 구성요소

(1) 고객의 진실의 순간moment of truth에 대한 이해가 있어야 한다. 모든 기업은 고객이 있음으로써 존재하는 것이므로 고객의 진실의 순간을 이해하는 것이 무엇보다도 중요하다. 진실의 순간은 고객이 기업과 접촉하는 모든 관계에서 발생하는 것으로 제공되는 서비스에 대한 인식을 형성하는 기회가 되는 바로 그 순간을 의미하며, 서비스 제공자와의 직접적인 접촉뿐만 아니라 물리적 시설이나 서비스 환경, 콜센터, 인터넷, SNS 등 다양한 매개체를 통해서 생성된다. 고객과의 다면적인 접촉으로 발생한 진실의 순간들이 모여서 그 기업에 대한 총체적인 경험이 형성되며, 이를 바탕으로 기업에 대한 전체적인 인상을 고객은 결정하기 때문이다. 따라서 고객은 누구이며, 고객이 요

구하는 것이 무엇인지, 고객은 무엇을 선호하는지 등 고객의 진실의 순간을 이해하고 있어야 한다.

(2) 서비스기업은 잘 고안된 서비스 전략을 갖추고 있어야 한다. 서비스 전략은 고객에 대한 이해를 바탕으로 조직의 목적을 달성하기 위해 경쟁사와 차별화된 경쟁우위를 창출하는 시스템이다. 잘 고안된 서비스 전략은 조직 내 구성원들의 관심이 고객을 향하게 할 수 있으며, 조직이 가고자 하는 방향을 제시하고, 구성원들이 조직의 목적에 참여하고 관여하도록 함으로써 가치를 지속적으로 창출하게 만든다. 따라서 전략은 조직 내 구성원과 고객들에게 구체적으로 전달되는 것이어야 한다.

(3) 고객친화적인 시스템을 갖추고 있어야 한다. 서비스전달 시스템은 서비스 전략과 전달하려는 서비스 패키지에 기초해 자원을 효과적이고 효율적으로 분배하는 수단이다. 서비스전달 시스템은 고객의 편의를 중심으로 설계되어야 하며, 시스템을 이용하는 고객 및 이해관계자 모두에게 사용 용이성과 편리함을 제공하고 있어야 한다. 복잡한 시스템은 모두를 혼란에 빠뜨리며 많은 비용을 유발한다. 시스템은 사용자의 편의에 바탕을 두고 가능한 한 단순하며 직관적으로 디자인되어야 한다. 구글google에 접속하면 단순하며 직관적인 화면을 접할 수 있는 반면에 국내 기업의 포털이나 검색사이트는 모든 정보를 한 화면에 다 제공하겠다는 듯이 복잡하게 구성되어 있을 뿐만 아니라 경쟁기업과의 차별성도 보이지 않는다.

(4) 고객 지향의 접점 직원들을 보유하고 있어야 한다. 잘 훈련되고 동기부여된 구성원 없이 탁월한 서비스는 절대 발생하지 않는다. 접점 직원들은 충분한 지식과 기술, 그리고 고객 중심의 마인드로 무장되어 있어야 하며, 고객의 요구에 즉각적으로 대응할 수 있는 권한을 부여받고 있어야 한다. 대부분의 서비스는 접점 직원과의 접촉에서 이루어지며, 접점 직원은 개인이 아니라 한 기업을 대표하여 고객을 응대하고 있는 것이다. 접점 직원이 바로 기업이며 조직인 것이다. 고객의 기대를 뛰어 넘는 서비스를 제공하는 접점 직원이 많아질 때 경쟁기업에서는 상상도 할 수 없는 탁월한 서비스를 제공할 수 있으며, 이를 경험한 고객의 긍정적 구전이 서비스기업의 성공을 가져오게 된다.

2.3 서비스 트라이앵글의 구성요소 간 상호작용

서비스 기업의 성공은 고객의 니즈에 맞게 서비스 전략을 수립하고, 서비스 전달 시스템을 구축하며, 잘 훈련된 고객 지향의 직원들을 유지함으로써 결정된다. 서비스 트라이앵글은 네 가지의 핵심요소를 연결하는 선을 통해 상호간의 관계에 대해서도 설명하고 있다. 즉 고객, 전략, 직원, 시스템간의 상호작용을 통해서 탁월한 서비스를 제공할 수 있는 방법을 제시하고 있다.

(1) 고객에서 서비스 전략으로 이어지는 선은 고객의 욕구와 니즈를 중심으로 서비스 전략을 수립하는 것의 중요성을 일깨우고 있다. 고객이 제공받을 서비스를 생각할 때 고객의 마음속에서 서비스에 대한 구체적인 느낌이 일어나야 한다는 것이다. 한편 서비스 전략에서 고객으로 이어지는 선은 전략을 시장에 커뮤니케이션하는 프로세스를 의미한다. 단지 독특하고 훌륭한 서비스를 제공하는 것만으로 충분하지 않으며 고객에게 이 사실이 전달되어야 한다.

(2) 고객과 서비스전달 시스템을 연결하는 선은 고객에게 제공되는 서비스를 지원하는 물리적 환경과 정보시스템뿐만 아니라 추상적인 절차와 같은 것들이 고객 중심으로 설계되고 제공되어야 함을 의미한다. 고객을 충분하게 고려하지 않은 시스템은 고객에게 불편함과 불만은 고객 접점을 부정적으로 만든다. 우리나라 지하철을 이용하다보면 “이 역은 승강장과 열차 사이의 간격이 넓으므로 열차를 타고 내리실 때 조심하시기 바랍니다”라는 안내 방송을 가끔 듣게 된다. 많은 역에서 열차와 승강장 간격이 국토교통부가 권고하는 안전기준(최대 10㎝)의 2배가 넘어서 [그림 3-8]과 같이 휠체어를 탄 장애인들이 혼자 힘으로 열차에 승선하기 어렵다고 한다. 고객과 서비스 제공자 모두 사용하기에 편리한 시스템을 갖추는 것은 고객을 위해서만이 아니라 기업의 효율성을 높이기 위해서도 반드시 필요하다.

(3) 고객과 직원을 연결하는 선은 접점에서 발생하는 고객과 직원간의 상호작용의 중요성을 의미한다. 많은 서비스들이 고객과 직원간의 접점에서 발생하며 고객의 경험에 가장 많은 영향을 끼치게 된다. 슈나이더Schneider는

출처: "장애인 대중교통 이용해보니", 중앙일보, 2009. 7. 27.

그림 3-8 승강장과 열차 사이에 끼인 장애인

23개 운행 지점에 대한 연구를 통해서 서비스 품질에 대한 고객과 직원 사이에 높은 상관관계가 있음을 밝혔다. 직원들이 고객 지향적인 서비스를 추구하는 것으로 인식하고 있을 때 고객들은 서비스가 탁월하다고 느낀다는 것이다.

고객과 친밀한 직원은 고객의 만족과 충성도에 긍정적 영향을 끼치며, 고객과의 거래에서 소요시간을 단축시켜 직원의 생산성에도 영향을 준다고 한다. 자신의 일에 만족한 직원은 고객의 욕구와 충족 방법에 대한 더 많은 지식을 스스로 습득하며 실수를 받아들이고 회복시키려 노력하게 된다. 문제를 해결하려는 자세를 가진 직원은 고객으로부터 서비스 실수에 대해 더 많은 불평을 받게 되어 서비스를 개선할 기회를 얻게 되며, 서비스 실패로부터 회복된 고객은 반복 구매를 하는 충성고객으로 전환되어 기업의 수익을 높이게 된다. 이와 같은 고객과 직원의 관계를 헤스켓Heskett 등은 [그림 3-9]와 같이 '만족거울satisfaction mirror'이라는 개념으로 소개하였다.

서비스 트라이앵글의 바깥쪽 세 개의 선도 의미가 있다.

(1) 직원과 시스템을 연결하는 선은 직원의 업무를 지원하는 시스템과

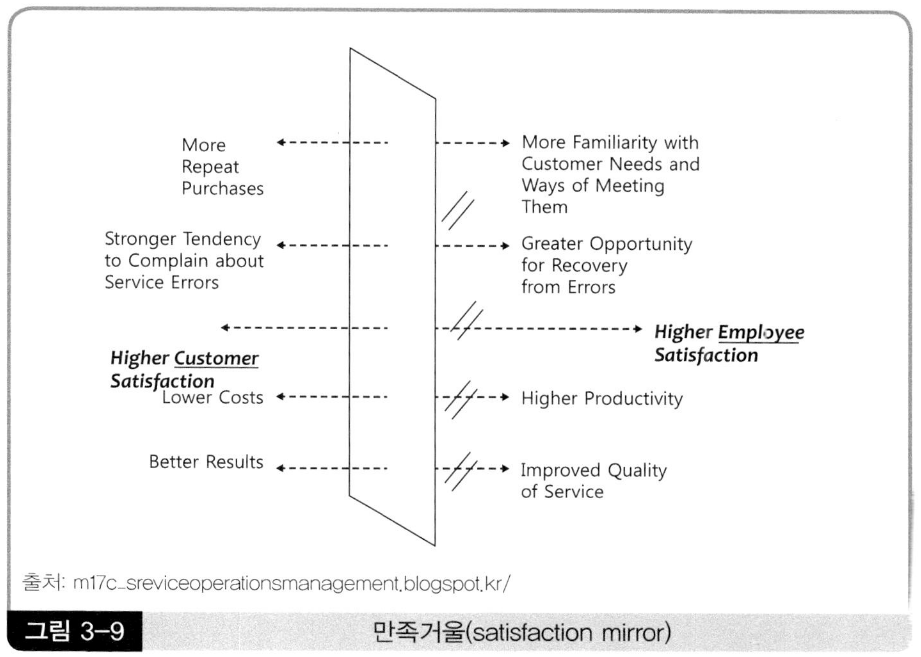

출처: m17c_sreviceoperationsmanagement.blogspot.kr/

그림 3-9 만족거울(satisfaction mirror)

시스템을 개선하고 변화시키는 직원과의 상호작용을 의미하고 있다. 고객을 위한 업무를 수행하는 직원에게 제대로 된 시스템의 도움은 필수적이다. 콜센터에서 고객의 전화에 응대하는 직원은 고객에 대한 정보가 실시간으로 제공되는 정보시스템과 고객의 요구에 능동적으로 대처할 수 있는 업무 규칙이 갖추어져 있어야 한다. 또한 고객에 대한 상세한 정보를 제공받는 직원은 고객이 요구하기 이전에 고객이 필요로 하는 조치를 취할 수도 있을 것이다.

비행기의 퍼스트클래스에 탑승하는 고객에 대한 정보는 사전에 담당 직원에게 전달되어 고객의 취향을 고려한 서비스를 사전에 준비할 수 있다. 리츠칼튼Ritz Carlton 호텔의 객실을 정리하는 직원은 고객 데이터베이스로부터 얻은 정보에 기반하여 고객이 선호하는 형태로 객실 내 제공되는 물품의 배치를 변경할 수 있으며, 고객에 대한 새로운 정보가 습득될 경우에 바로 데이터베이스를 업데이트할 수도 있다. 즉 고객이 테니스 라켓을 휴대하였다면 다음에 리츠칼튼 호텔을 방문할 때에는 미리 테니스 코트에 대한 정보와 방송채널에 대한 안내, 혹은 잡지를 비치하는 것이다. 그리고 시스템을 이용하는 직원들은 경영자보다 시스템의 문제와 개선 방법에 대해 더 많이 알고 있다. 따라서 직원과 시스템 사이에 적절한 의사소통과 권한을 부여함으로써 상호간에 긍정적인 영향을 미칠 수 있도록 하는 것이 필요하다.

(2) 서비스 전략과 시스템을 연결하는 선은 물리적이거나 행정적 시스템이 조직의 서비스 전략과 일치해야 함을 의미한다. 시스템은 서비스 전략이 원활하게 수행될 수 있도록 지원하여야 하며, 서비스 전략은 시스템이 조직의 목표와 상충되지 않도록 이끌어야 한다.

(3) 서비스 전략과 직원을 연결하는 선은 조직의 목표와 철학을 서비스를 전달하는 직원들이 알고 있어야 함을 의미한다. 우선순위를 정하고 이에 따라 자원을 집중하는 조직차원의 의사결정을 직원들이 이해하지 못한다면 조직의 힘을 결집하여 고객 중심의 경영을 일관성 있게 추진할 수 없다. 훌륭한 전략도 조직 내 시스템이나 직원의 도움 없이 성공할 수 없으며, 조직의 목표를 달성할 수 있도록 전략이 시스템을 통제하고 직원에게 방향을 제시할 수 있어야 한다.

이와 같이 서비스 트라이앵글은 고객, 서비스 전략, 시스템, 직원의 상호작용을 이해함으로써 전체적인 관점에서 서비스 향상 방안을 조망할 수 있는 관점을 제시하고 있다. 따라서 조직 전체의 자원을 분배하고 서비스를 디자인하고 개선하는데 고객을 중심으로 전략, 시스템, 직원이 삼위일체가 되는 서비스 트라이앵글을 구축할 필요가 있다.

고객만족과 고객경험

> *"There is only one boss. The customer.*
> *And he can fire everybody in the company from the chairman on down, simply by spending his money somewhere else."*
>
> *- Sam Walton -*
> *- Founder of Wal-Mart -*

제레미 볼모어Jeremy Bullmore가 미국 최상위 301개 기업의 사명mission에 자주 등장하는 단어들의 빈도를 조사한 결과 서비스가 230회로 가장 많았고 고객(211회), 품질(194회), 가치(183회), 사원(157회), 성장(118회), 환경(117회), 수익(114회), 리더십(104회), 최고(102회) 등의 순이었다. 이를 토대로 유추해 보면 기업의 존재이유가 고객에게 고품질의 서비스를 제공하여 고객이 느끼는 가치를 높이는 것이라고 생각할 수 있다. 고객 중심의 서비스를 제공하는 것이 중요하다는 것을 알 수 있다.

탁월한 성과를 보이는 기업의 중심에는 고객이 있다는 것을 3장에서 서비스 트라이앵글을 통해 설명하였다. 비즈니스 슬로건 중에 가장 많이 사용되는 말이 "고객은 왕이다Customer is king"라는 문구이다. 또한 "고객은 항상 옳다Customer is always right" 혹은 "고객이 없으면 기업은 없다No customer, no business"라는 슬로건을 통해 고객 중심의 기업으로 홍보하고 있지만 실제로 고객의 경험을 높이기 위해서 노력하는 것은 말처럼 쉬운 것이 아니다. 대부분의 기업이 고객지향적 사고를 경영에 반영하지 못하고 형식적인 슬로건이나 일회성 마케팅 캠페인으로 사용하는 경우가 많다. 하지만 기업 경영의 패러다임이 생산자 중심에서 고객 중심으로 변화되었으며. 고객이 서비스를 통해 경험했던 인식이 무엇을 제공했는지 보다 중요한 시대이다.

고객의 유일한 관심은 '나의 요구가 만족되는가?'에 있다. 고객은 자신이 받게 될 서비스에 대한 기대와 실제로 받은 서비스, 그리고 그 프로세스를 비교하면서 자신의 요구가 얼마나 만족되었는지를 결정한다. 서비스기업은 고객에게 제공하는 서비스뿐만 아니라 그 일을 하는 방식마저도 관리해야 한다. 즉 고객의 조직에 대한 경험 전체를 관리해야 한다. 따라서 본장은 고객은 누구인가에서부터 고객 경험을 향상하기 위해 서비스기업은 무엇을 해야 하는지를 총체적으로 살펴볼 것이다.

1. 고객만족

1.1 고객만족의 정의

고객customer은 "반복적으로 행하는 습관과 같은 것"의 의미를 지닌 custom에서 유래한다. 따라서 고객은 제품이나 서비스를 구입하는 소비자뿐만 아니라 습관적으로 행하는 거래 및 관계형성이 보다 긴밀해지고 돈독해지도록 영향을 미치는 주변 사람 모두를 넓은 의미의 고객에 포함시킬 수 있다

고객은 크게 내부고객, 중간고객, 그리고 외부고객으로 구분한다. 내부고객internal customer은 조직 내부의 가치창조에 참여하는 고객으로 주로 조직 내 구성원을 의미하며, 중간고객은 조직이 생산한 가치를 외부고객에게 전달하는 중간 상인이나 유통업체를 의미하며, 외부고객external customer은 제품이나 서비스의 형태로 생성된 가치를 구매하여 사용하는 사람으로 주로 최종 소비자를 일컫는다. 최종적으로 일상적으로 고객이라 하는 정의는 판매상품과 서비스를 구매하여 사용하는 외부 고객에 해당된다.

내부고객의 중요성으로 메리어트 호텔의 설립자인 메리어트Marriott는 "서비스산업에서 행복하지 않은 종업원이 고객을 행복하게 만드는 것은 불가능하다"라고 하였다. 서비스업의 종업원은 그들 자체가 서비스 상품이고, 조직을 대표하고 있다. 따라서 내부마케팅internal marketing은 종업원을 최초의 고객으로 보고 그들에게 서비스 마인드나 고객지향적 사고를 심어주어 더 좋은 성과를 달성할 수 있도록 동기부여하는 활동을 의미한다. 켈의 법칙은 고객만족을 위해 종업원과 최고경영자와의 커뮤니케이션의 활성화가 얼마나 중요한지를 설명하고 있다.

켈의 법칙 Kel's Law

최고경영자와 종업원간의 직급이 한 단계 멀어질 때마다 심리적인 거리감은 제곱으로 커져 직급 간에 두터운 벽이 존재하는 것을 의미한다. 종업원들은 탁월한 재능과 능력이 있음에도 불구하고 심리적인 거리감으로 인해서 이를 발휘하지 못하게 된다.

일반적으로 고객customer은 기업에서 생산한 제품이나 서비스를 구매하거나 소비함으로써 이익창출에 직접적으로 기여하는 사람이나 집단을 말한다. 온라인 의류판매업체인 엘엘빈L.L.Bean은 "고객이란 우리가 하는 사업과 업무의 궁극적 목적으로 고객이 없다면 우리는 결코 존재할 수 없다. 고객이 우리에게 의존하는 것이 아니라 우리가 고객에게 의존하는 것이다. 따라서 고객은 우리에게 기회를 주는 사람으로 논쟁하거나 다투어서 이길 대상이 아니다"라고 하였다. [그림 4-1]는 엘엘빈의 홈페이지에 있는 고객에 대한 생각을 보여주고 있다.

What is a Customer?

A customer is the most important person ever in this company – in person or by mail.

A customer is not dependent on us, we are dependent on him.

A customer is not an interruption of our work, he is the purpose of it.

We are not doing a favor by serving him, he is doing us a favor by giving us the opportunity to do so.

A customer is not someone to argue or match wits with. Nobody ever won an argument with a customer.

A customer is a person who brings us his wants. It is our job to handle them profitably to him and to ourselves.

출처: www.llbean.com

그림 4-1 엘엘빈의 고객 정의

1.2 고객만족경영

고객이 원하는 것은 단순히 제품이나 서비스가 아니라 이를 통해 자신이 부족하게 느끼는 문제를 해결하거나 부가가치를 얻고자 하는 것이다. 레스토랑에서 친구와 식사를 하는 고객은 편안하게 배고픔을 해결하고 즐거움을 나누려는 욕구를, 여행상품을 구입하는 고객은 일상에서 탈출하여 새로운 경험을 하려는 욕구를, 백화점에서 옷을 구매하는 고객은 우아하고 멋진 이미지를 연출하고자 하는 것이다. 따라서 고객이 진정으로 원하는 것인 무엇인지를 이해하고, 이 관점에서 기업의 모든 가치 창출활동이 수행되도록 전사적으로 통합 조정하여 고객에게 높은 가치를 전달할 때 고객만족이 이루어지는 것이다. 고객만족경영은 제품 개발에서부터 조달, 생산, 마케팅, 물류, 영업 그리고 애프터서비스A/S까지 기업 내에서 이루어지는 모든 가치창출 활동을 고객 중심으로 하기 위한 전략이다.

고객만족경영의 3요소는 제품, 서비스, 기업이미지이다. 고객만족경영은 고객의 기대를 충족시킬 수 있는 우수한 품질의 제품과 서비스를 제공할 뿐만 아니라 이를 통해 표출되는 기업이미지를 포함하여 기업이념 등 고차원적인 개념까지 고객에게 제공함으로써 소비자들에게 만족감을 제공하는 활동이라 할 수 있다.

고객만족경영을 추구하는 기업은 고객중심의 조직문화와 종업원 만족을 먼저 달성해야 한다. 조직의 구성원 모두가 고객을 만족시키고 열광시키는 것을 목표로 삼는 조직문화가 갖추어져 경영의 모든 부문을 고객 입장에서 생각하고 고객에 대한 진정성을 전달할 수 있어야 한다. 또한 종업원 만족 없이 외부고객을 만족시킬 수는 없다. 종업원이 고객을 위해 문제를 해결하는 창의적인 노력을 할 수 있도록 적절히 권한을 위임해 동반자적 관계를 갖도록 해야 한다.

고객만족경영의 목표는 고객 만족을 통해서 수익을 창출하고 지속가능한 성장을 하는데 있다. 기업의 매출은 신규고객과 기존고객의 반복구매에서 일어난다. 하지만 신규고객을 끌어들이는 것은 기존고객을 유지하는 것보다 많은 비용이 든다. 따라서 기존고객의 유지가 기업의 생존을 위해 중요하며, 이를 위해서 지속적으로 고객을 만족시키는 것이 필요하다. 만족한 고객을 유지하여 충성고객이 되도록 만드는데 경영의 초점을 두어야 한다. 충성스러운 고객은 반복구매와 다른 사람에게 긍정적 구전을 하며, 그 회사의 다른 제품이나 서비스에도 호의적이기 때문이다.

고객 만족을 높이기 위해서는 고객으로부터 만족도를 조사해야 한다. 신제품개발로 유명한 3M은 자사의 신제품 아이디어 중 2/3 이상이 고객의 불평에서 나온 것이라고 말하고 있다. 기업이 고객지향적으로 되기 위해서는 매 분기마다 자사의 고객만족 수준을 조사하여 개선목표를 설정해야 한다. 미국의 자동차 기업인 GM은 1984년 고객만족도 지수를 100점 만점에 79점을 얻어서 1990년까지 90점까지 올리는 것을 목표로 삼아 노력한 결과 재구매비율을 나타내는 고객충성도가 1984년의 38점에서 1990년에는 55점으로 높일 수 있었다.

Xerox는 100% 고객만족을 목표로 제품의 기대정도를 파악하기 위해 '제품측면', 판매사원의 친절도 및 응대를 측정하기 위해 '판매과정', 원하는 시각에 배달되고 설치가 완료되었는지를 추적하기 위해 '배달과정', 사용자에 대한 교육 및 매뉴얼 제공이 제대로 실천되고 있는지를 평가하기 위해 '지원활동' 등 다각적인 고객조사를 실시함으로써 고객만족도를 지속적으로 높여가고 있다.

의료서비스에 대한 고객 불만

전문적인 지식과 경험이 요구되는 분야일수록 고객중심의 서비스에 대한 저항이 강하다. 의료서비스 시장의 공급자인 의사들은 전문적 지식과 권위에 도전하려는 환자 중심적인 사고에 일반적으로 적대감을 드러낸다. 현재 의료시장에서 제공되는 의료서비스에 대한 일반 소비자들의 불만을 고객의 관점에서 살펴보면 몇 가지로 요약할 수 있다.

첫째, 의사들은 고객인 환자들에게 제공하는 의료서비스에 대해 자세히 설명하지 않는다. 반면, 환자들은 자기가 구매하는 의료서비스에 대한 많은 정보를 기대한다. 예를 들어, 병의 원인이 무엇인지, 어떤 치료법이 가능한지, 치료의 부작용은 무엇인지, 예방법은 어떤 것이 있는지 등이 환자가 원하는 정보이다.

둘째, 환자들이 의료서비스를 받기 위해 대기하는 시간이 너무 길다 특히 종합병원은 예약을 하고 정해진 시간에 가더라도 상당한 시간을 기다려야 한다. 이는 종합병원의 의료서비스에 수요가 몰리는 현상과 의료기관의 공급자 중심적인 의료서비스 전달시스템이 맞물린 결과로 볼 수 있다. 예를 들어 환자들이 종합병원을 찾게 되면, 병원 본부에서 의료서비스 구매를 신청한다. 이 접수증을 가지고 각 전문분과로 가서 접수한다. 검사가 필요하면 다시 병원 본부의 접수처에 신청하고, 대금을 지불한 다음 해당 검사실로 가서 접수를 한다. 본부와 각 전문 치료 분과와 검사서비스 분과를 오가는 동안에 시간은 흘러가고, 종결되기까지 많은 시간이 걸린다.

셋째, 의사들이 환자들을 의료서비스를 구매하러 온 고객으로 하대하거나 함부로 대한다는 불만도 많다.

넷째, 의료기관의 전문분야 및 서비스 품질에 대한 정보가 부족하다. 환자들은 자기들의 문제를 가장 잘 처리해 줄 의료기관을 선정하는 데 어려움을 겪는다.

다섯째, 불필요한 과잉 진료행위가 계속되고 있다는 불만이다. 건강보험심사평가원에 따르면, 2009년 과잉진료로 환자들에게 환불된 금액이 총 72억원에 이르는 것으로 나타났다.

여섯째, 의료사고 처리 절차가 투명하지 못한 데다 효과적인 재발방지 노력도 부족하다는 지적이다. 2008년 법원과 한국 소비자원, 의협 공제회 등에 각각 접수된 피해 구제건수를 모두 합하면 2,079건이 된다는 보고가 있다.

〈출처: 이철, "환자중심 서비스 혁신 이끄는 9가지 방법", 동아비즈니스리뷰, 59호, 2010, p. 84-85〉

현대자동차의 CS컨닥터

현대차는 고객응대 품질을 높이기 위해 지역 CS 전문가인 'CS컨닥터'제도를 운영한다. 고객만족의 'CS'와 합창이나 합주 지휘자를 의미하는 '컨닥터'의 합성어인 CS컨닥터는 지역별·직무별로 총 81명이 활동하고 있다. 고객 접점을 주기적으로 방문해 애로사항과 요구사항을 파악한 후 이를 본사 조직과 연계해 본사 차원의 CS정책으로 발전시키는 CS현장관리자, 지역 고객 접점에 특화된 고객만족전략을 추진하는 지역 CS컨설팅 전문가 등이 있다. 매년 두 차례 전국 각 분야의 CS컨닥터가 한자리에 모여 각 조직의 특화전략을 공유하고 있다. 현대차 각 부문의 고객 접점 직원들은 지역별 전담 CS강사로부터 CS이론 및 실천교육을 주기적으로 받고 있다.

1.3 고객만족의 함정

고객만족경영 활동이 가치 있기 위해서는 '고객만족 → 고객충성 → 재구매 → 재무적 성과'라는 선순환 고리가 이루어져야 한다. 많은 고객들은 만족하면서 기업을 떠나기도 하고, 때로는 대안이 없어서 고객으로 남아있기도 한다. 따라서 고객만족도 측정과 관리만으로 고객을 예측하거나 유지하기 쉽지 않다는 사실을 인식해야 한다.

미국의 자동차 고객만족도조사인 JD파워JD Power의 조사결과 90% 만족한 고객의 재구매율은 47.9%에 불과하고, 하버드비즈니스리뷰에서도 만족한 고객의 40%가 거래처를 바꾼다는 결과를 발표한 적이 있으며, 기업의 이탈고객 60~80%는 만족고객에서 나온다는 분석결과도 있다. 한편 제록스에서는 '매우 만족(5점)'을 응답한 고객의 재구매율이 '약간 만족(4점)' 고객의 재구매율보다 6배 이상 높다고 발표한 바 있다. 매우 만족한 고객만 재구매율이 높을 뿐, 일반적으로 만족한다고 응답한 고객은 언제 우리 상품 구매를 포기할지

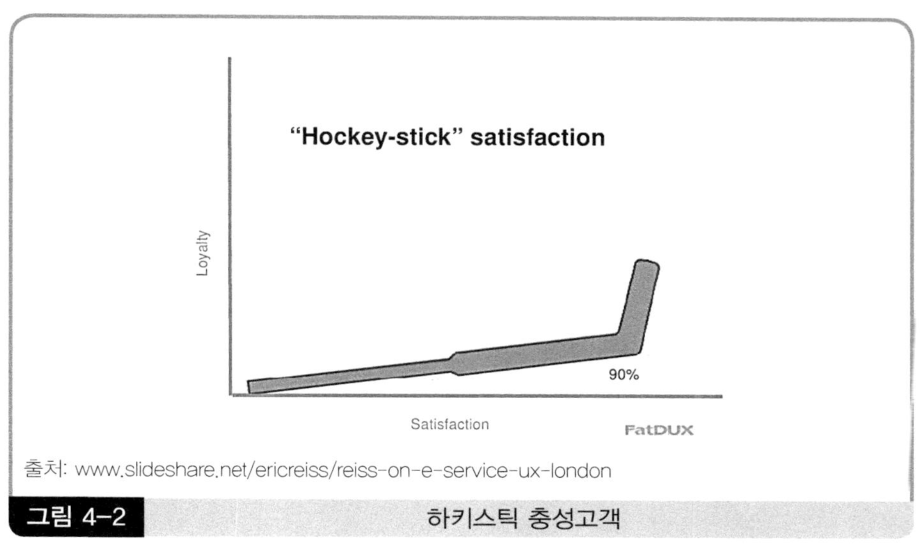

출처: www.slideshare.net/ericreiss/reiss-on-e-service-ux-london

그림 4-2 하키스틱 충성고객

모를 고객이다. 고객들은 다양성을 추구하고 있으며, 경쟁사의 광고에도 계속 노출돼 있기 때문이다. 이와 같이 고객 만족과 고객 충성은 선형적인 비례 관계가 아니다. 이를 론 젬케와 톰 커넬런은 [그림 4-2]와 같이 하키스틱 충성고객이라 불렀다. 고객만족도 조사에서 '매우 만족한다'고 생각하는 사람만 높은 충성도를 보인다는 것이다. '만족한다'와 '약간 만족한다'로 응답한 사람은 충성고객이 아니라는 것을 설명하고 있다.

어느 자동차 회사도 이와 유사한 결과를 얻었다. 고객 만족 수준 평가에서 최고 평가(5점)를 해준 고객은 그보다 한 단계 낮은 평가(4점)를 한 고객들보다 두세 배 높은 고객 충성을 유지한다는 것을 알게 되었다. 최고 점수를 준 고객들은 서비스를 받기 위해 재방문할 것이며, 새 차를 살 때 적어도 시험 운전은 하러 온다는 것을 알고 있다. GM은 고객의 가치를 평가할 때 단순히 2만 달러짜리 자동차를 구매하는 고객이라고 생각하지 않고 2만 7,600달러의 '고객 평생 가치lifetime customer value'를 가진 고객이라는 점을 염두에 둔다. 코카콜라의 브랜드에 집착하는 고객은 평생에 걸쳐 평균 6,000달러어치의 코카콜라를 마신다고 한다.

많은 기업에서 초소형 MP3 플레이어를 만들려고 경쟁하고 있을 때, 애플은 고객들에게 다양한 노래를 들을 수 있게 해주는 것이 더 중요할 것이라고 생각하고 심플하면서 사용하기 편리한 MP3 아이팟iPod과 모든 노래를 쉽게 구매할 수 있는 서비스 아이튠즈iTunes를 통해 크게 성공했다. 아이팟의 성공은 아이폰iPhone과 아이패드iPad로 이어져 역사상 가장 충성고객이 많은 기업이 되었으며, 역사상 가장 많은 영업이익을 남기고 있다.

1.4 카노모델

카노모델Kano model은 노리아키 카노Noriaki Kano가 개발한 고객만족과 상품개발에 관한 이론으로서 제품의 속성에 대해 고객 만족이 어떻게 영향을 받는지를 설명하고 있다. 품질에 대한 이원적 인식방법론으로 만족과 불만족이라는 주관적 요소와 물리적 충족과 미충족의 객관적 요소를 동시에 고려하여 5가지 범주로 구분하였다.

첫째, 매력적attractive 속성은 충족이 되면 만족을 주지만 충족이 되지 않더라도 받아들이는 속성이다. 고객이 미처 생각하지 않았거나 기대 이상의 만족을 주는 요소이므로 미충족되어도 불만이 없으며, 반면에 충족이 되었을 경우 고객감동customer delight의 원천이 되는 요소이다. 둘째, 일원적one-dimensional 속성은 충족이 되면 만족을 하지만 충족이 되지 않으면 불만을 일으키는 요소이다. 셋째, 당연적must-be 속성은 당연히 제공될 것으로 생각되는 기본적인 요소로서 충족이 되더라고 당연한 것으로 받아들이며, 반면에 충족이 되지 않으면 강한 불만을 일으키는 요소이다. 넷째, 무관심indifferent 속성으로 충족이 되거나 미충족되어도 불만을 일으키지 않는 요소이다. 다섯째, 역reverse 속성은 원치 않는 요소가 충족되면 오히려 불만을 일으키거나 만족이 저하되는 품질요소이다. [그림 4-3]은 카노 모델을 그래프로 표현함으로써 다섯 가지의 속성에 대한 이해를 돕고 있다.

최신 기술을 활용해 성능을 높인 스마트폰을 매력적으로 느끼는 고객이 있는 반면에 이를 오히려 불편하게 느끼는 고객도 있다. 제품의 속성에 대해 고객이 느끼는 주관적인 만족은 각기 다르다. 하지만 고객 만족을 관리하기

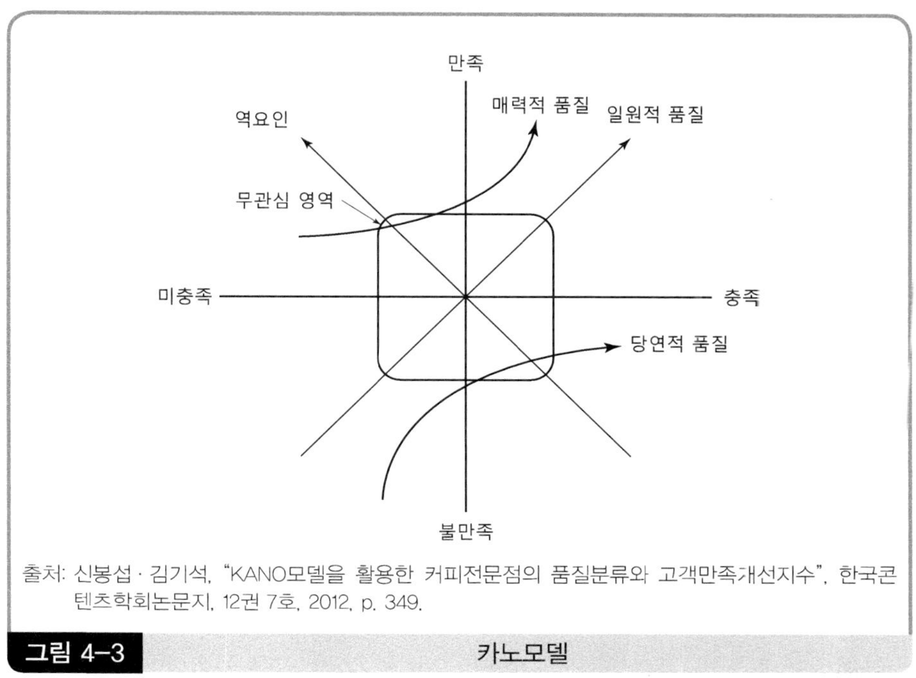

출처: 신봉섭 · 김기석, "KANO모델을 활용한 커피전문점의 품질분류와 고객만족개선지수", 한국콘텐츠학회논문지, 12권 7호, 2012, p. 349.

그림 4-3 카노모델

위해서는 고객들에게 당연히 제공해야 하는 속성은 무엇이고, 어떤 속성이 충족되면 고객 만족이 높아지는지를 알고 관리해야 하며, 경쟁기업이 제공하지 못하는 차별화된 속성을 찾아 고객 감동으로 이끄는 노력이 필요하다. 매력적 속성은 시간이 지나면 경쟁기업에서 모방하거나 유사한 서비스를 제공함으로써 일원적 속성으로 변화하고, 일원적 속성은 또 당연적 속성이 될 수 있다. 항상 고객과 경쟁기업을 면밀히 관찰해서 고객이 원하는 바를 제공하면서 차별화된 요소를 찾는 노력을 경주해야 한다는 것을 카노 모델은 설명하고 있다.

2. 고객 경험

고객들을 경쟁기업보다 더 만족하게 하기 위해서는 긍정적 고객 경험 요소를 발굴하고 이를 지속적으로 강화해야 한다. 고객경험관리의 대가인 루이스 카본Lewis Carbone은 "제품과 서비스의 속성이 표준화되고 있는 요즘에 와서 경험적 요소와 가치가 빠른 속도로 대두되기 시작했다. 이제 고객의 총체적 경험이 차별화의 새로운 요소로 각광받고 있다"고 말했다. 제럴드 잘트먼Gerald Zaltman은 "총체적 경험에서 비롯된 무의식에 속하는 감각적, 감성적 속성이 제품이나 서비스의 유형적 속성보다 소비자의 선호도에 훨씬 더 큰 영향을 미친다"라고 하였다. 또한 스타벅스의 CEO인 하워드 슐츠Howard Schultz는 "스타벅스는 또 하나의 거대한 점포망이 아닌 훌륭한 경험"이라고 말하며, 스타벅스는 탁월한 고객 경험을 제공함으로써 성공할 수 있었다고 하였다.

조셉 파인Joseph Pine과 제임스 길모어James Gilmore는 생일케이크를 준비하는 과정을 다음과 같이 설명함으로써 채집경제, 산업경제, 서비스경제를 거쳐 경험경제Experience Economy 시대가 도래했음을 설명하였다. 케이크의 원재료를 직접 생산해서 생일케이크를 만드는 채집경제시대에서 슈퍼마켓에서 밀이나 설탕 등 중간 가공품을 구매하여 생일케이크를 만드는 산업경제시대, 생일케이크를 제과점에서 구매하는 서비스경제시대를 거쳐 이제 케이크는 레스토랑에서 생일파티 서비스 패키지에 무료로 제공되는 부속품이 되어버린 경험경제시대가 되었다. 고객들은 케이크라는 단순한 제품 구매보다 생일파티라는 경험적 서비스의 가치를 중요하게 생각하게 된 것이다.

〈표 4-1〉는 농경사회에서 경험경제로 진화해가는 과정을 보여주고 있다. 경험경제는 무형적인 서비스를 의뢰인에게 전달하는 서비스경제와 달리 관객에게 개인화된 공연의 형태로 제공되면 감동으로 기억 속에 오랫동안 남는 것을 의미한다. 따라서 단순히 거래의 형태인 혜택이 아니라 접점에서의 관계가 오래도록 기억할 만큼 감동적이었는지가 중요해진다.

표 4-1 ■ 농경사회에서 경험경제로의 진화 과정

경제	농경	산업	서비스	경험
기능	채취	제조	전달	공연
성격	대체가능한	유형적	무형적	기억에 남음
특징	자연적	표준화된	고객화된	개인적
공급방법	대량저장	재고 가능	수요에 따라 제공	시간을 두고 나타남
기대	수량	특성	혜택	감동
판매자	중간상인	생산자	서비스제공자	연출자
구매자	시장	고객	의뢰인	손님, 관객

출처: Fitzsimmons, J. A. et al., *Service Management*, 8th Ed., McGraw-Hill, 2014, p. 11.

또한, 우리가 일상적으로 접하는 커피의 경우를 통해 경험경제를 설명할 수 있다. 작고 둥글며 붉은 색의 커피 열매는 수확되는 현지에서 1파운드(460그램)에 약 25센트에 거래된다. 이 비가공제품은 가공되고, 볶아지고, 포장되어 시장으로 유통되는 과정을 거쳐 부가 가치 제품이 되며, 1파운드에 2.50~6.99달러에 판매되게 된다. 이 가공된 원두커피를 집에서 추출하면 물과 에너지, 노동력 모두를 합쳐서 커피 한 잔에 10센트 정도 될 것이다. 식당이나 패스트푸드 체인점, 편의점 등에서 커피를 추출해서 제공하는 서비스가 포함될 때 한 잔에 1~1.5달러 정도의 가격이 된다. 여기에는 원재료 비용, 가공비용, 서비스 제공 비용 등이 포함된 가격이다. 하지만 스타벅스와 같은 커피 전문점에서 똑 같아 보이는 커피를 3~5달러에 판매하고 있다. 왜 이렇게 높은 가격을 고객들은 받아들이는가? 그 이유는 바로 경험 때문이다. 한 잔에 원재료비 10센트인 커피가 3달러 이상의 감성재가 되는 것으로써 제품과 서비스에 감성적 경험이 어우러져 총체적 경험이라는 더 높은 가치를 창출함에 따라 고객들이 지갑을 열게 되는 것이다.

2.1 고객경험의 의미

경험은 사전적 의미로 '자신이 실제로 해 보거나 겪어 보거나 또는 거기서 얻은 지식이나 기능'이라고 한다. 고객 경험Customer Experience은 직접적이며, 상호작용적으로 겪게 되는 자기 자신의 심리적 변화로 자신을 풍요롭게 하는 요소가 포함된 것이라야 한다. 즉 기업과 고객의 상호작용을 통해 고객이 직접 보고 듣고 겪으면서 그 기업의 제품이나 서비스가 어떠하다고 느끼고 알게 되는 모든 것을 의미한다. 따라서 고객 경험은 제품과 서비스의 탐색 과정부터 구매과정, 그리고 사용 과정 모두에서 발생할 수 있다. 또한, 기업이 제공하는 다양한 커뮤니케이션 채널과 사람들과의 관계에서 경험이 발생한다. 즉 제품과 서비스의 기능과 품질, 광고와 인터넷 홈페이지, 직원의 태도나 친절성, 친구들의 의견 등을 통해서 경험하게 되는 것이다. 이 모든 접점들은 고객들이 직접 경험할 수도 있지만 간접적으로도 경험할 수 있다.

고객 경험을 콜린 쇼Callian Shaw와 존 아이븐John Iven은 "기업이 고객에게 제공하는 물리적인 활동과 그것을 겪으면서 발생하는 감정들의 혼합"이라고 하였다. 물리적인 활동은 고객들이 기업의 활동을 경험할 수 있도록 만든 장치들이며, 그 장치들이 제대로 작동되는지도 포함하고 있다. 예를 들어 기업의 홈페이지에 가서 제품 정보를 찾고 싶거나 문제가 발생해 문제 해결을 위해 웹페이지에 접속했을 때 다양한 접촉점이 있으며, 또 즉시 사용할 수 있을 때 물리적인 활동을 지원하고 있는 것이다. 우리나라의 홈페이지와 미국 기업의 홈페이지를 방문해보면 그 차이점이 금방 드러난다. 제품들을 서치하고 있으면 실시간 채팅Live Chat으로 도움을 받고 싶은지 요청하는 팝업창이 뜬다. 고객이 길을 헤매고 있는지 혹은 구매를 망설이고 있는지를 파악해 먼저 도움을 제안하고 고객이 구매하도록 유도하는 것이다. [그림 4-4]의 엘엘빈 홈페이지를 보면 상단에 Customer Service와 무료전화번호 800-441-5713이 표시되어 있으며, Customer Service에 커서를 두면 아래로 다섯 가지의 선택 옵션이 나타난다. Customer Service를 클릭하면 맨 아래 화면과 같이 고객의 문제가 바로 해결될 수 있음을 보여주고 있다. 반면에 우리나라 쇼핑몰에 접속하면 고객에게 광고하고 싶은 제품 사진만 가득할 뿐 고객의 불편함을 해결해 줄 수 있는 곳을 찾기는 매우 어렵다.

고객에게 발생한 감정이란 기업이 제공한 물리적인 활동을 접하면서 긍정적이든 부정적이든 경험하게 되는 고객의 감정이다. 기업의 홈페이지에 접

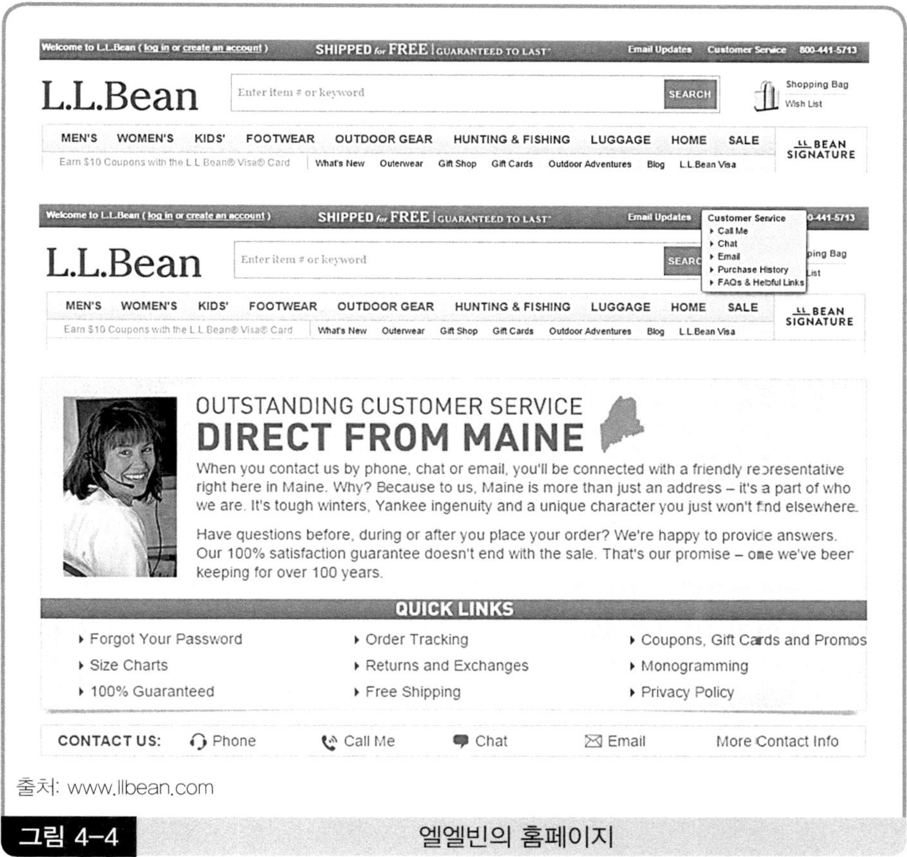

출처: www.llbean.com

그림 4-4 엘엘빈의 홈페이지

속한 고객이 원하는 정보를 쉽게 찾을 수 있다면 좋은 감정이 발생할 것이고, 정보를 찾기 어렵거나 웹페이지의 이동시간이 오래 걸릴 경우 짜증이 나고 좋지 않은 감정이 발생할 것이다.

고객 경험은 고객이 특정 기업과 접촉하는 순간에 갖는 기업에 대한 주관적, 감성적 감정들의 혼합이라 할 수 있다. 접촉 순간은 제품이나 서비스를 구매하면서 갖는 직접적 접촉뿐 아니라 광고나 각종 매체를 통해 얻게 되는 간접적 접촉까지 모든 순간을 포함한다.

2.2 경험재의 유형

경험재에 대한 이해를 돕기 위해 '고객의 참여'와 '환경과의 관계'에 따라 경험재를 분류하였다. 고객의 참여 정도를 수동적passive 참여와 적극적active 참여로 구분하고, 경험환경과의 관계를 동화와 몰입으로 구분하였다. 수동적 참여로 클래식 음악 공연에 관객으로 객석에 앉아 있는 것이라면 적극적 참여는 클래식 음악을 직접 배우거나 무대위에서 직접 연주하는 것을 말한다. 동화absorption는 경험 환경에 직접 관여하지는 않은 상태로서 집에서 소파에 편하게 앉아 영화를 TV로 감상하는 것이라면, 몰입immersion은 경험 환경에 흠뻑 빠져드는 상태로서 3D영화관에서 환호하며 영화를 감상하는 것이다.

앞의 분류 기준에 따라 경험재를 네 가지로 분류한 것은 [그림 4-5]와 같다. 오락적entertainment 경험재는 동화적인 환경에서 수동적으로 참여하는 것으로서 집에서 TV 채널을 돌리다가 우연히 그랜드캐니언Grand Canyon에 관한 다큐멘터리를 보는 것과 같다. 교육적education 경험재는 동화적인 환경에서 적극적으로 참여하는 것으로서 TV에서 본 그랜드캐니언에 관해 더 많은 것을 알기 위해서 유튜브를 찾아 보거나 도서관에 가서 관련 DVD를 렌트해서 보는 것이다. 심미적estheticism 경험재는 몰입적인 환경에서 수동적으로 참여하는 것

환경과의 관계 \ 고객의 참여	수동적	적극적
동화	오락적 경험재 • TV 시청 • 음악회 참석	교육적 경험재 • 영어 수업 • 스키 강습
몰입	심미적 경험재 • 여행 • 미술품 감상	일탈적 경험재 • 공연에 참여 • 스쿠버다이빙

그림 4-5 경험의 네 가지 영역

출처: www.hualapaitourism.com/the-grand-canyon-skywalk/

그림 4-6 그랜드캐니언 스카이워크 전경

으로서 그랜드캐니언으로 여행을 가서 눈앞에 펼쳐진 장관에 감탄하며 감상하는 것이다. 일탈적escapism 경험재는 몰입적인 환경에서 적극적으로 참여하는 것으로서 그랜드캐니언을 몸으로 경험하기 위해 노새를 타고 캐니언 아래로 직접 내려가 보는 것이다. 하지만 직접 내려가는 시간과 비용, 그리고 위험성을 대신하여 그랜드캐니언을 일탈적으로 경험할 수 있는 스카이워크Skywalk가 만들어져 많은 사람들이 찾고 있다. [그림 4-6]은 그랜드캐니건 웨스트west에 있는 스카이워크 사진이다.

2.3 고객경험관리

고객경험관리CEM: Customer Experience Management는 고객의 긍정적 경험요인을 명확하게 이해하고, 오감을 통해 공유하게 하며, 이를 피드백 받아 개선시킴으로써 성과를 창출하는 것이다. 즉 기업에 대한 고객행동에 영향을 주는 고객경험이 긍정적인 방향으로 전개되도록 관리함으로써 고객의 충성도를 증대시키는 것이다. 번트 슈미트Bernd Schmidt는 "고객경험관리란 제품이나 기업을 통한 고객의 전체적인 경험을 전략적으로 관리하는 과정"이라고 하였다.

따라서 기업이 고객경험을 관리하는 목적은 고객과 기업의 모든 접점에서 고객이 겪는 다양한 경험을 관리해 기업에 대한 긍정적 인식이 형성되도

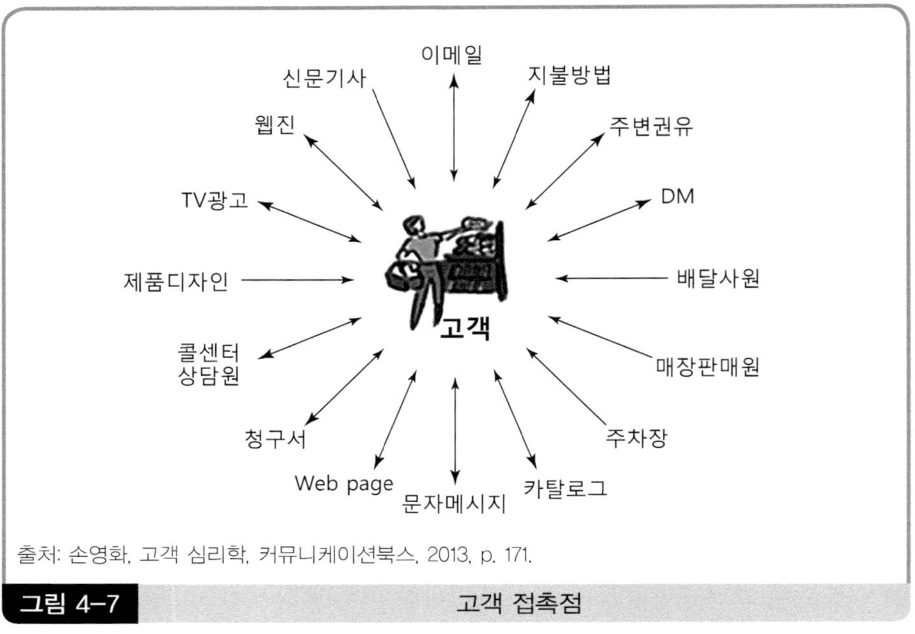

출처: 손영화, 고객 심리학, 커뮤니케이션북스, 2013, p. 171.

그림 4-7 고객 접촉점

록 함으로써 기존고객들의 재구매나 잠재 고객들의 구매 의사결정에 영향을 주고자 하는 것이다.

고객경험관리는 고객 접점touch point을 관리하는 것이다. 고객은 [그림 4-7]과 같이 수많은 접점을 통해 기업의 제품이나 서비스를 직접적 혹은 간접적으로 경험하게 된다. 이 접점에서 느끼는 경험은 해당 기업이나 브랜드에 대한 충성도를 형성하기도 하고 파괴하기도 한다.

2.4 고객경험관리의 필요성

(1) 고객들의 경험 소비에 대한 욕구가 커지고 있기 때문이다. 고객은 더 이상 제품이나 서비스의 특징이나 편익이 아니라 브랜드가 제공하는 독특한 생활양식과 제품이나 서비스 사용하면서 얻는 총체적인 경험을 더 중요시한다. 스타벅스는 일반 커피에 비해 몇 배 비싸지만 사람들은 스타벅스가 제공

하는 커피 한 잔의 경험을 사기를 원한다.

(2) 경험의 질quality of experience이 기업의 성과를 좌우하고 있다. 기업의 성공은 고객의 충성도를 높이는데 있으므로 경쟁기업보다 품질이 우수하고 차별화된 경험을 제공하려 노력하고 있다. 구글Google의 CEO였던 에릭 슈미츠Eric Schmidt는 "우리의 뛰어난 실적은 사용자 경험의 질을 획기적으로 향상한 결과"라고 하였다. 구글은 야후Yahoo 등 경쟁사의 검색 환경을 면밀히 분석한 후, 페이지 랭크 기술을 획기적으로 개선하여 고객들이 보다 빠르게 정확한 검색을 할 수 있도록 하였다.

(3) 중요한 것은 고객이 진정으로 원하는 것이 무엇인지를 파악하는데 있다. 고객관계관리Customer Relationship Management는 고객과의 거래에서 형성된 구매이력 등 행동데이터를 분석해서 고객의 니즈와 구매 행태를 파악하여 고객을 관리하고 추가적인 판매기회를 모색하는 사후적인 관리이다. 하지만 고객과의 거래관계에만 중점을 두고 고객의 소비 행태를 기계적으로만 분석하여 고객을 총체적으로 이해하지 못한다는 문제점을 지적받고 있다. 하지만 고객경험관리는 고객이 어떻게 생각하고 느끼는지를 파악하기 위해 거래 단계별로 파악해 고객 경험 데이터베이스를 구축하여 고객의 경험을 체계적으로 관리하여 충성고객을 확보하는 사전적인 관리로 이해할 수 있다. 〈표 4-2〉와 같이 고객경험관리는 고객의 충성도를 높이기 위한 목표 하에 고객 중심의 마인드로 고객의 경험프로세스를 분석하여 개선함으로써 고객의 감성적 만

표 4-2 ■ 고객관계관리와 고객경험관리의 차이

	고객관계관리(CRM)	고객경험관리(CEM)
추구목표	고객관계가치의 개선	차별화된 만족경험을 통한 고객로열티 강화
방향성	Inside Out전략(기업→고객)	Outside In전략(고객→기업)
프로세스	기업 내부의 프로세스 개선	고객의 경험프로세스 개선
데이터분석	거래 행동데이터분석 위주	고객의 태도데이터분석 위주
가치제안	이성적 가치에 소구	감성적 가치에 소구
데이터수집	거래 데이터	VOC, 서베이, FGI, 관찰

출처: 류승범, 충성도 유발요인 파악해 가치제안 혁신하라, 동아비즈니스리뷰, 73호, 2011, p. 49

족도를 향상하는 것이라는 것을 알 수 있다.

결론적으로 고객경험관리는 기업이 제공하는 제품이나 서비스와 관련된 고객의 경험을 체계적이며 전략적으로 관리하는 프로세스이며, 조직을 고객 중심적으로 혁신하는 전략이 될 수 있다.

스타벅스의 고객경험관리

스타벅스는 비가공 제품을 판매하는 소매점에서 점차 회사 가치제안으로서 고객 경험을 팔기 시작했다. 1971년 문을 연 스타벅스는 시애틀 선창가에서 커피원두를 판매하는 가게였다. 신선한 커피원두를 볶기도 하고 통째로 갈아서 판매하기도 했다. 초창기 스타벅스가 가게에서 직접 커피를 추출했던 이유는 원두를 시음하는 '커핑cupping'을 하기 위한 것이었다. 스타벅스는 원두를 팔았고 원두를 팔기 위한 목적에서 커핑이라는 서비스를 제공했다.

오늘날과 같은 스타벅스는 하워드 슐츠가 1983년 이탈리아 밀라노에서 열렸던 가정용품 박람회에 참석한 데서 기인한다. 스타벅스에 입사한 지 1년밖에 되지 않았던 슐츠는 박람회에서 무화과와 같은 단순한 제품조차 곱게 포장지에 싸서 고개에게 전달하는 이탈리아 사람들의 감각적인 모습을 보게 되었다. 우연히 에스프레소 바espresso bar를 방문하게 된 슐츠는 다양한 감각적 환경을 접하면서 완전히 새로운 세계를 느끼게 되었다.

슐츠는 커피 향뿐만 아니라 커피에 관련된 모든 경험을 체험하게 되었다. 신선한 커피를 가는 모습, 커피의 향, 맛이 정교하게 어우러져 커피를 경험하는 잊지 못할 체험을 하게 되었다. 바리스타의 우아한 움직임, 원두를 갈고 에스프레소액을 컵에 따르는 모습, 손님과 직원들의 대화 소리 등이 에스프레소 바를 가득 채우고 있었다. 원두를 가는 소리, 다 간 원두를 빼내는 분쇄기 소리, 원두 찌꺼기 털어낼 때 탕탕거리며 나는 소리, 스팀 우유를 만드는 소리, 배경으로 나오는 이탈리아 오페라 음악까지 모든 것이 어우러진 커피에 대한 총체적인 경험을 한 것이다. 슐츠의 눈에는 오감을 자극하는 교향곡을 연주하는 것처럼 커피의 모든 것을 향유하는 이탈리아의 독특한 커피 문화가 느껴졌다. 이 밀라노에서의 경험을 통해 슐츠는 이탈리아의 카페 문화를 미국에 재현할 수 있다면 스타벅스가 그저 그런 커피하우스 중의 하나가 아니라 커피에 대한 멋진 경험을 제공하는 바로 그 곳이 될 수 있을 것이라고 느꼈다.

스타벅스에서 핵심은 '완벽한 커피 경험'이다. 슐츠는 '이웃 가게의 따뜻한 느낌을 주는' 편안한 의자에 앉아 갓 볶아낸 커피 향을 맡으며 커피를 만드는 바리스타를 지켜볼 수 있는 공간을 추구했다. 사회학자인 레이 올덴버그Ray Olderburg로부터 제3의 공간the third place이란 개념을 차용하여 집과 일하는 직장과는 다른 '편안하고 친근함을 주면서도 사람들과 사교하면서 간단한 용무를 볼 수 있는 정겨운 장소'에 초점을 맞추었다. 스타벅스는 "고객들이 개인적 경험을 할 수 있는 장소이며, 가게에 있는 사물들은 총체적 경험을 위한 소품들이다"라고 말하고 있다.

스타벅스 이야기

새로운 커피문화를 정착시키고 있습니다.

세계인들의 생활 속에 스며들어 전 세계의 커피 문화를 선도하고 있는 스타벅스가 고객의 일상을 풍요롭게 하는 제3의 공간으로서 국내에서도 고객 및 지역사회와 함께하며 새로운 커피문화를 정착시키고 있습니다.

스타벅스의 사명

인간의 정신에 영감을 불어넣고 더욱 풍요롭게 한다. 이를 위해 한 분의 고객, 한 잔의 음료, 하나의 이웃에 정성을 다한다.

스타벅스 경험

스타벅스는 커피 원산지에서부터 한 잔의 음료로 나가기까지의 모든 과정을 체계적으로 관리하며, 고객과 지역사회에 집중하고 있습니다. 스타벅스 매장은 친구와 가족이 만나는 따뜻한 제3의 공간이며, 책과 함께하는 나만의 조용한 순간, 그리고 새로운 도시에서 발견하는 낯익은 장소를 제공합니다.

〈출처: 스타벅스 홈페이지(www.istarbucks.co.kr)와 루이스 카본의 "고객 그리고 경험"을 참조하였음〉

서비스 전략

> *"The essence of strategy is choosing what not to do."*
>
> – Michael Porter –
>
> *"The essence of strategy lies in creating tomorrow's competitive advantage faster than competitors mimic the ones you possess today."*
>
> – Gary Hamel & C. K. Prahalad –

글로벌화의 진전과 커뮤니케이션 및 정보기술의 발달은 서비스기업의 경쟁 환경을 더욱 복잡하고 치열하게 만들고 있다. 서비스기업이 지속가능한 성장을 하기 위해서는 제공하고자 하는 서비스와 경쟁환경을 고려한 적합한 전략과 전술의 수립 및 실행이 무엇보다도 중요하다. 비즈니스 모델을 현실화시키는 것이 바로 전략이다. 3장에서 설명한 서비스 트라이앵글에서 잘 고안된 서비스전략은 고객 가치를 명확히 하며 이를 실현시키기 위해서 종업원과 시스템에 영향을 미치는 것이라고 하였다. 경영전략의 관점에서 논의되었던 전략의 체계와 정의에서부터 서비스의 특성을 고려한 성공적인 서비스전략에 대해 살펴볼 것이다.

1. 서비스 산업의 경쟁 환경

서비스기업이 직면한 경쟁 환경은 매우 치열하며 다음과 같이 차별화된다.

(1) 진입장벽이 상대적으로 낮다. 서비스 혁신은 특허로 인정받지 못하며 경쟁자들이 쉽게 모방할 수 있다. 그리고 서비스 산업은 노동 집약적이기 때문에 소자본으로 시작할 수 있어 진입장벽이 상대적으로 낮다. 골목상권에

있는 치킨집과 쌀국수 음식점처럼 특별한 노하우know-how없이 소자본으로 창업할 수 있다. 항공사들은 탑승거리에 대한 마일리지를 적립해 고객 충성도를 높임으로써 신규 항공사의 진입을 막으며, 클럽 메드Club Med는 아름다운 해변가에 대규모 리조트를 만들어 고객들이 장기간 체류하면서 해양스포츠를 즐기도록 함으로써 진입장벽을 쌓고 있다.

(2) 규모의 경제를 실현하기 어렵다. 생산과 동시에 소비되는 특성으로 인해 대규모로 생산해서 보관하고 판매하는 것이 어렵다. 고객이 방문하거나 고객이 있는 곳을 찾아가야 하는 물리적인 이동의 필요는 시장의 규모를 제한하고 소규모의 점포를 형성하게 한다. 맥도날드와 같이 서비스를 표준화하고 프랜차이즈를 통한 점포의 확장으로 규모의 경제를 실현하거나 인터넷 쇼핑몰과 같이 고객의 물리적인 이동을 기술로 대체함으로써 시장을 확대할 수 있다.

(3) 수요의 변동이 심하다. 서비스에 대한 수요는 계절별, 요일별, 시간별로 다양하게 발생하기 때문에 예측하기 어렵다. 그리고 서비스는 재고로 보관할 수 없기 때문에 수요의 변동에 제품처럼 적절하게 대응하기 어렵다. 항공사는 고객의 수요에 따라 비행요금을 차별화해서 피크타임에 몰리는 고객의 수요를 분산하고 있으며, 병원이나 레스토랑들은 예약제도를 활용해서 고객의 수요를 조절하려 노력하고 있다.

(4) 제품 혁신이 서비스를 대체하고 있다. 가정용 임신검사 도구와 혈당을 체크할 수 있는 기구와 같은 제품 혁신이 서비스를 대체하고 있다. 기술의 발달로 인해 서비스가 제품으로 대체될 가능성이 없는지 항상 관심을 가져야 한다. 서비스가 기술 혁신에 둔감하도록 고객 접촉이 높은 서비스에 집중해야 한다. 은행들은 단순한 금융업무는 현금자동입출금기ATM(Antomated Teller Machine)나 인터넷 뱅킹을 이용하도록 하면서 수익성이 높은 금융 상품은 직원들이 고객을 직접 접촉하도록 서비스를 변화시키고 있다.

(5) 고객충성도의 확보가 관건이다. 서비스는 충성도 높은 고객이 기업의 수익성에 미치는 영향이 매우 크다. 특히 지역 상권에서 경쟁하는 영세한 서비스업체의 경우 높은 경쟁으로 인해서 단골고객의 확보가 더욱 중요하다. 인터넷 쇼핑몰은 한 번의 클릭으로 고객이 쉽게 이동할 수 있으므로 구매에

따른 적립금 제공 등으로 고객 충성도를 확보하는 것이 중요하다.

(6) 내부직원의 만족이 무엇보다 중요하다. 서비스는 직원과 고객의 접촉이 수시로 일어나며, 서비스의 품질에도 직원이 미치는 영향이 매우 크다. 따라서 내부직원의 만족을 먼저 확보하지 않으면 고객 만족을 얻기가 어렵다. 사우스웨스트항공Southwest Airline을 포함해 직원 이직율이 5% 미만인 기업들이 높은 서비스품질과 수익성을 보이고 있다는 점을 이해해야 한다.

2. 경쟁적 서비스 전략

전략경영의 대가인 하버드 대학교의 마이클 포터Michael Porter는 "전략의 핵심은 경쟁자와 어떤 활동들을 다르게 수행할 것인가를 선택하는 것이다"라고 하였다. 즉 기업의 전략은 어떻게 남과 다르게 경쟁할 것인가를 결정하는 것이다. 기업은 어떤 고객과 시장을 상대할 것인지? 어떤 상품과 서비스를 제공할 것인지? 그리고 어떤 가치를 창출할 것인지?에 대한 전략적 선택을 해야 한다. 포터는 본원적 경쟁전략generic competitive strategy을 통해서 [그림 5-1]과 같이 원가우위 전략, 차별화 전략, 집중화 전략을 제시하였다. 원가우위와 차별화 전략은 넓은 시장을 대상으로 하는 대기업에서 활용하는 전략이며,

		경쟁우위의 원천	
		비용	차별화
경쟁영역의 범위	넓음	원가우위	차별화
	좁음	집중적 원가우위	집중적 차별화

그림 5-1 포터의 본원적 경쟁전략

중소기업은 경쟁의 범위가 좁은 영역에서 집중화된 원가우위와 차별화 전략을 활용할 수 있다.

본원적 경쟁전략은 기업이 보유한 경영자원과 핵심역량이 다른 경쟁기업들이 갖지 않은 독특한 것이어야 하며, 경영자원과 핵심역량이 산업이 요구하는 핵심 성공요인과 부합되어야 한다는 것을 전제로 하고 있다. 포터는 차별화와 원가우위는 동시에 추구할 수 없으며, 그렇지 않으면 '어중간한 상태stuck in the middle'에 머무르게 된다는 것을 강조하였다. 하지만 운영능력의 향상과 경쟁의 심화는 저원가와 차별화를 동시에 추구하도록 서비스기업에 요구하고 있다. 서비스기업이 세 개의 전략을 어떻게 활용할 수 있는지를 구체적으로 살펴보자.

2.1 저원가 전략

저원가 전략low-cost strategy을 성공적으로 구축하기 위해서는 기술 혁신을 활용한 원가 절감, 규모의 경제 실현, 철저한 원가 및 간접비용의 관리를 필요로 한다. 저원가 전략으로 경쟁하는 기업으로 맥도날드, 월마트, 아마존닷컴 등이 있다. 이들 기업들은 최신 기술에 대한 투자와 공격적인 가격정책, 그리고 표준화된 서비스와 운영방식을 갖고 있다. 성공적인 저원가 전략을 실행하는 방법은 다음과 같다.

(1) 저가격을 원하는 고객에 집중한다. 다른 고객보다 더 적은 비용으로 서비스를 제공할 수 있는 고객에게 집중하는 방식이다. 미국의 USAAUnited Services Automobiles Association은 장교들과 그 가족들만을 대상으로 서비스를 제공하는 자동차보험 회사이다. 장교들은 상대적으로 근무지 이동이 잦으므로 전화나 온라인으로 업무를 수행하는데 익숙하기 때문에 더 적은 비용으로 동일한 업무를 처리할 수 있다. 또 미국에서 두 번째로 큰 자동차보험회사인 가이코Geico: Government Employees Insurance Company는 공무원을 대상으로 자동차보험을 시작해 지금은 일반 고객을 대상으로 하고 있지만 오직 전화와 온라인으로만 서비스를 제공하고 있다. 우리나라에도 교직원공제회에서 동일한 방식으로

에듀카EduCar 자동차보험서비스를 제공하고 있다. 코스트코CostCo와 샘스클럽Sam's Club과 같은 창고형 할인매장은 직원들의 도움을 거의 받을 수 없지만 낮은 가격을 위해 대량 구매를 서슴지 않는 고객을 기반으로 비즈니스를 하고 있다. 자신의 노동을 제공하면서 기꺼이 서비스를 구매하려는 셀프서비스 성향이 강한 고객이 저가격 전략의 대상이 된다.

(2) 고객 서비스를 표준화함으로써 개인적인 요소를 최소화한다. 고객화된 서비스는 높은 비용을 유발할 수 있다. 서비스의 표준화는 고객 요구의 편차에 따르는 비용을 줄일 수 있으며 일관된 서비스를 제공할 기회가 증가한다. 맥도날드는 햄버거를 만들고 전달하는 전 과정을 표준화함으로써 전 세계 어디에서도 동일한 햄버거를 낮은 가격에 고객이 구매할 수 있도록 하고 있다. 은행은 편리하게 사용할 수 있는 자동입출금기와 인터넷 뱅킹을 통해 고객과 직원의 상호작용을 줄이고 거래비용을 낮출 수 있다. 표준화된 서비스는 대량으로 제공하고 개인화된 서비스는 셀프서비스로 전환하는 것이 필요하다.

(3) 서비스의 전달 비용을 최소화한다. 많은 서비스들은 고객이 서비스 생산 프로세스에 참여해야 하므로 온라인on-line 상태에 있다. 그러나 고객이 참여하지 않아도 서비스가 가능하도록 서비스 프로세스를 이원화하면 비용을 줄일 수가 있다. 크린토피아는 주거 밀집지역에 산재한 대리점을 통해 세탁물을 받고 중앙 집중화된 세탁공장에 세탁물을 모아서 대량으로 세탁을 한다. 서비스의 일부를 오프라인off-line에서 수행함으로써 주문의 통합에 따른 규모의 경제, 비용이 저렴한 지역에 시설의 입지, 고객의 비참여로 인한 비용 절감 등의 혜택을 누릴 수 있다. 분리된 서비스는 제조공장처럼 운영될 수 있으며, 크린토피아는 990원에 와이셔츠를 세탁할 수 있는 것이다. 놀부보쌈도 충북 음성에 업계 최초로 한식 CKCentral Kitchen공장을 설립하여 대량조리 시스템을 구축하였다. 프랜차이저 매장에서는 음식을 간단하게 데우기만 하면 제공할 수 있도록 함으로써 일관된 품질과 저원가를 달성할 수 있었다.

2.2 차별화 전략

차별화 전략differentiation strategy은 독특하다고 인식될 수 있는 서비스를 고객에게 제공할 때 실현될 수 있다. 브랜드 이지미, 독특한 특성, 서비스품질에 대한 높은 인식 등에 의해 차별화를 시도할 수 있다. 애플Apple은 차별화된 디자인의 음악재생기기인 아이팟iPod과 음원서비스인 아이튠즈iTunes를 결합한 독특한 서비스로 엄청난 성공을 거두었다. 성공적인 차별화 전략을 실행하는 방법은 다음과 같다.

(1) 무형적인 요소를 유형화한다. 대부분의 서비스는 무형적이어서 고객이 볼 수 없고 만질 수 없으며 고객에게 물리적인 기억을 남기지 않는다. 고객들에게 차별화된 서비스임을 구매 이전에 인지할 수 있도록 무형적인 요소들을 유형화시켜 제공하는 것이 필요하다. 막연히 특별한 서비스가 아니라 그 특별함을 알아 볼 수 있도록 해야 한다. 건물 외벽에 방안의 다양한 모습들을 사진으로 보여주고 있는 모텔이나 제공되는 음식을 실제 크기로 제작하 전시하고 있는 식당의 경우 무형적인 서비스를 유형화시킨 예가 될 것이다. 또한 많은 호텔들은 고객들이 호텔에 머문 것을 오래도록 기억하고 재방문할 수 있도록 호텔 이름이 새겨진 무료 화장도구들을 제공하고 있다. 그리고 디즈니랜드Disneyland와 같은 테마파크들은 즐거웠던 놀이 경험을 기억할 수 있도록 출구 쪽에 기념품 상점을 두고 있다.

(2) 표준화된 서비스를 고객화한다. 표준화된 서비스는 고객의 감동과 충성도를 지속가능하게 만들 수 없다. 개인화되고 감성적인 느낌을 자아내는 서비스를 추가적인 비용을 들이지 않고 제공할 수 있어야 한다. 미용실이나 피부관리실과 같은 서비스기업은 단골고객의 특성을 파악한 맞춤형 서비스를 제공하는 것이 필요하다. 버거킹Burger King은 'HAVE IT YOUR WAY(네가 원하는 것을 가져라)'캠페인을 통해서 맥도날드와의 차별화를 시도하고 있다. 버거킹은 고객이 주문을 하면 햄버거를 만드는 방식을 사용하기 때문에 양파를 좋아하지 않는 고객은 주문시에 양파를 넣지 말라고 요구할 수 있다.

(3) 잘 훈련된 서비스 종업원을 보유한다. 독특하고 차별화된 서비스는

고객과의 접점에 있는 종업원을 통해서 이루어지는 경우가 많다. 노동집약적인 서비스의 특성으로 인해서 일관성 있는 서비스를 제공하는 것이 중요한 문제이다. 종업원에 대한 교육과 훈련은 높은 고객서비스와 일관된 서비스 품질을 가져다 주는데 꼭 필요하다. 리츠칼튼호텔Ritz-Carlton Hotel은 새로운 '신사 숙녀'들이 원활한 업무를 수행할 수 있도록 리츠칼튼의 중요한 서비스 철학인 '골드 스탠더드Gold Standard: 황금 표준'를 배우는 신입사원 오리엔테이션을 받게 된다. 오리엔테이션 후 21일이 지나면 'Day 21 & All aboard'이라는 과정에 참석해 지난 21일간의 경험을 바탕으로 다시 한번 골드 스탠더드를 강화하는 시간을 가지며, 고객과의 관계를 위한 커뮤니케이션, 팀워크, 고객의 문제 해결 능력을 함양하는 교육을 받는다. 오리엔테이션 후 60일이 지나면 고객의 표현하지 않은 요구와 기대를 충족시키는데 필요한 지식, 기술 및 필수적인 능력을 익히는 '고객의 요구 파악하기Rader On-Antenna Up' 교육을 받게 된다. 입사 후 1년이 지나면 'Day 365' 교육을 받게 되는데 일 년간 몸에 익힌 골드 스탠더드를 다시 한번 상기하며 1주년을 기념하여 총지배인을 비롯한 임직원들이 함께하는 시간을 가지게 된다. 이와 같이 잘 훈련된 종업원이 고객이 표현하지 못하는 기대를 파악해 차별화된 서비스를 제공할 수 있는 것이다.

리츠칼튼호텔의 고객감동 서비스 현장

■ 서비스의 세 단계Three Steps of Service

1. 고객의 이름을 부르며 따뜻하고 진실되게 맞이하라.
2. 고객의 요구를 미리 예상하고 충족시켜라.
3. 고객이 나갈 때에도 고객의 이름을 부르며 따뜻하고 다정하게 배웅하라.

■ 리츠칼튼의 모토Motto

"우리는 신사 숙녀분들을 접대하는 신사 숙녀분들입니다. We are Ladies and Gentlemen serving Ladies and Gentlemen."

■ 리츠칼튼의 신조Credo

① 우리의 최고미션은 고객에게 진정으로 편하고 안락한 공간을 제공하는 것이다.

② 우리는 고객이 언제나 따뜻하고, 편안한 고품격의 분위기를 즐길 수 있도록 고객 한 분 한 분에게 최고의 서비스와 시설을 제공할 것을 맹세한다.

③ 리츠칼튼에서의 경험은 고객의 삶에 활기를 불어넣고, 참다운 웰빙을 깨닫게 해주며, 고객의 숨은 욕구와 희망까지 충족시켜줄 것이다.

■ 고객 서비스 헌장Service Values

① 나는 리츠칼튼을 찾아 주신 고객과 돈독한 관계를 맺으며 평생고객을 만들고자 노력한다.

② 나는 항상 고객의 요청사항은 물론, 고객이 직접 말하지 않는 소망까지도 알아차려 즉각 응대한다.

③ 나는 고객의 가슴에 길이 남을 아주 특별하고 개성만점의 추억을 창조한다.

④ 내 역할은 "핵심성공요인"을 이루어 내고 리츠칼튼의 고객감동신화를 만들어 내는 데 있다.

⑤ 나는 끊임없이 고객의 경험을 향상시키고 개혁할 방법을 찾는다.

⑥ 나는 주인의식을 갖고 고객의 문제를 즉각 해결한다.

⑦ 나는 고객의 요구와 우리의 서비스가 잘 합치될 수 있도록 팀워크와 수평적인 인간관계가 있는 업무환경을 창조한다.

⑧ 나는 스스로 끊임없이 배우고 성장할 기회를 갖는다.

⑨ 내게 영향을 주는 업무와 관련된 계획은 반드시 숙지한다.

⑩ 나는 프로페셔널한 용모와 말투, 태도에 자부심을 느낀다.

⑪ 나는 고객의 사생활과 안전은 물론, 동료 종업원들과 회사의 기밀정보와 자산을 보호한다.

⑫ 나는 청결을 최우선으로 하며 안전제일의 환경을 창조한다.

(4) 인식된 위험을 감소시킨다. 많은 고객들은 서비스에 대한 정보가 부족하며 서비스 품질을 사전에 알 수가 없다. 따라서 서비스를 제공하는 물리

적 시설을 서비스 컨셉에 맞게 잘 갖추고 있으며, 홈페이지 등을 통해 고객과의 커뮤니케이션을 활성화하여 고객의 두려움을 감소시켜야 한다. 미국에서 가장 높은 의료서비스를 제공하는 메이요클리닉Mayo Clinic의 1층 로비는 밝은 자연 채광과 함께 멋진 홀과 조각 작품, 실내 인공폭포, 피아노, 형형색색의 소파들, 그리고 멀리 산맥을 내다볼 수 있는 유리벽들이 있으며, 지역 예술가들에게 임대한 예술 작품들이 전시되어 있다. 미술관을 연상시킬 정도의 그림과 조각품들로 인해 품격있는 서비스의 이미지를 연상시킨다. 의료서비스를 받는 환자는 정서적으로 가장 예민한 고객인 만큼 메이요클리닉은 고객의 심리적인 안정을 고려해 병원 로비를 디자인했다. "환자들은 스트레스를 많이 받고 있습니다. 그래서 우리는 시설 분위기를 부드럽게 만들고 밝고 긍정적인 것들로 눈길을 끌어서 스트레스를 줄여주려고 노력하고 있습니다"라고 시설 관리 서비스부장이 말하였다. 그리고 로비의 제일 좋은 구석자리에 '슬래지 가족 암 교육 센터'가 위치하고 있는데 관리자는 "암처럼 많은 사람들과 그 가족들에게 영향을 미치는 질병은 없습니다. 때문에 저렇게 센터를 눈에 띄는 곳에 놓아야 사람들이 암에 걸렸다는 수치심을 줄일 수 있습니다"라고 말하였다. 환자들의 고통과 질병의 부담을 덜어주기 위한 노력에 환자

메이요클리닉의 클리닉 정신

메이요클리닉의 핵심 가치는 '환자의 필요를 최우선으로The needs of the patient come first'이다. 이를 위한 클리닉 정신은 다음과 같다.

1. 영리가 아닌 이상적인 서비스를 추구할 것
2. 진심을 다해서 개개 환자의 안녕을 돌보는 일을 최우선에 둘 것
3. 병원 내의 구성원들이 서로의 직업적인 발전에 지속적으로 관심을 가질 것
4. 변화하는 사회의 필요에 맞추어 스스로 변하려는 의지가 있을 것
5. 모든 일에 완벽을 기할 것
6. 모든 일을 절대로 정직하게 처리할 것

들이 메이요클리닉 문을 열고 들어서면 자신이 하나밖에 없는 독특한 장소에 와 있다는 느낌을 받는다고 한다. 메이요클리닉은 시설뿐만 아니라 진단, 치료, 연구 등 모든 분야에서 최고를 위한 원칙들을 실천에 옮겨 정책과 의사결정 과정에 반영하고 있다. 여기에서 진단을 받고 나면 아무리 다른 좋은 병원에 가더라도 그 진단을 뒤집지 못할 것이라는 강한 믿음을 주고 있다.

2.3 집중화 전략

집중화 전략focus strategy은 좁게 정의된 표적시장에서 고객의 특별한 요구에 대응하는 전략이다. 특별한 구매 그룹, 제한된 서비스, 지리적인 영역 등의 제한된 표적시장에서 넓은 시장을 서비스하려는 기업보다 더 효과적이고 효율적으로 서비스하는 것을 말한다. 전문화된 역량을 바탕으로 특정 고객의 욕구를 더 잘 충족시킴으로써 경쟁력을 유지하는 것으로 목표로 하는 전략으로써 세분화된 시장에서 원가우위를 추구하는 원가 집중화cost focus와 세분화된 시장에서 차별화를 추구하는 차별적 집중화differentiation focus로 구분할 수 있다. 즉 저원가나 차별화 전략을 표적시장에서 실행하는 전략이다. 대학생들이 많은 대학가에는 스타벅스Starbucks나 커피빈Coffee Bean과 같이 체인화된 글로벌 커피전문점 사이에 경쟁력을 갖춘 작은 카페들이 많이 있다. 테이크아웃을 전문으로 하면서 아메리카노커피를 500원에 파는 부산의 '오빠다방'과 같이 원가 집중화를 추구하는 커피숍이 있는 반면에 가격이 비싼 질 좋은 원두를 매일 로스팅하여 바리스타가 핸드드립으로 제공하는 '오늘도 커피뽁는 집'과 같이 차별적 집중화를 통해 대형 커피전문점과 경쟁하는 카페들이 있다. 캐나다의 숄다이스병원Schouldice Hospital은 탈장수술만 하는 병원으로 세계적인 명성을 얻고 있다.

3. 효과적인 서비스 전략

3.1 효과적인 서비스 전략의 필요성

서비스 전략은 고객에게 구체적이고 소중한 무엇인가를 의미한다. 시장에서 경쟁하는 모든 기업은 기업이 추구하는 궁극적 가치를 설명하는 비전vision과 기업의 존재이유를 나타내는 사명mission을 갖고 있어야 한다. 전략은 비전과 사명을 현실화하는 구체적인 로드맵을 제시하는 것이며, 기업의 목적을 경쟁기업과는 차별화된 방식으로 달성하기 위한 것이다. 따라서 기업은 비전을 구체화한 사명과 목적을 분명하게 정의해야 하며, 이에 기반하여 구체적인 전략을 수립해야 한다.

효과적인 서비스 전략은 기업이 제공하는 서비스를 시장에 포지셔닝해준다. 그리고 조직이 나아가야 할 일관된 방향을 제시해 주며, 접점 직원들이 무엇을 가치있게 여겨야 하는지를 알게 해 준다. 따라서 효과적인 서비스 전략은 다음의 네 가지 특성을 가지고 있어야 한다.

- 사업에 대한 의도와 방향이 명확히 있어야 한다
- 경쟁자와 눈에 띄게 차별화되어야 한다
- 고객의 입장에서 가치있는 서비스로 평가받아야 한다
- 실제로 이행 가능한 서비스이어야 한다.

서비스 전략은 '누구를 대상으로', '어떤 서비스를', '어떻게 제공할 것인가?'에 대한 분명한 답을 제시할 수 있어야 한다. 다른 경쟁기업과의 차별화를 위해서 고객에게 제공하고자 하는 것, 더 정확하게 말하면 제공해야만 하는 것들을 밝히는 것이다. 서비스 전략은 기업에게 어떤 비즈니스를 하고 있는지? 핵심적인 우선 순위는 무엇인가? 무엇을 달성하기 위해 노력해야 하는

지를 알도록 해준다.

서비스 전략 선언은 가장 먼저 내부의 노력을 집중하는 구심적역할을 한다. 조직의 가치, 제품과 서비스에 대한 고객의 기대, 비즈니스 프로세스에 대한 고객의 기대, 현재 시장의 위협과 기회 앞에서 조직이 가진 장점과 약점에 대한 깊이 있는 분석 등에 대한 이해가 바탕이 되어야 한다. 이 모든 정보와 아이디어는 직원과 고객이 모두 이해할 수 있는 형태로 승화되어야 한다.

월마트의 서비스 전략

월마트는 창업 초기부터 경쟁자들과는 다른 시장에서 전혀 다른 그룹의 고객들을 상대하기로 결정했다. 창업자인 샘 월튼Sam Walton의 전략은 '다른 업자들이 아무도 신경을 쓰지 않는 작은 시골 마을에 괜찮은 크기의 가게를 여는 것'이었다. 인구 5,000명에서 25,000명 사이의 고립된 시골마을을 주목했는데 이런 마을들은 가장 가까운 큰 도시라 해도 4시간은 차를 타고 가야 했기 때문이다. 큰 도시의 할인점보다 싸게 팔기만 한다면 굳이 사람들이 멀리 차를 타고 나가지 않을 것이라는 확신을 가졌다. 그리고 월마트가 택한 지역은 대부분 대형 업체가 하나 더 들어오기에는 시장이 너무 작았다. 이렇게 먼저 진출함으로써 선점자 이점first-mover advantage을 얻을 수 있었으며, 그럼에도 불구하고 비용을 절감할 수 있는 노력을 끊이지 않았다. 월마트는 백화점과 차별화되는 할인 소매점에 적합한 비즈니스 모델을 제시했다. 첫째, 백화점에 있는 카펫이나 샹들리에 같은 각종 시설을 없앨 것, 둘째, 많은 양을 효율적으로 처리할 수 있도록 매장 구성을 바꿀 것, 셋째, 판매원을 최대한 줄이고 고객이 스스로 알아서 고르고 사게 만들 것이 싼 가격에 팔면서도 돈을 벌 수 있는 아이디어였다.

월마트는 다른 경쟁자들이 이류 브랜드를 취급하면서 가끔씩 가격 할인 이벤트를 하는 방식과 달리 전국적인 지명도를 가진 브랜드를 매일 낮은 가격에 판매하는 방식을 취하였다. 즉 특정한 날에 세일을 하는 것이 아니라 일 년 내내 저가격을 보장하는 월마트의 마케팅 슬로건인 EDLPEvery Day Low Price를 달성하기 위해 끊임없이 비용 낭비 요인을 찾고 프로세스를 개선하고 효율화시켰다. 인공위성과 위성우

치추적장치GPS를 이용한 판매시점 재고관리를 통해서 가격을 정하고 재고를 관리하여 판매를 극대화하고 비용을 최소화할 수 있었다. 또한 제품이 유통센터에 머무르지 않고 계속 움직이도록 교차 하역cross-docking 방식을 만들어 물류를 효율화하였다. 더 낮은 가격에 품질 좋은 제품을 판다는 월마트의 전략은 말로 하기에는 쉽지만 실행은 매우 어렵다. 월마트는 이를 실행하였으며, 고객을 위해 더 많은 가치를 창조할 수 있었다. 바로 전략의 힘이었다.

3.2 서비스 전략의 구성 요소

서비스 전략은 [그림 5-2]에 있는 세 가지 요소에 대한 선택과 관련이 있다. 핵심고객, 가치제안, 능력 사이의 적합성fit이 높을 때 성공적인 서비스 전략이 완성되는 것이다. 각각의 요소를 구체적으로 살펴보자.

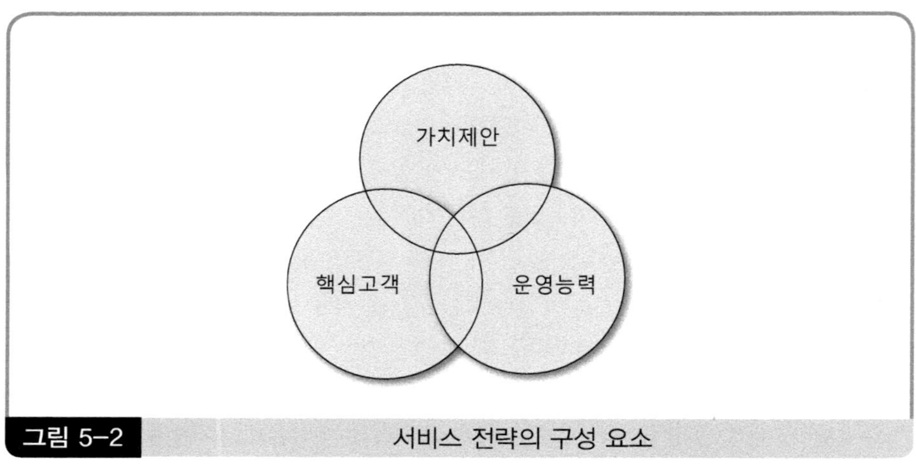

그림 5-2 서비스 전략의 구성 요소

3.2.1 핵심고객

기업의 현재와 미래 성공에 가장 중요한 것이 바로 핵심고객critical customer의 존재 여부이다. 일상적으로 고객이란 '제품과 서비스를 구입하고 돈을 지불하는 사람이나 단체'로 정의할 수 있다. 고객이 가장 중요하고, 고객중심의 경영을 하고 있다고 주장하지 않는 기업은 거의 없다. 하지만 많은 기업들이 고객을 너무 광범위하게 정의하고 있으며, 누가 가장 중요한 핵심고객인지 명확히 파악하고 있지 못하다. 기업뿐만 아니라 고객도 한 기업의 제품이나 서비스에 있어 본인이 핵심고객인지 아닌지를 잘 모르고 있다.

출판사 입장에서 이 책의 핵심고객은 누구인가? 지금 이 책을 읽고 있는 사람은 분명 이 책의 고객이지만 핵심고객은 아닐 수도 있다. 이 책을 자신의 필요에 의해 스스로 구매했다면, 구매자 본인이 핵심고객이다. 만약 교수가 이 책을 교재로 채택했다면, 핵심고객은 교수다. 만약 도서관에서 대출해서 읽고 있다면, 도서관의 구매담당자가 핵심고객이 된다. 만약 인터넷 서점에서 다른 책을 구매하다가 그 책을 산 고객들 중 60%가 이 책도 동시에 구입했다는 추천과 이 책에 대한 후기를 읽고 사게 되었다면, 이 책의 핵심고객은 누구인가? 책을 구매한 본인인가? 인터넷 서점인가? 아니면 앞서 이 책을 구매하고 후기를 남긴 고객인가? 이와 같이 핵심고객을 명확히 규정하는 것은 매우 중요하지만 대부분의 기업들은 너무 넓고 모호하게 핵심고객을 정의함으로 인해 기업의 초점을 흐리고 있다.

핵심고객이 가장 중요하게 여기는 것이 무엇이며, 기꺼이 받아들일 수 있는 것이 무엇인지, 받아들일 정도의 것이 무엇인지를 알아야 한다. 테리 힐Terry Hill은 생산전략을 다루면서 제품을 판매하는 경쟁적 차원을 주문승리요건, 주문자격요건, 주문패배요건으로 구분하였다.

주문승리요건order winner은 고객이 경쟁 기업이 아니라 자사의 서비스를 선택하게 되는 뛰어난 품질이나 낮은 가격 등의 서비스 특성을 말한다. 월마트는 낮은 가격을 리츠칼튼호텔은 높은 고객서비스를 주문승리요건으로 정의하고 있다.

주문자격요건order qualifier은 최소한 경쟁에 참여할 수 있는 서비스 특성을 의미하며, 월마트의 경우 적정한 품질과 고객 서비스가 될 것이다. 아무리 낮은 가격을 제시하더라도 품질에 문제가 있으면 월마트에서 구매를 하는 것을 포기할 것이므로 고객의 선택 대안에 포함되도록 고객이 중요하게 고려하는 특성에 대해 최소한의 자격 요건을 갖추어야 한다.

주문패배요건order loser은 경쟁차원에서 고객의 기대 수준에 미달되어 고객을 잃어버리는 서비스 특성을 의미한다. 위생상태가 좋지 않은 식당이나 병원은 고객의 외면을 받을 것이며, 제품 배달에 대한 신뢰도가 떨어지는 택배회사는 고객이 전화하지 않을 것이다. 식당과 병원은 최소한의 위생상태를 유지해야 하며, 택배회사는 물건을 훼손하지 않고 정해진 시간 내에 배달하는 능력을 갖추어야 한다.

주문승리요건과 주문자격요건은 고객 기대에서 형성되는 반면에 주문패배요건은 기업의 운영능력의 부족을 고객이 경험함으로써 형성된다. 그리고 고객의 기대와 전달한 것의 차이에 의해 발생하며, 고객에 따라 각기 다르게 인식한다. 어떤 고객은 짜장면을 주문할 때 빠른 시간 안에 먹을 수 있는 것을 주문승리요건으로 생각하지만 다른 고객은 짜장면의 양이나 맛을 주문승리요건으로 생각할 수 있다. 그리고 이러한 요건은 시간의 흐름에 따라 변한다는 것을 인식해야 한다. 이동전화의 초창기에는 통화 품질이 중요했지만 지금은 빠른 스피드와 다양한 부가서비스를 고객들은 더 중요하게 생각하고 있다.

3.2.2 가치제안

핵심고객이 필요로 하는 가치를 창조하기 위한 상품이나 서비스의 조합을 가치제안value proposition이라고 한다. 어떤 가치를 고객에게 전달할 것인가에 관한 것으로써 잘 만들어진 가치제안은 고객이 기꺼이 비용을 지불하고자 하는 매력적인 서비스 특성을 제공하며, 모방하기 어려운 방식으로 경쟁기업과 차별화시킨다. 월마트는 매일 수많은 제품을 낮은 가격으로 판매하는 것이다. 따라서 가치제안은 기업의 경쟁방법을 규정할 뿐만 아니라 기업이 제공하는 서비스의 유형을 결정하고 구체화하기 때문에 매우 중요하다.

가치제안은 주문승리요건, 주문자격요건, 주문패배요건을 반영하여 경쟁우선순위competitive priority를 결정하는 것이다. 대표적으로 고려되는 경쟁우선순위로는 비용, 품질, 다양성, 신속성이 있으며, 가치제안은 이들 경쟁우선순위의 조합을 통해 설명된다. 즉 월마트는 낮은 가격에 적정한 품질의 제품을 다양하게 보유하고 있으며 빠르게 재고를 보충하는 시스템을 갖추는 것을 가치제안으로 삼고 있는 것이다.

제품의 가치제안은 제품 '특성'에 집중하지만 서비스의 가치제안은 고객이 원하는 '경험'에 집중해야 한다. 고객에 따라 서비스 기업을 선택할 때 서비스의 '편리함'이나 '친근함'을 서비스 가격보다 더 크게 평가할 수 있다. 따라서 여러 서비스 속성 중에서 어떤 것을 기반으로 경쟁할 것인지를 명확히 이해하고 있어야 한다.

때때로 가치제안은 '어떤 요소를 덜 잘할 것인가'하는 역설적 사고를 통해 결정되기도 한다. 뛰어나 서비스를 제공하는 기업 중에서 어떤 속성을 탁월하게 해내기 위해서 일부 서비스의 질을 낮게 유지한다. 즉 서비스를 디자인할 때 어떤 속성을 최고로 제공하고 어떤 속성을 포기할 것인지를 결정해야 한다. 월마트는 '낮은 가격'과 '넓은 선택의 폭'을 위해서 '매장 분위기'와 '구매시 제공하는 도움'을 낮게 유지하고 있다. 그리고 그 외의 속성들은 중간쯤 하고 있다. 리츠칼튼호텔은 '높게 고객화된 서비스'를 위해서 '높은 가격'을 고객들에게 요구하고 있다. 따라서 가치제안은 최고의 서비스와 열등한 서비스를 어떻게 조합함으로써 경쟁기업과 차별화된 가치를 전달할 수 있을지를 결정하는 것이다.

3.2.3 운영능력

고객에게 가치를 전달하기 위해서는 적절한 운영능력operational capabilities을 갖추고 있어야 한다. 운영능력은 기업이 개발하여 사용하는 일상적 방법, 기능, 프로세스 등으로부터 생겨나며, 독특하고 뛰어난 운영능력은 기업을 다른 경쟁기업이 도저히 따라올 수 없는 경쟁력을 가져다 준다. 모든 경쟁우위 요소에서 높은 수준의 운영능력을 갖추기는 현실적으로 어려우며, 기업에게 가장 큰 전략적 가치를 제공하는 요소를 강화하는 것이 중요하다. 기업이 지속가능하기 위해서는 최소한 한 가지 이상의 핵심 능력을 가지고 있어야 한다. 핵심 능력core capabilities은 고객에게 가치가 있으며, 경쟁기업이 모방하기 어려운 서비스를 제공할 수 있는, 기업이 고유하게 보유한 기능, 프로세스 및 시스템을 의미한다. 월마트가 타겟Target과 같은 경쟁기업에 비해 낮은 가격을 유지할 수 있는 시스템을 갖추는데 집중하는 이유이다.

4. 전략적 서비스 비전

서비스 전략에 대한 연구는 1980년대 중반에 제임스 헤스켓James Heskett이 수많은 관찰을 토대로 기업이 어떤 고객을 대상으로 어떻게 서비스 전략을 수립하고 이를 실천할 전달 시스템을 만드는지를 종합적인 관점에서 제시한 전략적 서비스 비전에서부터 시작되었다. 전략적 서비스 비전strategic service vision은 다음과 같은 네 가지 요소로 구성된다.

(1) 인구통계학적(어떤 사람이 어디에 살고 어느 정도의 교육을 받았는지 조사한) 요인과 심리통계학적(사람이 어떻게 생각하고 행동하는지) 요인들을 기초로 한 표적시장target market

(2) 표적 고객이 표출한 욕구와 경쟁자들의 제안을 감안하여 서비스의 핵심요소를 정의한 서비스 개념service concept

(3) 고객에 전달된 가치가 지불한 비용을 초과하도록 조직, 통제, 운영

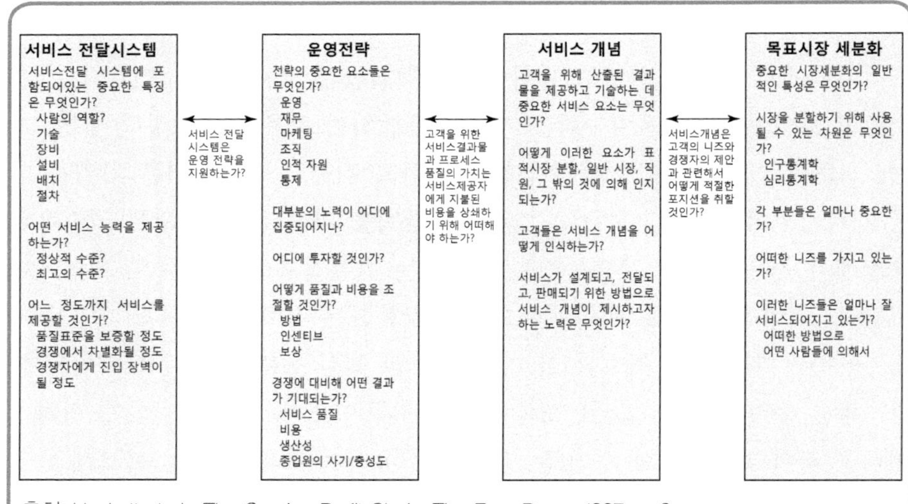

출처: Heskett et al., *The Service Profit Chain*, The Free Press, 1997, p. 9.

그림 5-3 전략적 서비스 비전

정책, 프로세스로 구성된 운영 전략operational strategy

(4) 관련된 운영 전략을 상호 보완하는 지원시설과 설비, 기술, 정보시스템, 품질관리 방법, 고객 및 종업원 관계 등을 포함한 서비스 전달 시스템service delivery system

즉, 목표시장을 세분화해 대상 고객을 선정한 후 적합한 서비스 개념을 도출한 다음 운영 전략을 수립하고 이에 따른 서비스 전달 프로세스를 마련하는 전체적인 과정을 도식화한 것이다.

〈표 5-1〉는 의류업체 자라Zara의 전략적 서비스 비전을 설명하고 있다. 패스트 패션 브랜드의 선두주자인 자라는 트렌드를 반영한 디자인을 선호하는 20~30대의 젊은 층을 목표고객으로 하고 있다. 빠른 디자인으로 신속한 신제품 출시를 서비스개념으로 설정해 자라 매장을 찾는 고객은 항상 새로운 옷으로 가득찬 매장을 상상하게 된다. 시장을 선도하는 스타일을 빠르게 모방해 디자인하고 상품화해 비행기로 전 세계 매장에 주 2회 배송하는 운영전

표 5-1 ■ 자라의 전략적 서비스 비전

요소	내용	자라의 사례
목표시장 세분화	인구 통계학적, 심리통계학적 요인들에 기초한 표적 시장	• 적당한 가격대의 패션을 원하는 20~30대 • 품질보다는 트렌드를 반영하는 디자인을 중시하는 고객
서비스 개념	표적 고객의 니즈와 경쟁자의 제안을 감안한 서비스 개념	• 빠른 디자인으로 신제품의 신속한 출시 • 매장에서의 독특한 경험(고객의 선택이 해당 품목의 추가 생산 여부 결정)
운영 전략	고객이 낸 돈보다 얻은 혜택이 많다고 느끼게 하는 운영 전략	• 선도 스타일의 빠른 고방을 통한 디자인 전략 • 항공기를 이용한 빠른 배송 전략 • 적정 품질에 대단한 외관의 상품 제공
서비스 전달 시스템	실제 고객에게 서비스를 전달하는 프로세스에 대한 전략	• 진열 제품만 판매하는 제한된 선택 기회 제공 • 유동 인구 많은 번화가의 좋은 위치에 입점 • 고객의 구전과 반복 구매에 의해 성장

출처: 김연성(2009), "정곡 콕 찌르는 신사업 비결", 동아비즈니스리뷰, 43호, p. 27.

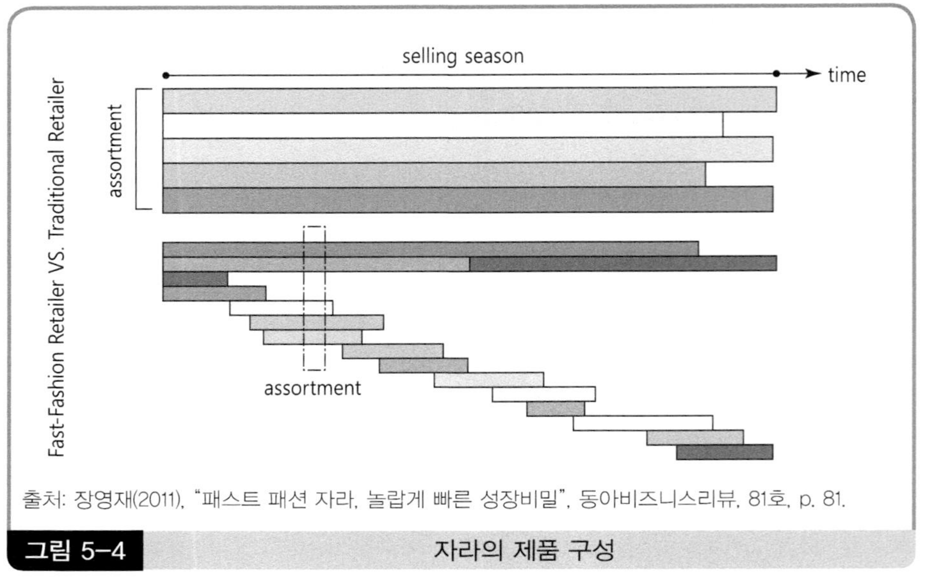

출처: 장영재(2011), "패스트 패션 자라, 놀랍게 빠른 성장비밀", 동아비즈니스리뷰, 81호, p. 81.

그림 5-4 자라의 제품 구성

략을 사용하고 있다. 매장에서의 고객 반응을 살핀 후 잘 팔리는 상품은 신속하게 더 많이 만들고, 고객의 반응이 신통찮은 디자인은 생산하지 않음으로써 적당한 가격으로 최신 패션을 즐기려는 고객의 마음을 사로잡고 있다. 유동 인구가 많은 번화가에 매장을 두고 고객의 구전과 반복구매를 통해 성장하고 있다.

[그림 5-4]에서는 위쪽에 표시된 전통적인 기업이 한 시즌에 5개의 주요 디자인에 기반한 제품을 시장에 출시하는데 비해서 아래에 보이는 자라는 시즌 내내 2개의 기본 디자인 제품에 더해서 최신 디자인 제품 3개를 수시로 선보이므로 자라를 방문하는 고객은 언제나 신상품으로 가득찬 매장을 경험하게 된다.

서비스 혁신

> *"The enterprise that does not innovate inevitably ages and declines. And in a period of rapid change such as the present … the decline will be fast."*
>
> *- Peter F. Drucker -*

스마트폰으로 촉발된 새로운 소통도구의 발전으로 GAFA라는 약어로 표현되는 구글Google, 애플Apple, 페이스북Facebook, 아마존Amazon이 세계 경쟁구도를 재편하고 있다. 경제전문지인 이코노미스트Economist는 'GAFA의 왕국시대The Realms of GAFA'라는 인포크래픽을 인터넷에 발표했다. 지도를 보면 네 개의 회사가 큰 땅을 나눠 차지하고 있으며, 마이크로소프트Microsoft 왕국은 멀리 고립되어 있다.

트위터Twitter와 넷플릭스Netflix 등이 작은 땅을 차지하고 있으며, 삼성Samsung이 작은 배를 타고 GAFA 대륙으로 찾아오고 있다. 플랫폼Flatform 기반의 비즈니즈 모델을 갖춘 'GAFA'가 일으키는 혁신이 기존의 질서를 재편하고 있으며, 이들이 제공하는 생태계에 올라타지 않으면 경쟁에 참여하기조차 어려운 상황이다.

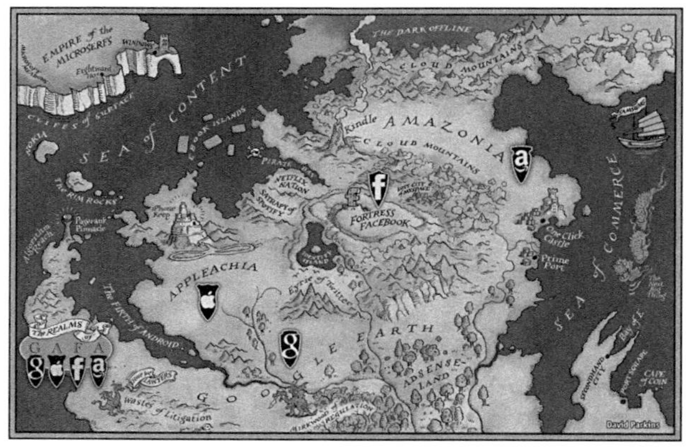

출처: www.economist.com/news/21567361

그림 6-1 GAFA의 왕국시대

이들에 더해서 중국의 TBA, 텐센트Tencent, 바이두Baidu, 알리바바Alibaba도 생태계를 형성하면서 부상하고 있다. GAFA와 TBA 기업들은 정보통신기술 기반이며, 대부분이 설립한 지 20년이 되지 않는 신생기업이지만 제품과 서비스 혁신에 미치는 영향력은 매우 크다. 애플만이 컴퓨터 제조기업으로 출발하여 혁신적인 제품을 선보이며 서비스로 영역을 확대했을 뿐 여타 기업들은 태생적으로 정보통신기술을 활용한 서비스기업이다. 하지만 이들 기업들은 제품과 서비스의 경계를 허물고 제품과 서비스가 결합된 혁신을 통해 서로의 영역을 파고들고 있다. 구글은 모토롤라Motorola를 인수해 스마트폰 제조와 무인자동차 개발에 투자하고 있으며, 아마존이 전자책 테블릿 킨들Kindle에 이어 스마트폰인 파이어폰Firephone을 출시하는 등 제품과 서비스를 융합한 혁신에 나서고 있다. 애플은 음성기반의 검색 서비스인 Siri를 통해서 날씨와 스포츠 경기 결과를 아이폰과 아이패드를 통해 제공하고 있다. 인터넷 중심에서 모바일 중심으로 변해가고 있으며, 일방적인 정보의 전달에서 정보 생성에의 참여와 공유로 발전해 가고 있다.

새로운 기술의 발전과 통합과 혁신을 원하는 고객 요구의 변화는 기업으로 하여금 끊임없이 변화하고 혁신하도록 요구하고 있다. 단순하게 제품이나 서비스를 효과적으로 제공하는 것에서 창출되던 가치가 이제는 고객이 제품이나 서비스를 사용하는 과정에서 창출되는 환경으로 급변하고 있다. 따라서 서비스 혁신은 기존의 제품 혁신과는 차별화되는 것이며, 고객과 기업이 함께 가치를 창출해가는 프로세스 전반에 대한 혁신이 될 것이다. 고객의 욕구와 니즈를 알고 이를 고객이 필요로 하는 서비스로 제공하며, 이후 고객이 제공된 서비스를 사용함으로써 가치를 창출하는 전 과정을 통해 서비스 혁신이 이루어진다. 그러므로 고객을 중심에 두고 고객이 원하는 가치를 제공하기 위해 서비스의 변화를 모색할 때 진정한 서비스 혁신이 달성된다.

〈표 6-1〉은 전통적인 혁신과 새로운 서비스 혁신을 비교해서 보여주고 있다. 전통적으로 혁신은 서비스 제공자 중심의 기술적 혁신으로써 제품과 프로세스를 혁신하는 것이었다. 하지만 고객 중심의 서비스 중요성이 증대하면서 서비스 가치는 고객에 의해 창출된다는 것을 인식했다. 기업은 단순히 품질이 우수한 제품이나 서비스를 제공하는 것이 아니라 고객이 제품이나 서

표 6-1 ■ 전통적인 혁신과 새로운 서비스 혁신의 비교

	전통적인 혁신	새로운 서비스 혁신
혁신의 대상	• 제품과 프로세스	• 경험환경
가치의 기준	• 제품과 서비스	• 공동 가치창출 경험
가치창출의 관점	• 가치는 공급자에 의해 창출 • 공급체인을 중심으로 제품과 서비스를 공급함	• 가치는 공동 창출됨 • 공동 가치창출을 위한 개인의 경험환경을 중시 • 고객중심의 가치 창출
기술 관점	• 제품의 특성과 기능 향상 • 기술과 시스템의 융합	• 경험의 활성화 • 경험의 통합
공급체인의 초점	• 제품과 서비스의 공급 지원	• 경험 네트워크가 개인화된 경험의 공동 구성을 지원

출처: 남기찬 외, 서비스력, 동아일보사, 2010, p. 118.

비스를 통해 실현하고자 하는 목적을 달성할 수 있도록 도와주는 것이 중요했다. 따라서 서비스는 공동가치창출을 위한 개개인의 경험환경을 제공할 수 있도록 변화되어져야 한다.

신제품개발NPD: New Product Development과 신서비스개발NSD: New Service Development을 위해서는 최고경영자의 헌신, 조직 구성원들의 혁신노력, 충분한 자원의 할당 등이 중요하다는 점에서 공통점이 있지만 개발 과정에서는 서로 차이점이 있다. 신제품개발은 상대적으로 R&D의 역할이 매우 중요하지만 종업원의 역량 변화는 크게 중요하지 않다. 하지만 신서비스개발은 서비스를 전달하는 과정의 변화를 필요로 하며, 종업원들이 서비스 전달에 필요한 새로운 기술을 습득해야 하기 때문에 기존의 일상적 업무에서 벗어나 새로운 것을 받아들이려는 종업원들의 노력이 상대적으로 중요하다. 본장에서는 서비스 혁신과 신서비스, 그리고 이를 가능하게 하는 서비스 시스템에 대해 살펴볼 것이다.

1. 서비스 혁신의 유형

서비스 혁신은 기존 기업에서 지금까지 제공되고 있던 서비스의 개선에서부터 완전히 새로운 형태의 서비스를 창출하는 것까지를 포함할 수 있다. 기존 기업이든 신생 기업이든 새로운 서비스를 지속적으로 창출하지 않으면 생존하기 어렵다. 남기찬 외(2010)가 저서 '서비스력'에서 제시하는 서비스 혁신의 다양한 유형을 살펴보자.

1.1 차별화된 고객서비스를 통한 경쟁

경쟁기업이 모방할 수 없는 차별화된 전략과 자원을 활용해 서비스 경쟁력을 획득하는 것으로 리츠칼튼 호텔의 운영방식이 여기에 해당한다. 리츠칼튼 호텔은 최상의 고객서비스를 목표로 모든 임직원이 고객을 소유하는 방식을 취하고 있다. 즉 고객의 문제를 해결하기 위해서 연 2,000달러까지 자유롭게 사용할 수 있으며, 자신이 하던 일을 멈추고 20분 동안 고객을 도와줄 수 있는 정책을 사용하고 있다. 고객 정보를 기반으로 고객의 요구사항을 선제적으로 파악하여 객실과 식음료 서비스에 사용하고 있다. 모든 임직원은 [그림 6-2]와 같이 '크레도Credo(신조) 카드'를 휴대하고 있다. '서비스의 3단계', '사훈', '직원에 대한 약속', '12가지 서비스 가치' 등 5가지 황금표준이 적혀 있다.

출처: biz.chosun.com/site/data/html_dir/2012/11/16/

그림 6-2 리츠칼튼의 '크레도 카드'

1.2 새롭고 혁신적인 프로세스를 통한 경쟁

기업이 혁신적이고 새로운 프로세스를 도입하여 기존에 제공되던 서비스를 개선 혹은 혁신하는 것으로 아마존닷컴Amazon.com이 기존 오프라인 서점에서 판매하던 서적을 온라인을 통해 유통시키는 것도 새롭고 혁신적인 서비스라 할 수 있다. 아마존닷컴은 사업영역을 확장하여 서적뿐만 아니라 전자제품, 장난감, 심지어 자동차까지 판매하고 있다. 창업자이자 CEO인 제프 베조스Jeff Bezos는 최근에 저서 *The Everything Store*를 통해 세상의 모든 것을 판매하기 위해 혁신적인 기술을 사용할 것이라고 하였다. 스트리밍으로 서적과 비디오를 실시간 제공할 뿐만 아니라 Fire TV를 이용해 케이블 서비스까지 제공하고 있다. [그림 6-3]은 모든 것을 팔고 있는 아마존닷컴의 홈페이지를 보여주고 있다. 아마존 로고에서 a에서 z로 연결된 화살표를 볼 수 있는데 a부터 z까지 모든 것을 다 판다는 의미를 갖고 있다.

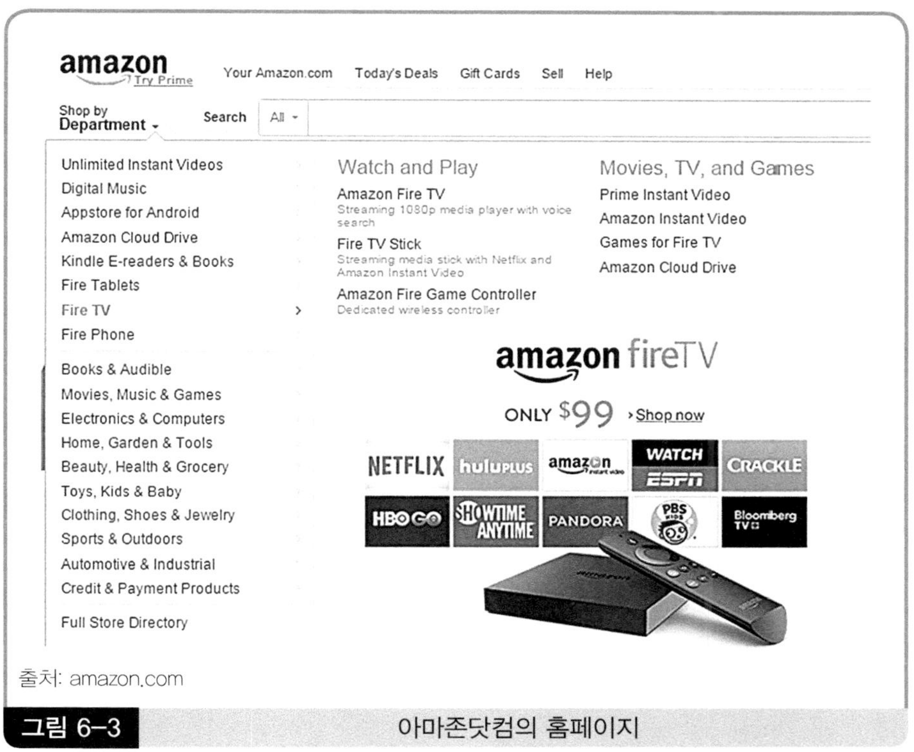

출처: amazon.com

그림 6-3 아마존닷컴의 홈페이지

1.3 비서비스산업의 이윤창출을 위한 서비스 경쟁

서비스 외의 산업분야에 속한 기업이 서비스를 통해 이윤을 창출하려는 경쟁방식을 의미한다. 비서비스산업이 서비스 경쟁에 나선 이유는 제품과 기술만으로는 지속적인 성장이 어렵다는 것을 깨달았기 때문이며, 실제 제품을 판매하는데 필요한 다양한 서비스 영역을 개발함으로써 이윤을 창출할 수 있기 때문이다. IBM은 컴퓨터를 생산해 판매하는 일에서 벗어나 컴퓨터를 사용하는 고객들이 업무의 효율성을 높여줄 수 있도록 서비스 관리와 IT 컨설팅 등 종합적인 정보서비스기업으로 변신하였다. IBM은 PC 사업을 2005년 중국의 레노버Lenovo에 매각하는 등 제품위주의 사업에서 서비스와 솔루션 사업으로 혁신해 나갔다. 서비스기업으로 탈바꿈하기 위해 노력하였으며, 그 결과

출처: www.ibm.com/us/en/

그림 6-4 IBM의 서비스 범위

2000년 전체 매출에서 42.7%에 달했던 하드웨어 사업 비중을 2010년 18%까지 줄일 수 있었으며, IT 서비스 사업의 비중은 37.5%에서 56.5%로 증가하였다. 최근에는 'Smarter Planet똑똑한 지구를 만들자'는 슬로건 아래 클라우드 컴퓨팅, 빅데이터와 분석, 모바일, 그린 솔루션 등의 분야에 투자하고 있다. [그림 6-4]는 IBM이 제공하고 있는 비즈니스 서비스, 글로벌 기술 서비스, 아웃소싱 서비스 등의 세부적인 내용을 보여주고 있다.

1.4 서비스 문화를 통한 경쟁

기업 내의 서비스 문화를 성숙시켜 시장에서 경쟁하는 방식으로 고객과의 접촉이 잦은 환대산업Hospitality Industry에서 주로 사용된다. 직원들에게 지속적으로 교육과 훈련의 기회를 제공하고, 직원을 고객보다 우선해서 대우하는 기업들은 강력한 고객 중심의 서비스 문화를 구축할 수 있다. 사우스웨스트 항공Southwest Airlines의 회장 허브 켈러허Herb Kelleher는 직원을 만족시키면 그 직원이 곧 고객을 만족시켜줄 것이라는 '직원이 최우선People First' 문화를 정착시켰다. 캘러허는 "직원부터 잘 대우하라. 그러면 그들이 고객을 잘 응대한다. 고객이 다시 사우스웨스트를 타면 주주들도 행복해진다"고 했다. [그림 6-5]에서 설명하는 것처럼 이런 철학이 9·11테러 이후에 항공산업이 힘들 때 직원을 해고하지 않은 유일한 항공사였다. 오히려 비행기를 팔아 위기를 극복했다.

Put your employees first

"Your employees come first. There's no question about that. If your employees are satisfied and happy and inspired by what they are doing, then they make your customers happy and they come back."

"We tell our people, 'Don't worry about profit. Think about customer service.' Profit is a by-product of customer service."

A philosophy like this is tested in hard times and SouthWest was notable for being the only US airline not to lay off staff after 9/11. They sold off planes instead.

출처: www.happy.co.uk/

그림 6-5 사우스웨스트 항공사의 '직원이 최우선'에 대한 기사

1.5 서비스 제공기술을 통한 경쟁

기술력을 기반으로 보다 높은 수준의 서비스를 제공하는 방식으로 최신의 정보통신기술을 활용하는 기업에서 주로 사용된다. 혁신적인 기업은 인터넷이나 모바일 기술, 빅데이터와 사물인터넷IoT: Internet of Things 등을 활용한 차별화된 서비스를 제공하여 성장의 기회를 확보하려고 한다. 인터넷으로 접수받고 우편으로 DVD를 대여하는 비즈니스 모델로 기존의 오프라인 DVD 대여업체 블록버스트Blockburst를 무너뜨린 넷플릭스Netflix는 초고속 인터넷과 모바일 기술을 활용하여 실시간으로 DVD를 시청할 수 있는 스트리밍streaming을 이용한 대여로 전환하고 있다. 또한 고객들이 영화를 평가하고 서로의 시청경험을 공유하게 하며, 고객의 취향을 고려한 영화 추천 시스템을 사용하여 개인화된 서비스를 제공하고 있다. 서비스 제공기술을 통한 경쟁방식은 글로벌 시장으로 서비스를 확장할 수 있다는 장점도 갖고 있다. [그림 6-6]은 미국인들이 TV 콘텐츠를 온라인으로 시청하는 매체들의 이용빈도를 조사한 것이다. 넷플릭스가 63%로 고객들의 이용빈도가 가장 높게 나타났다.

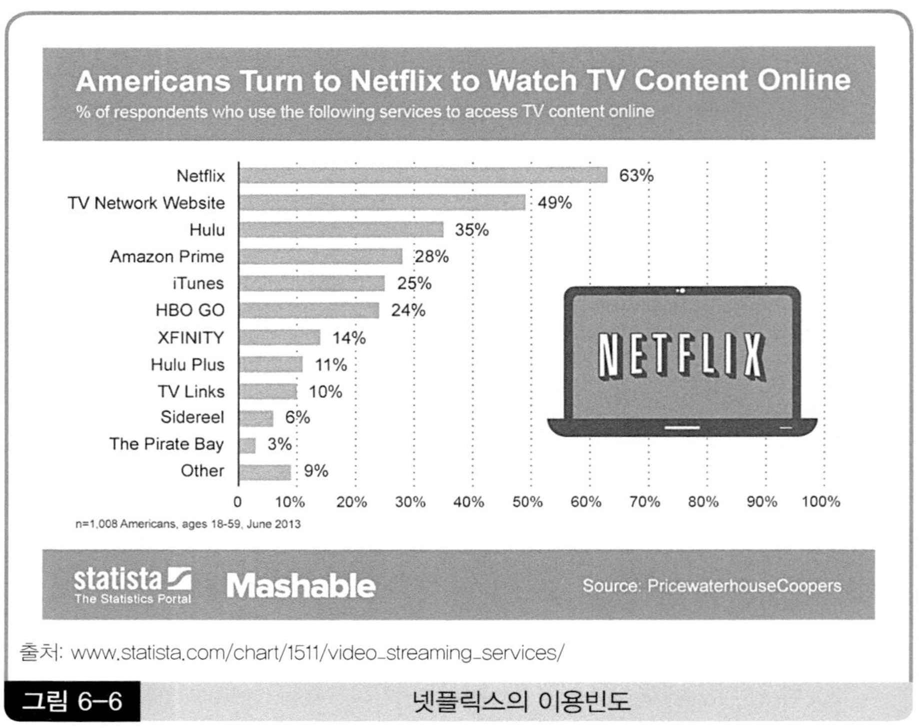

출처: www.statista.com/chart/1511/video_streaming_services/

그림 6-6 넷플릭스의 이용빈도

2. 제품의 서비스화와 서비스의 제품화

다양한 서비스 경쟁방식을 토대로 최근에는 고객의 참여를 더욱 고려한 혁신적인 서비스를 제공하는 기업이 늘어나고 있다. 제품과 서비스를 융합시킨 서비스 혁신으로써 기존 제품에 새로운 서비스를 접목시킨 '제품의 서비스화product servitization'와 기존의 서비스를 강화하기 위해 서비스를 제품화한 '서비스의 제품화service productization'가 있다.

과거에 제품의 정의는 '원재료를 가공해 만든 물리적 형태의 상품'이라는 제품자체의 속성을 중시했지만, 오늘날 고객들은 사용자 경험에 대한 관심이 높아져 '소비자의 초기 구매 선택부터 제품 폐기까지 제품 전주기TLC: Total Life Cycle상에서 발생할 수 있는 다양한 행위문제(예: 번거로움, 운영 효율 저하 등)를 해결하는 사회혁신 서비스'까지 포함하는 수준으로 진화하였다. 이제 기업은 새롭게 정의된 제품을 기반으로 새로운 수익원과 신시장을 창출하기 위해 제품-서비스의 단순한 물리적 결합형 서비스화를 뛰어넘는 이종산업 간의 융합서비스와 새로운 컨셉의 혁신 서비스를 만들어야 한다.

2.1 제품의 서비스화

제품에 지식서비스를 접목시켜 제품과 서비스 간의 가치사슬을 결합함으로써 제품의 서비스화가 많이 이루어지고 있다. 제품의 서비스화는 제품에 서비스를 추가하거나 제품을 서비스 형태로 제공하는 등 제품과 서비스를 결합하여 제공하는 것을 말한다. 국내의 대표적인 사례로 제품의 최초 설치부터 폐기까지 고객의 불편사항을 신속하고 정확하게 해결하여 최적의 제품 사용을 종합 지원하는 삼성전자의 토탈케어 서비스, 타이어 제품의 판매에 더불어 타이어 구매 및 사용을 컨설팅해주고 타이어 데이터 관리서비스를 함께 제공하는 한국타이어의 T'Station, 자가 혈당 측정기와 함께 혈당 측정 결과에 대한 원격 진단 서비스를 제공함으로써 환자 개인에 특화된 당뇨병 치료를 가능하게 한 가천의대 길병원의 당뇨병 진단/관리 서비스가 있다. 단순한 제품 판매에서 제품-서비스 통합시스템 판매로 전향함으로써 더 나은 상호가치를 만든 것이다. [그림 6-7]은 T'Station이 타이어 판매점이 아니라 '타이어 중심의 최첨단 자동차 토털 서비스'라는 것을 설명하고 있다.

애플의 경우가 제품과 서비스의 결합으로 성공한 대표적인 기업이다. 2001년 애플은 아이팟iPod 디지털 음원 재생기기를 소개하였으나 후발주자로써 판매에 어려움을 겪었다. 하지만 2003년 MP3플레이어 전용 음원서비스인 아이튠즈iTunes 서비스를 제공한 이후 제품가치가 극대화되고 판매량이 대폭 증가하여 2005년에 미국 내 시장점유율이 70% 이상을 차지하게 되었다. 아이팟이 애플 특유의 직관적이고 단순한 디자인과 사용하기 편리한 장점을

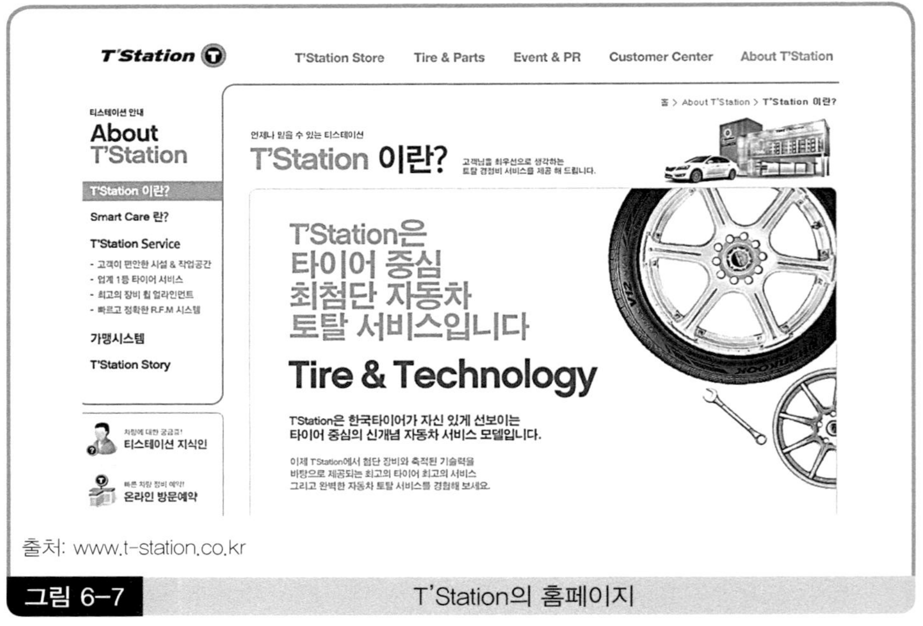

출처: www.t-station.co.kr

그림 6-7 T'Station의 홈페이지

지녔지만 아이튠즈의 음원서비스와의 시너지 효과로 인해서 폭발적인 성장을 하였다. 2007년 모바일 인터넷 기기, 모바일 폰과 터치스크린 기반의 아이팟이 결합된 제품인 아이폰iPhone을 출시하였다. 스마트폰으로 불리는 아이폰 역시 제품적 요소에 앱스토어AppStore라는 소프트웨어 오픈 마켓 서비스를 결합시킴으로써 성공할 수 있었다. 애플은 자체 운영체제OS를 아이폰에 탑재해 소프트웨어로, 자체 앱스토어를 운영하며 콘텐츠로 각각 부가가치 영역을 넓혀가고 있다. 이와 같이 제품과 서비스를 결합한 제품의 서비스화를 통해 애플은 독자적인 스마트 서비스 생태계를 구축할 수 있었다. 애플이 아이폰과 아이패드iPad 등 스마트 기기를 통해 높은 매출과 수익을 올리고 있지만 이 제품을 구매하는 고객은 제품을 통해 애플이 제공하고 있는 스마트 서비스 생태계를 이용하는 데 목적이 있다.

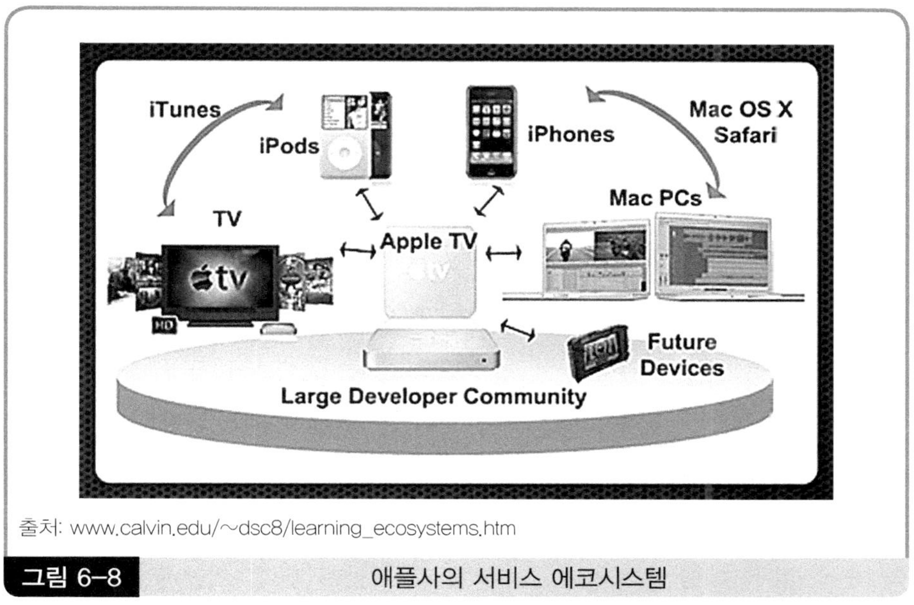

출처: www.calvin.edu/~dsc8/learning_ecosystems.htm

그림 6-8 애플사의 서비스 에코시스템

2.2 서비스의 제품화

서비스의 제품화는 서비스 강화를 위해 제품을 부가 또는 서비스 제공업체가 관련 제품을 출시하여 서비스를 강화하는 형태와 서비스 표준화, 서비스 프로세스화, 서비스 자동화를 통해 서비스가 대량생산되는 제조업화를 의미한다고 할 수 있다.

경기도 안양에 본사를 둔 인포피아Infopia는 1996년에 설립되어 2002년부터 개인이 병원을 방문하지 않고 스스로 자신의 혈당을 측정하고 관리할 수 있는 휴대용 혈당측정기 및 바이오센서를 제조해 판매하고 있다. 2004년 LG전자와 공조하여 개발한 혈당측정과 투약관리 등 의료서비스가 가능한 당뇨폰을 시작으로 모토롤라와 공조해 만든 글루코폰을 개발하여 미국 FDA 승인을 획득하였다. 병원을 방문하지 않고도 의료서비스를 받을 수 있는 기기의 개발은 서비스를 제품화시키는 현상을 설명하고 있다.

온라인으로 서적을 판매하는 아마존닷컴은 택배서비스가 필요한 종이책

출처: http://techcrunch.com/2014/06/23/

그림 6-9 스마트 홈을 위한 구글과 네스트의 결합

을 구매하지 않고 디지털 형태로 서적을 구매할 수 있도록 킨들Kindle이라는 전자책 리더기를 출시하여, 서비스를 제품화하였다. 구글도 자사가 개발한 안드로이드Android 기반의 스마트폰을 출시하여 구글의 대표적인 서비스인 검색 서비스를 모바일 환경에서도 사용할 수 있도록 했다. 최근에는 네스트Nest 라는 '스마트 온도조절장치'를 만드는 회사를 3조 5천억 원을 들여 인수하였는데 사물인터넷 기술을 활용한 스마트 홈Smart Home 서비스 시장을 선점하기 위함이었다.

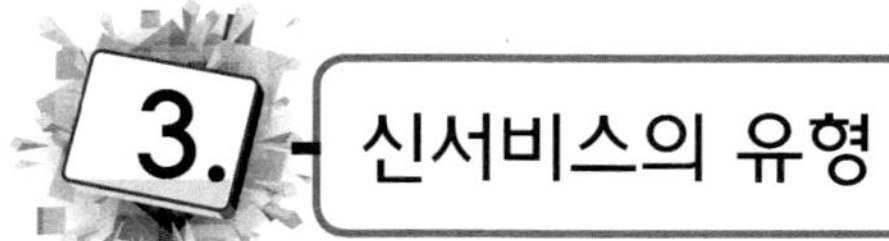

3. 신서비스의 유형

새로운 서비스 혁신에 대한 아이디어는 다양한 원천에서 획득될 수 있다. 고객의 제안, 현장 직원의 고객 관찰, 고객 데이터베이스 탐색, 고객의 인구통계학적 추세 등을 살펴봄으로써 새로운 서비스를 개발할 수도 있고, 새로운 기술의 진보로부터 아이디어를 얻어 혁신적인 서비스를 디자인할 수도 있다. 러브락Lovelock은 신서비스의 개발과정에서 점진적 혁신과 급진적 혁신으로 구분하였다. 이를 구체적으로 살펴보자.

3.1 점진적 혁신

점진적 혁신incremental innovation은 기존의 것을 토대로 하는 혁신으로써 기존의 서비스 전달 요소들인 인력, 시스템, 기술에 약간의 조정만 곁붙이는 형태로 이루어진다. 따라서 설계적 측면보다는 개발주기의 실행적 측면에 더욱 많은 자원과 노력이 투입된다. 예를 들어 맥도날드McDonald's가 전 세계에 동일한 재료와 맛으로 판매하는 빅맥BigMac 대신에 한국에서만 불고기버거를 개발해서 판매하는 경우가 이에 해당된다. 이때 개발자들은 불고기버거를 만드는 표준화된 레시피와 절차를 개발하고, 기존의 제품들과의 자원 활용 등에 대해 전체적인 효율성의 관점에서 어떻게 조화시킬지 고려해야 한다. 점진적 혁신은 다음과 같은 세 방향에서 이루어진다.

(1) 서비스 라인 확장

서비스 라인 확장service line extension은 현재 제공되고 있는 서비스 계열에 새로운 서비스를 추가하는 것과 같이 기존 서비스 라인이 확장된 것이다. 레스토랑 메뉴의 추가, 항공사의 새로운 노선 추가, 은행에서의 노령층을 위한 금융 상품을 추가하는 경우가 여기에 해당된다.

(2) 서비스 개선

서비스 개선service improvement는 기존에 제공되고 있는 서비스의 형태나 특성을 변화시켜 서비스를 개선하는 것이다. 고객들이 공정하다고 느끼게 은행에서 대기번호표를 교부하거나 수화물이 없는 탑승객이 항공사의 홈페이지나 공항에 설치된 키오스크kiosk에서 직접 탑승권을 발급받게 하거나 KTX가 스마트폰 앱으로 결제하고 탑승권을 사용하게 하는 경우가 여기에 해당된다. 인터파크Interpark나 예스24와 같은 온라인 서점은 대도시의 경우 오전 주문을 당일에 배송하는 서비스를 제공해 서비스 전달 시간을 단축시키는 개선을 하고 있다. 미국에서는 아마존닷컴과 도미노피자가 무인헬기인 드론Drone을 이용한 배달서비스를 하겠다고 공표했다.

(3) 형식 변화

형식 변화style change는 기존 서비스의 본질은 변화시키지 않으면서 형식만 변화시켜 고객의 인식이나 감정, 태도에 영향을 주고자 하는 것이다. 서비스 제공 장소의 외관이나 인테리어 변화, 서비스 제공절차의 변화, 브랜드 아이덴티티brand identity 변화가 여기에 속한다. 미국 로스엔젤레스에 있는 Calvary Mortuary와 같은 장례식장은 고인을 애도하기보다는 인생을 경축하는 간결한 의식을 제공하며, 잘 갖춰진 꽃집과 파스텔 색조로 밝은 색을 지닌 벽과 보다 많은 창과 등을 갖춘 시설을 제공하고 있다. 이와 같이 형식을 변화함으로써 동일한 서비스를 대하는 고객의 감정이나 태도에 영향을 줄 수 있다.

3.2 급진적 혁신

급진적 혁신radical innovation은 기존 산업에서는 사용되지 않던 자원 및 속성을 사용하여 기존 산업의 행태를 변화시키는 혁신으로써 서비스 전달 요

출처: http://www.koreadaily.com/news/read.asp?art_id=1191382

그림 6-10 미국의 거라지세일 모습

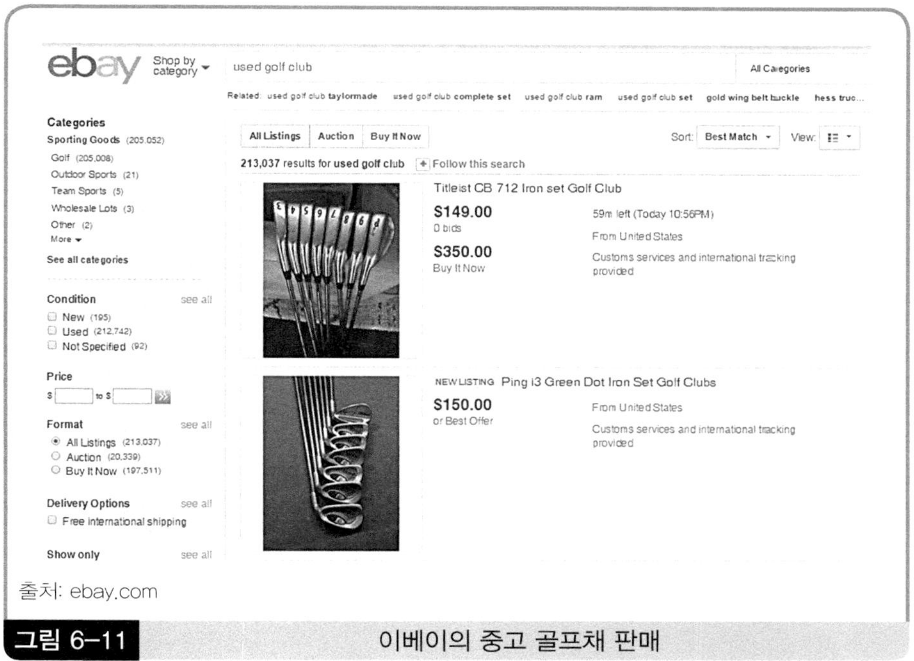

출처: ebay.com

그림 6-11 이베이의 중고 골프채 판매

소들을 근본적으로 재조정하는 큰 변화를 겪게 된다. 따라서 신서비스 개발 주기 전 과정에 걸쳐 조직의 자원과 노력이 투입되어야 한다. 이베이eBay는 온라인 경매를 도입하여 주택의 차고 앞에서 이루어지던 거라지garage세일이나 야드yard세일을 전 세계 주민을 대상으로 하는 판매로 바꿔 버렸다. [그림 6-10]은 전형적인 미국의 야드세일 전경이며, [그림 6-11]은 이베이의 홈페이지를 보여주고 있다. 중고 골프채 판매의 경우 야드세일은 인접한 주민만이 대상이 되지만 이베이를 통하면 인터넷에 접속할 수 있는 모든 사람들이 대상이 된다. 이와 같은 급진적 혁신은 경쟁의 틀 자체를 바꿀 수 있기 때문에 기존의 방식으로 경쟁하던 기업들에게 치명적일 수 있다. 특히 새로운 기술은 기존에 하던 방식과는 전혀 다르게 고객의 요구를 만족시켜 주는 방식을 제공하고 있다.

(1) 주요 혁신

주요 혁신major innovation은 아직 명확하게 정의되지 않은 시장을 위한 신서비스로써 주로 정보기술에 기반하고 있다. 미국 CNN의 24시간 뉴스나 페덱스FedEx의 미 전역 24시간 내 수화물 배송 서비스 같은 경우가 여기에 해당된다. 정보기술의 발달은 앞으로도 많은 주요 혁신을 이룰 것으로 예상된다.

(2) 신생 비즈니스

신생 비즈니스start-up business는 기존 서비스가 이미 존재하는 시장에 새로운 유형의 상품을 제시하는 것으로 새로운 아이디어로 창업하는 스타트업 기업이 주로 사용한다. 인터넷을 통해 최저가의 비행기표와 호텔 숙박을 검색할 수 있는 서비스를 제공하는 익스피디아닷컴Expedia.com이나 온라인 주식거래로 수수료를 대폭 낮춘 키움증권 같은 경우가 여기에 해당된다. 서비스가 이미 존재하지만 정보기술을 이용해서 기존의 서비스를 재정의함으로써 시장 기회를 얻는 것이다. 미국의 우버Uber는 이동이 필요한 여행자와 운송 서비스를 제공하려는 사람을 연결해주는 공유 서비스 개념으로 기존의 렌트카나 택시 시장에 큰 변화를 가져오고 있다.

(3) 기존 시장 신서비스

기존시장 신서비스new service for the currently served market는 다른 기업에서 이미 제공하고 있으나 자사로서는 처음 제공하는 서비스이거나 기존 고객에게 제공하는 신서비스로써 서비스 범위를 확장하는 기업이 주로 사용한다. SK 주유소가 편의점과 차량정비서비스(SK의 스피드메이트)를 운영하는 경우나 편의점에서 공과금 수납이나 택배 수령을 해주는 경우가 여기에 해당된다. 미국에서는 온라인 쇼핑몰로 인해서 매장 방문자가 급감한 월마트가 2014년 9월 '고뱅크GoBank'라 불리는 모바일 체킹계좌checking account 서비스를 시작했다. 우리나라의 수시입출금계좌와 비슷한 체킹계좌를 이용하는 고객들을 유치해 돌파구를 마련하고자 미국 내 4,300개 매장 모두에 금융서비스를 위한 창구를 열었다. 기존 시장이 포화되면 다양한 서비스를 새롭게 출시함으로써 고객을 계속 유인하는 것이 필요하다. [그림 6-12]는 월마트의 고뱅크 안내 표지판과 스마트폰의 고뱅크 앱을 보여주고 있다.

출처: fortune.com/2014/09/24/

그림 6-12 월마트의 고뱅크 안내문과 모바일 어카운트

4. 서비스 청사진

신서비스 설계자들은 서비스 개념을 개발하고 분석하기 위해 다양한 도구를 사용함으로써 시스템에서 서비스가 어떻게 고객을 만족시키며 종업원과 기술의 역할이 무엇인지를 정의하고자 노력한다. 건물이나 기계의 설계드를 청사진blueprint이라고 부르는데 설계도가 선이 청색으로 나타나는 특수종이에 인쇄되었던 시절부터 사용되고 있는 용어이다. 청사진을 통해서 건물이나 제품이 어떻게 만들어지는지를 알 수 있듯이 서비스 디자인에도 청사진을 활용함으로써 서비스 전달 시스템 내의 프로세스 흐름을 나타낼 수 있게 된다. 이와 같이 서비스 청사진service blueprint은 고객 경험을 높이기 위해서 서비스가 전달되는 과정을 순차적으로 표현한 플로우 다이어그램flow diagram이다.

서비스 청사진은 서비스 프로세스에 참여하고 있는 많은 사람들이 어떻게 협력하여 의도된 가치를 만들어 가는지 그 과정을 그린 것으로 모든 업무

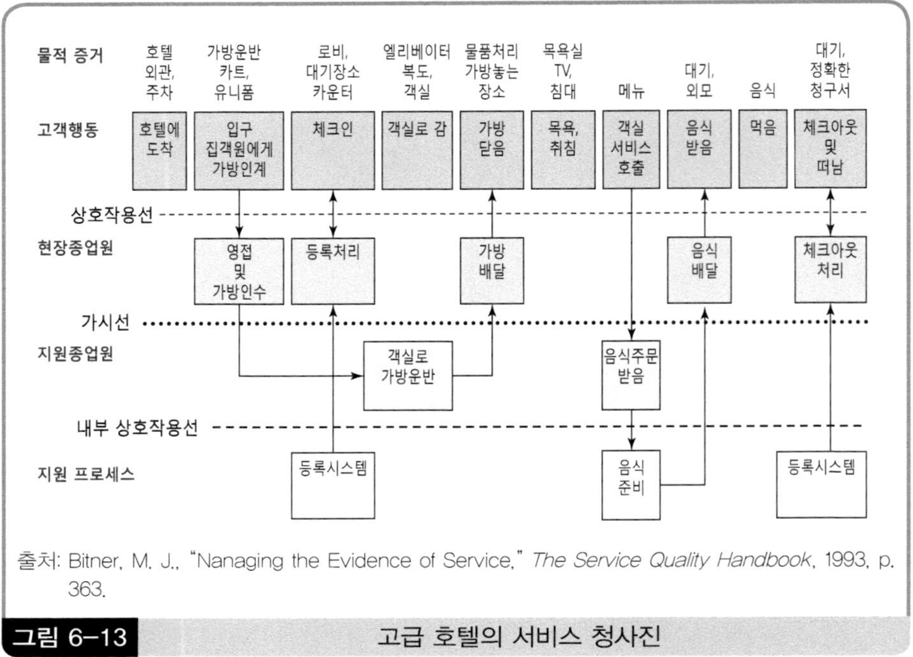

출처: Bitner, M. J., "Nanaging the Evidence of Service," *The Service Quality Handbook*, 1993, p. 363.

그림 6-13 고급 호텔의 서비스 청사진

활동의 흐름도이다. 이는 기존 프로세스의 분석과 개선에도 도움이 될 뿐만 아니라 개념적으로 아이디어 상태인 새로운 서비스를 명확하게 표현하는데 도움이 된다. [그림 6-13]의 고급 호텔에 대한 서비스 청사진을 참조하여 설명해보자. 먼저 중앙에 있는 가시선line of visibility을 중심으로 위쪽은 고객이 볼 수 있는 '무대 위onstage'이며, 아래쪽은 고객이 볼 수 없는 '무대 뒤backstage'에서의 행동들이 나타나 있다. 가시선 바로 위의 직원이 수행하는 서비스를 전방업무front office라고 하며, 아래의 직원이 수행하는 서비스를 후방업무back office라고 부르는데, 혁신적인 기업들은 후방업무도 고객에게 개방하여 서비스의 신뢰를 높이기도 한다. 주방이 보이는 레스토랑과 수리장소가 보이는 정비공장 같은 것이 예가 될 수 있다.

상호작용선line of interaction은 고객과 현장종업원의 상호작용 여부를 나타낸다. 상호작용선 위쪽은 고객이 주도하는 행동이 표시되어 있으며, 아래쪽은 종업원이 주도하는 행동이 표시되어 있다. 고객과 종업원의 접점에서 상호작용은 화살표로 표시되어 있다. 이를 통해서 고객과 종업원이 언제 접촉하고,

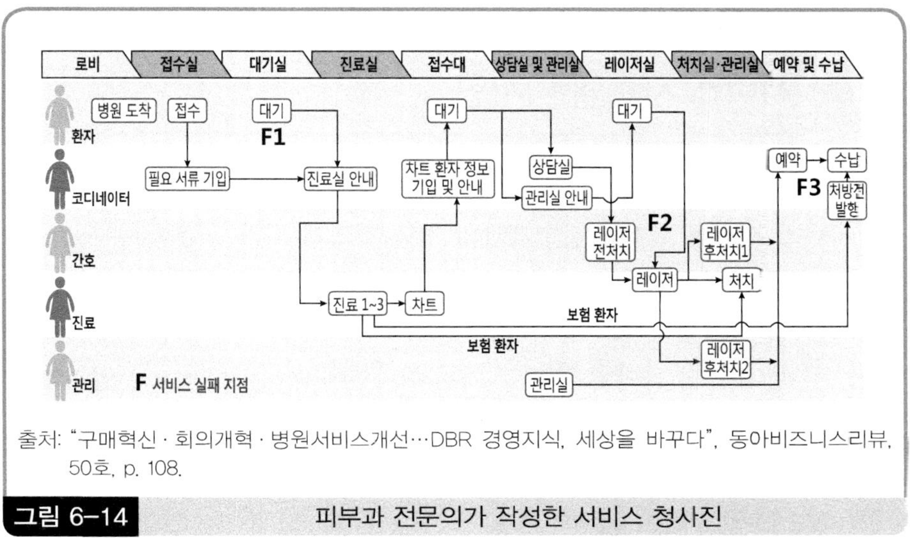

출처: "구매혁신 · 회의개혁 · 병원서비스개선…DBR 경영지식, 세상을 바꾸다", 동아비즈니스리뷰, 50호, p. 108.

그림 6-14 피부과 전문의가 작성한 서비스 청사진

고객과 종업원은 어떤 역할을 하는지를 알 수 있다.

내부 상호작용선line of internal interaction은 후방업무를 하는 종업원과 조직 내 지원 프로세스를 분리하고 있으며, 종업원이 언제 예약정보시스템과 주방과 같은 지원 프로세스를 필요로 하는지를 나타내고 있다.

서비스 청사진은 서비스 관리자가 서비스를 최종적으로 실행하기 전에 종이 위에 도표로 작성함으로써 서비스 개념을 명확히 하고 서비스 시스템을 이해하는 데 도움을 준다. 또한 [그림 6-14]의 병원 프로세스에 대한 청사진에 보여지는 것처럼 서비스 실패 가능성이 높은 지점을 F로 표기함으로써 문제를 해결하거나 예방하는 창조적인 사고를 하도록 도와주며, 서비스실패에 대응해 고객 서비스를 향상시킬 수 있는 기회를 제공한다. 서비스실패가 자주 발생하는 곳에는 7장에서 다루는 포카요케의 개념을 활용하여 실패가 시스템에서 관리될 수 있도록 하는 것이 중요하다.

5. 서비스 시스템 디자인

서비스 시스템 디자인은 고객과의 접촉 정도에 따라 구분할 수 있다. 고객과의 접촉이 거의 없어서 마치 생산라인처럼 운영될 수 있는 서비스 디자인부터 고객을 공동생산자로 참여시키는 서비스 디자인까지 폭넓게 정의될 수 있다. 여기에서는 양 극단에 있는 두 가지 디자인에 대해 구체적으로 살펴보자.

5.1 생산라인 방식

규모의 경제를 통한 효율적인 제품생산을 위해서 라인방식의 생산 시스템이 개발되었다. 포드자동차가 1913년 하이랜드 공장을 신축하면서 도입한 컨베이어벨트 방식의 생산은 획기적인 원가 절감과 생산시간의 단축을 가져왔다. 대량생산은 S로 시작하는 3개의 단어, 전문화specialization, 표준화standardization, 단순화simplification를 통해서 달성될 수 있었는데 이 개념은 서비스에도 적용될 수 있다.

맥도날드는 이러한 제조현장 방식을 서비스에 응용하여 성공한 대표적인 기업이다. 햄버거 고기patty는 대량생산체제를 갖춘 공장에서 생산되어 각 매장으로 배송되며, 감자는 적당한 크기로 잘려 부분적으로 조리된 냉동 상태로 매장에 들어온다. 정확한 양의 감자를 조리할 수 있도록 설계된 튀김기는 항상 일정한 품질의 감자를 튀길 수 있으며, 손잡이가 달린 감자담는 주걱은 사이즈별로 정확한 양을 담을 수 있도록 설계되어 있다. 그리고 주문과 픽업 및 폐기과정은 고객이 스스로 할 수 있도록 세밀하게 디자인되어 있다. 순서대로 주문할 수 있도록 한 줄 서기를 하도록 통제하고 있으며, 매장 출구에 쓰레기통과 분리수거대를 배치해 고객이 잊지 않고 마무리를 할 수 있도록 하고 있다. 이와 같은 생산라인 방식이 성공하기 위한 특징을 살펴보자.

(1) 직원의 임의적 행동 제한

자동차 조립라인의 작업자와 같이 정의된 업무만 수행하도록 한다. 생산라인의 장점인 표준화와 일관된 품질을 달성할 수 있도록 작업자의 재량권과 자율성은 제약을 받게 된다. 맥도날드에서 제공하는 빅맥은 전 세계 어느 매장을 방문하더라도 같은 맛을 낼 수 있도록 관리해야 하기 때문이다.

(2) 분업

생산라인 방식은 전체 작업을 균등하게 분업화한 작업 세분화를 통해 노동의 전문화를 추구하고 있다. 전체 시스템을 체계적으로 분업화시킴으로써 많은 교육과 훈련을 받지 않은 종업원도 쉽게 기능을 익힐 수 있도록 함으로써 낮은 비용을 가능하게 한다. 맥도날드의 종업원은 자신이 맡은 업무가 명확하여 파트타임 직원을 많이 고용하더라도 서비스와 맛의 일관성을 유지할 수 있다.

(3) 서비스 표준화

한정된 서비스만을 제공함으로써 수요를 예측하고 미리 계획할 수 있는 기회를 가질 수 있다. 서비스 표준화는 프로세스를 통제하기 쉽기 때문에 서비스 품질의 일관성을 높일 수 있으며, 프랜차이즈 서비스를 통해 서비스 지역을 확장할 수 있어 지리적 한계를 극복할 수 있게 한다. 맥도날드도 한정된 메뉴를 통해 신속하게 햄버거를 제공하고 있으며, 전 세계에 35,000개 이상의 매장을 통해 서비스를 제공할 수 있었다.

5.2 공동 생산자로서의 고객

대부분의 서비스는 서비스가 수행되는 과정에 고객이 참여하도록 설계되어 있다. 고객은 수동적인 방관자가 아니라 필요한 순간에 생산적인 노동력을 제공하는 적극적인 참여자인 것이다. 서비스 활동의 일정 부분을 고객에게 전가시킴으로써 기업은 생산성을 향상시킬 기회도 갖게 된다. 또한, 고객의 참여는 고객화를 증대시킬 수 있다. 고객을 공동생산자co-producer로 단듦으로써 기업은 비용을 낮추면서 고객화를 높이는 대량 고객화mass customization 전략을 사용할 수도 있다. 이와 같은 고객을 공동생산자로 활용할 수 있는 특징을 살펴보자.

(1) 셀프서비스

개별화된 서비스를 고객의 노동력으로 대체하는 것으로써 가장 높은 수준의 공동생산이다. 셀프서비스는 고객을 생산과 소비를 동시에 하는 프로슈머prosumer로 만들고 있으며, 서비스의 개발에도 적극적으로 참여할 수 있는 기회를 제공한다. 또한 필요한 시점에 고객이 추가적인 서비스 능력을 제공하기 때문에 서비스의 고질적인 문제인 수요와 공급의 일치 문제를 해결할 수 있다. 미스터피자에서 피자를 주문하고 기다리는 동안 샐러드바를 이용할 수 있다. 샐러드바 이용으로 고객은 자신이 먹고 싶은 샐러드만 선택해서 먹을 수 있으며, 미스터피자는 피자의 생산과 전달에만 집중할 수 있게 된다. 이와 같이 셀프서비스는 고객의 프로세스 참여를 통해 고객화를 달성할 뿐만 아니라 기업은 고객의 노동력을 활용함으로써 비용 경쟁력을 갖게 될 수 있다.

(2) 서비스 수요 평준화

대부분의 서비스 능력은 시간 소멸적인 상품이다. 병원에서의 서비스 능력은 의사의 수보다 의료진의 진료 시간으로 측정하는 것이 더 적절하다. 이는 고객 수요의 부족으로 서비스 제공자가 유휴 상태에 있을 때마다 서비스 제공 능력은 영원히 소멸된다는 것을 의미한다. 서비스 수요는 계절별·요일별·시간별로 변동이 심하며, 서비스 능력은 유한하여 일치시키는 것은 매우 어렵다. 수요를 평준화할 수 있다면 서비스 능력을 보다 균일하게 사용할 수 있어 생산성이 향상될 것이다.

수요 평준화를 위해서 사용할 수 있는 방법이 고객의 참여를 통한 예약과 대기이다. 예약을 통해 수요의 변동을 통제할 수 있으며, 고객의 대기는 서비스 능력의 활용도를 높여 생산성을 향상시킨다. 고객이 기꺼이 이와 같은 역할을 할 수 있도록 적절한 보상과 훈련이 필요하다.

Chapter 7

서비스품질

> *"Quality in a service or product is not what you put into it. It is what the customer gets out of it."*
>
> *- Peter Drucker -*

제품이나 서비스를 구매할 때 고객이 고려하는 가장 기본적인 경쟁우위 요소가 품질이다. 품질이 보장되지 않은 상태에서 제품이나 서비스의 낮은 가격, 높은 다양성, 신속함은 공염불에 지나지 않으며, 품질을 관리하지 못하는 기업은 가격, 다양성, 신속성을 실제로 갖출 수가 없다. 이와 같이 품질의 중요성은 [그림 7-1]과 같이 '모래성 모형Sandcone Model'으로 설명할 수 있다. 모래성 모형 피라미드의 가장 아래에 품질이 있으며, 품질을 먼저 쌓지 않으면 그 위의 신속성, 다양성, 비용 모두 쌓을 수가 없다는 것을 보여주고 있다. 품질을 갖춘 기업만이 품질에 더해서 차별화된 경쟁우위를 가질 수 있다.

오랫동안 제품 중심의 품질관리 활동들이 있었다. 통계적 품질관리SQC: Statistical Quality Control와 전사적 품질관리TQC: Total Quality Control를 거쳐 전사적 품질경영TQM: Total Quality Management 과 식스시그마Six sigma 품질 혁신활동까지 품질을 향상시키기 위해 많은 노력들이 제조업체를 중심으로 있어 왔다. 제품은 유형화 되어 있기 때문에 디자인 단계에서 결정된 사양에 적합하게 만들어졌는지 그렇지 않은지를 객관적으로 평가할 수 있다. 제품은 품질에 대한 판단이 비교적 객관적이고 명확하여 경쟁 제품과의 품질 특성을 비교하기도 쉬우며,

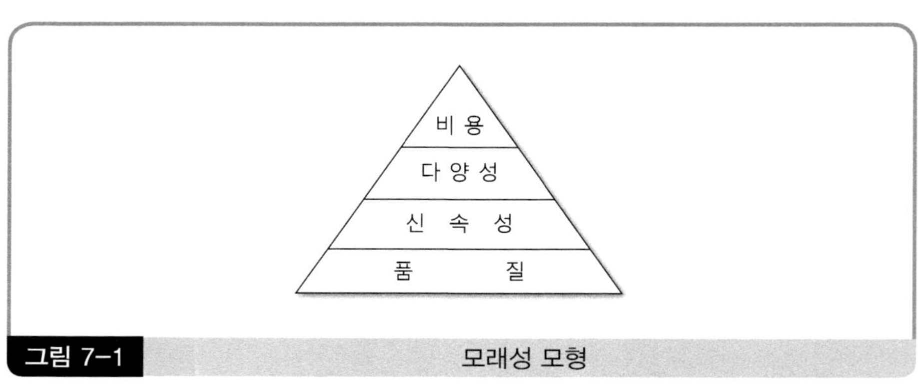

그림 7-1 모래성 모형

구매하기 이전에 품질 수준을 가늠하기가 상대적으로 용이하다. 하지만 서비스는 무형적인 특성으로 인해서 쉽게 측정하거나 검사할 수 없다. 서비스를 구매해서 소비하기 이전에 품질을 평가하기가 매우 어려우며, 고객 개개인마다 품질을 서로 다르게 인식하는 것이 일반적이다. 서비스품질의 개념과 중요성, 서비스품질의 측정과 개선 방안, 서비스 보장, 서비스실패에 따른 서비스회복 등에 대해 구체적으로 살펴볼 것이다.

1. 서비스품질의 중요성과 정의

서비스품질은 누구나가 잘 할 수 있는 그런 것이 아니다. 서비스품질은 고객에게 친절하게 대하고 불편함이 없도록 배려하는 것 이상을 요구하기 때문이다. 높은 서비스품질을 지향하는 기업들은 다른 경쟁기업들이 도저히 따라 할 수 없는 기업 내적인 문화와 기업 외적인 명성을 만든다. 오랫동안 품질에 대한 명성을 쌓아온 기업들은 높은 고객 충성도를 확보하고 있어 높은 성곽에 주위에는 물웅덩이를 파놓은 것처럼 견고하며 경쟁을 구력화시킨다. 또한, 직무에 만족하고 조직에 대한 충성도가 높은 종업원들을 보유하고 있어 고객의 문제를 해결할 뿐만 아니라 문제에 대한 근원적인 해결책을 제시하는 등 품질 개선을 이끌어 기업의 경쟁력을 향상시킨다.

유형적인 제품의 품질은 설계 규격과 생산된 제품을 비교하며 품질수준을 측정할 수 있다. 품질 불량은 규격을 충족시키지 못하는 제품을 의미하며, 제품 규격은 고객이 원하는 것이 무엇인지에 대한 시장 조사와 고객의 니즈, 그리고 기업의 능력을 고려하여 결정된다. 서비스의 품질 규격은 기업과 고객 개개인을 포함한 다양한 출처로부터 나온다. 기업은 표준적인 운영절차로 규격을 선보이며, 고객은 서비스가 어떠할 것이라는 자신들의 기대치를 기준으로 규격을 제시한다. 서비스 규격에 대한 기업과 고객들의 불일치로 인해서 기업이 정해놓은 프로세스대로 훌륭하게 서비스를 제공하더라도 고객의 불만족이 발생할 수 있다.

이와 같이 서비스품질은 고객이 기대한 것과 지각한 것 사이에 존재하는 차이로 정의된다. 서비스품질이 우수하다는 것은 고객이 기대하는 바를 충족시켜 주거나 그 이상의 서비스를 제공하는 것을 의미한다. 그 반대로 고객의 기대에 미치지 못하는 서비스를 제공하면 고객은 응당 그 서비스를 형편없는 것으로 인식하게 된다. 설사 정상적으로 이루어진 서비스라 할지라도 고객이 높은 기대를 갖고 있으면 결코 높은 품질의 서비스로 받아들여지지 않는 것이다. 따라서 서비스품질은 고객의 기대를 관리하는 것과 고객에게 높은 경험을 제공하는 것 모두를 관리하는 것이어야 한다.

2. 서비스품질의 특성

서비스가 제품과 구별되는 다양한 특성으로 인해서 서비스품질도 제품의 품질과 차별화된 특성을 갖고 있다.

(1) 서비스품질은 주관적이다. 고객들은 서비스를 받기 전에 가지고 있는 기대와 서비스를 받은 후의 경험을 비교하여 서비스품질을 판단한다. 개개인이 가지고 있는 기대의 차이로 인해서 각기 다르게 서비스품질을 인식하게 된다. 반면에 제품은 설계 규격에 얼마나 일치하느냐에 의해 평가되므로 객관적인 품질 수준을 측정할 수 있다.

(2) 서비스품질은 상대적이다. 높은 수준의 서비스품질을 제공하면 다음에는 더 큰 기대를 갖게 되고, 이는 실제 제공된 서비스에 대해 만족스럽지 못한 인식을 갖게 될 수 있다. 품질이란 처음의 기대와 비교해 판단하는 상대적인 것이기 때문이다.

(3) 서비스품질은 서비스를 받는 동안 고객이 느끼는 경험과 서비스를 받은 후 고객이 느끼는 결과에 의해 결정된다. 즉 지각된 서비스품질은 서비스가 제공되는 과정과 제공된 결과물에 대해 고객이 갖는 견해가 합쳐진 결

과이다. 그뢴루스Grönroos는 서비스품질을 '기술적 품질'과 '기능적 품질'의 두 측면에서 보았는데, 기술적 품질technical quality은 최종적으로 고객이 받는 것what the customer gets을 의미하며, 기능적 품질functional quality은 기술적 품질이 기능적으로 고객에게 이전되는 과정how he gets it을 의미한다. 따라서 제품을 구매하는 고객은 기술적 품질만이 중요하지만 서비스를 구매하는 고객에게는 기술적 품질뿐만 아니라 기능적 품질도 중요하다는 것은 인식해야 한다.

(4) 서비스품질에는 종업원의 역할이 중요하다. 많은 서비스는 종업원과의 상호작용의 결과로 이루어진다. 서비스는 결과에 못지않게 서비스가 전달되는 과정이 중요하며, 고객과 직접 접촉하는 종업원의 외모와 복장, 언어와 태도가 서비스품질에 크게 영향을 미치게 된다. 제품이 생산되는 과정에 대해서 고객은 거의 인지하지 못할 뿐만 아니라 알고 싶어 하지도 않는다. 하지만 서비스는 고객이 서비스 창출과정에 참여함으로 인해서 필연적으로 종업원과의 접촉이 발생하고 이 과정에서 서비스품질이 영향을 받게 된다.

(5) 서비스품질의 문제는 즉각 해결되어야 한다. 서비스품질은 고객이 정상적으로 서비스를 받는 품질수준과 서비스에 대한 문제가 발생했을 때 그 문제를 어떻게 해결하는가의 두 관점에서 결정된다. 품질에 문제가 발생하면 서비스기업과의 접촉이 많아지게 되며, 고객이 제기한 문제를 어떻게 처리하는지에 따라 서비스품질이 영향을 받는다. 리츠칼튼호텔은 서비스에 문제가 생겼을 때 문제를 인지한 종업원이 2,000달러의 범위내에서 즉각적으로 문제를 해결하도록 하고 있다. 연구에 따르면 설령 문제가 해결되더라도 시간이 지체되면 그 효과는 반감된다고 한다. 문제가 발생할 때 고객은 감정적으로 반응하는 경향이 있으므로 권한부여된 종업원의 신속한 문제해결 역량이 중요하다.

서비스품질은 발생 단계에 따라 ① 고객이 서비스를 받기 전에 가지고 있는 기대감, ② 서비스를 받는 동안 고객이 느끼는 경험, ③ 서비스를 받은 후 고객이 느끼는 서비스 결과, 그리고 ④ 문제가 발생했을 때 고객이 느끼는 경험의 순서로 인식된다. 하지만 서비스품질은 어느 한 시점에서 결정되지 않고 네 단계를 통해 복합적으로 형성된다. 따라서 각 단계에서 관리해야 할 서비스품질을 명백하게 정의하지 못하는 기업은 서비스품질을 향상시킬 수 없다. 미국의 노드스트롬Nordstrom백화점은 고객과 처음 만났을 때, 고객의 기대를 충족시켰을 때, 그리고 고객과 헤어질 때의 서비스품질을 정기적으로 측정하고 개선하는 노력을 통해 최고의 백화점이 되었다.

3. 서비스품질의 평가

3.1 서비스품질 측정의 어려움

경영에서 자주 사용되는 "측정할 수 없는 것은 관리할 수 없다"라는 경구가 있다. 서비스 품질을 측정하지 않는다는 것은 관리하지 않는다는 의미이며, 서비스 품질의 측정은 개선, 향상, 재설계를 위한 출발점으로써 의미가 있다. 조직의 성공에 품질이 미치는 영향을 고려해 볼 때 서비스 품질을 측정하는 노력은 의미가 있다. 하지만 서비스 품질은 측정하기 어려우며, 그 이유를 살펴보면 다음과 같다.

(1) 개인의 주관적인 요소가 많이 작용하므로 측정하기 어렵다. 인간적이고 정성적인 요소가 많아 표준화하기 어려우며, 객관적으로 측정하기 어렵다.

(2) 생산과 소비가 동시에 이루어지는 특성으로 인해서 서비스의 전달이 완료되기 이전에 측정하기 어렵다.

(3) 고객은 프로세스의 일부이며, 변화를 일으키는 요인이 되기도 한다. 즉 서비스 창출 프로세스에 고객의 참여는 기업이 일관성 있는 산출물을 만들어 내기 어렵게 만든다.

(4) 서비스 품질은 고객의 기대와 인지의 차이이기 때문에 고객으로부터 측정해야 하는데 데이터를 수집하는데 시간과 비용이 많이 든다. 또한 각 서비스는 독창적이어서 표준화된 데이터 수집과 분석 방법을 개발하는 것이 어렵다.

3.2 서비스품질의 평가

서비스에서 품질의 평가는 서비스 전달 과정에서 서비스의 본질을 느끼게 되는 진실의 순간에 서비스에 대한 만족과 불만족을 평가하게 된다. 일반적으로 고객들은 서비스를 받기 이전에 갖고 있던 기대수준과 서비스 전달 후 인지수준과의 차이에 의해 서비스 품질을 인지하게 된다. [그림 7-2]의 인지된 서비스 품질 모델은 다섯 개의 서비스 품질차원에 대해 고객이 구전, 개인적인 니즈, 사전 경험 등을 바탕으로 형성된 기대와 실제 제공되는 서비스를 비교 평가하는 방법이다. 서비스 품질은 고객의 기대와 실제 제공된 서비스와의 차이에 의해 결정되며, 고객은 기대보다 경험이 더 높다면 품질에 대해 감동을 할 것이고, 기대와 일치한다면 만족할 것이고, 더 낮다면 불만을 가질 것이다.

[그림 7-2]에 제시된 다섯 개의 서비스 품질 차원은 특정산업에 국한되지 않은 공통적인 서비스 품질 속성으로써 고객이 일반적으로 서비스 품질을 판단하는데 기본으로 사용하는 속성들이다.

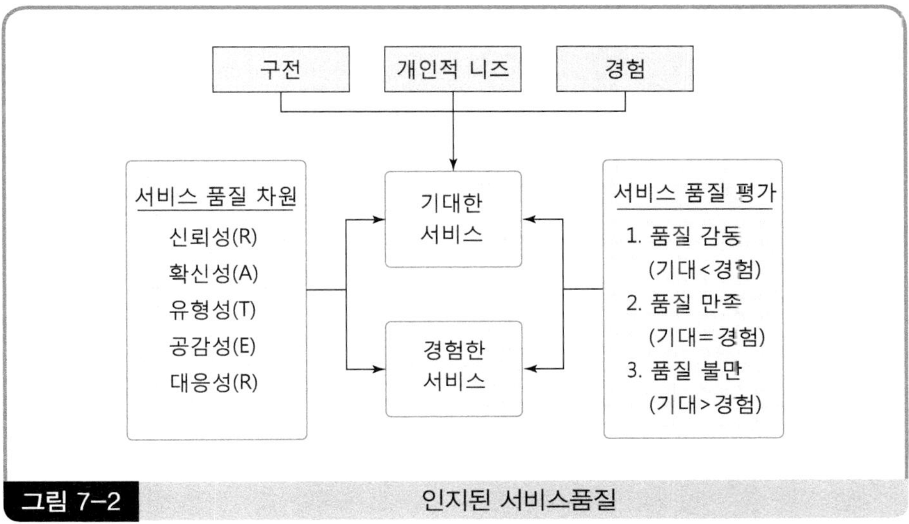

그림 7-2 인지된 서비스품질

(1) 신뢰성reliability

약속한 서비스를 정확하고 믿을 수 있도록 수행하는 능력을 의미한다. 매번 실수 없이 동일한 형식으로 약속된 시간에 서비스를 제공할 수 있는 능력으로 매일 수행되는 우편물 배달 서비스가 예가 될 수 있다.

(2) 확신성assurance

고객에게 서비스를 제공함에 있어 믿음과 확신을 줄 수 있는 직원의 능력과 태도, 예의바른 태도를 의미한다. 서비스 수행능력, 고객에 대한 정중함과 존경, 고객과의 효과적인 의사소통, 고객에 대한 진심어린 태도 등을 포함한다. 은행 직원의 공손한 언행과 정직, 문제 해결 능력과 지식 등이 예가 될 수 있다.

(3) 유형성tangibles

서비스 제공 시 사용되는 물리적 시설, 도구 및 장비, 직원의 외양 등의 유형적 증거를 의미한다. 최신식 장비 및 정보 통신 기술의 활용, 서비스 시설의 청결도 및 분위기, 서비스 제공 시 다른 고객의 행동까지도 포함한다. 단정한 복장의 스튜어디스나 최신 시설의 병원 등이 예가 될 수 있다.

(4) 공감성empathy

고객에 대한 배려와 개별적인 관심을 보이며 고객의 입장에서 공감하는 자세를 의미한다. 고객 요구를 이해하기 위해서 고객의 입장에서 생각할 수 있는 능력, 사소한 것에도 세심하게 대하는 자세, 고객의 요구에 대한 성실한 노력 등을 포함한다. 고객의 실수로 문제가 발생했을 때에도 안타까워하며 도와주고 해결해 줄 수 있는 자세와 능력이 예가 될 것이다.

(5) 대응성responsiveness

고객을 기꺼이 돕고 신속한 서비스를 제공하고자 하는 의지나 준비 정도를 의미한다. 서비스 실패가 발생했을 때 전문가적인 입장에서 신속하게 실패를 회복하여 서비스품질에 대한 인식을 긍정적으로 전환시키는 능력으로 예약번호를 즉시 이메일이나 스마트폰으로 보내주는 것, 음식에 이물질이 나왔을 때 신속하게 사과하고 음식값을 받지 않는 결정 등이 예가 될 수 있다.

표 7-1 ■ SERVQUAL 모형의 다섯 개의 품질 차원 측정 항목

차원	No	문항
유형성 (Tangibles)	1	현대적 시설
	2	설비의 외관
	3	직원들의 깔끔함
	4	서비스와 관련된 제반자료(설명서, 팜플렛의 외형)
신뢰성 (Reliability)	5	서비스의 약속시간 준수
	6	고객이 문제에 봉착했을 때 성심성의를 보임
	7	첫 번째 제대로 서비스를 수행함
	8	약속한 시간에 서비스를 제공함
	9	작은 실수조차 없는 완벽함
반응성 (Responsiveness)	10	서비스 제공시간의 정확한 약속
	11	직원들의 신속한 서비스 제공 자세
	12	직원들의 언제나 가까운 고객지원 자세
	13	아무리 바빠도 고객의 요청에 응하는 직원
확신성 (Assurance)	14	고객에게 확신을 주는 직원들의 행동
	15	고객에게 주는 거래의 안정성
	16	항상 고객에게 친절한 직원
	17	고객의 어떤 문의에도 대답 가능한 직원
공감성 (Empathy)	18	고객 개인에 대한 관심
	19	고객에게 편리하게 시간대를 조절
	20	고객에게 개인적인 관심을 보이려는 직원
	21	고객에게 최대한 이익을 주려는 직원
	22	고객 욕구에 대한 직원들의 이해

설명한 다섯 개의 서비스 품질 차원을 측정하는 측정 도구를 SERVQUAL(서브퀄)이라 부르며, 〈표 7-1〉과 같이 22개의 다문항 척도로 이루어져 있다. SERVQUAL은 동일 문항에 대해서 서비스에 대한 고객의 기대와 경험을 각기 측정하며, 기대와 경험의 차이를 갭gap이라 부른다. 서비스 품질관리는 각 품질 차원에서 갭을 줄이는 것과 관련이 있다.

3.3 서비스품질 갭 모델

파라슈라만Parasuraman, 자이스말Zeithaml, 베리Berry가 공동으로 개발한 서비

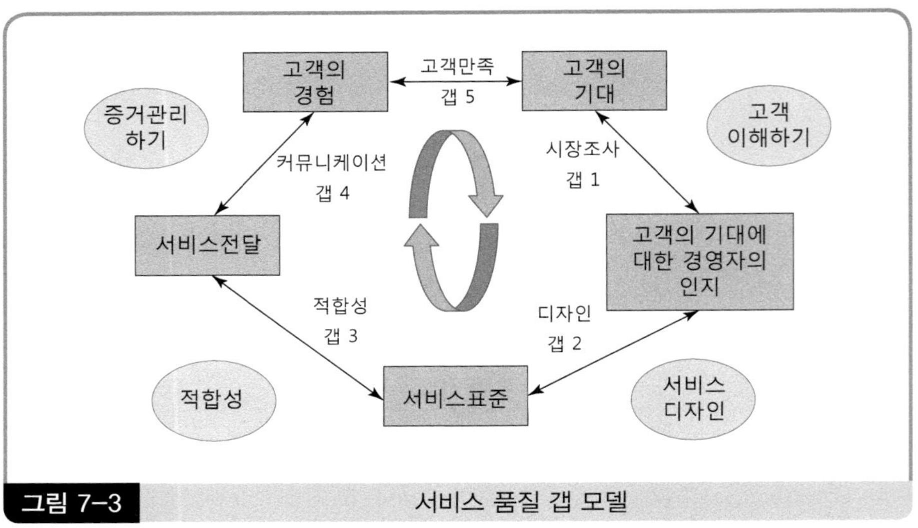

그림 7-3 서비스 품질 갭 모델

스 품질 갭 모델The Gap Model of Service Quality은 기업의 활동 과정에서 발행한 갭(격차) 때문에 고객이 인지한 품질과 기대한 품질의 차이가 존재한다는 것을 논리적으로 설명하는 모형이다. [그림 7-3]에서 보이는 것과 같이 실제로 고객이 느끼는 서비스 품질은 갭 5에서 발생하지만, 갭 5는 서비스 제공자가 통제하는 갭 1에서 갭 4까지의 품질 형성 과정에 의해 영향을 받는다. 따라서 다섯 개의 갭이 무엇이며, 어떻게 발생하며, 어떻게 개선할 수 있는지에 대한 이해가 필요하다.

갭 1은 시장조사 갭이다. 고객의 기대를 경영자가 얼마나 인식하고 있는지에 대한 지각 차이이며, 고객을 이해하는 것의 중요성을 말하고 있다. 이를 개선하기 위해서는 고객에 대한 시장조사를 강화하고, 최고경영자가 고객을 이해할 수 있도록 자주 접촉해야 한다. 그리고 고객에 대해 가장 많은 정보를 갖고 있는 접점 종업원이 경영자에게 고객이 요구하는 바를 전달할 수 있도록 커뮤니케이션 채널을 다양화하고, 수직적인 조직 계층의 단계도 줄여야 한다.

갭 2는 디자인 갭이다. 인지한 고객의 기대를 서비스 표준으로 전환하는 과정에서 발생하는 갭이다. 다양한 고객의 요구가 모두 디자인 단계에서 반영되지는 못하겠지만. 고객 만족을 실현하겠다는 경영자의 확고한 의지와 관심이 갭을 줄이는데 중요하다. 또한 서비스 품질에 대한 분명하면서 실현 가능한 표준을 설정하는 것도 중요하다.

갭 3은 적합성 갭이다. 서비스가 표준에서 설정한 대로 전달되지 못하여 발생하는 갭이다. 서비스 성과 차이라고도 하는데, 주로 서비스 제공자가 제대로 수행하지 못해서 발생한다. 이를 감소하기 위해서는 종업원에 대한 충분한 교육과 훈련, 그리고 권한위임이 필요하다. 그리고 종업원의 기능적 지식과 능력에 맞는 직무를 할당해야 하며, 조직 내 팀워크를 활성화해야 한다.

갭 4는 커뮤니케이션 갭이다. 실제 제공된 서비스와 고객에 대한 외부의 사소통간의 불일치로 발생하는 갭이다. 고객에게 과대한 약속을 하거나 고객에 대한 정확한 정보를 갖지 못해서 발생하는 경우가 많다. 따라서 조직 내 부서간의 수평적 커뮤니케이션을 활성화해서 고객에 대한 정보와 외부 광고나 촉진활동에 대한 내용들을 구성원들이 공유할 수 있도록 해야 하며, 과대광고나 지키지 못할 약속을 하지 않는 것이 중요하다. 잘못된 의부 커뮤니케이션은 고객의 기대를 부풀려 제대로 수행했음에도 불구하고 고객 불단으로 이어질 수 있다.

갭 5는 고객만족 갭이다. 고객은 궁극적으로 기대한 서비스와 경험한 서비스의 차이에 따라 서비스 품질을 평가한다. 서비스 제공자의 입장에서 보면 갭 5는 결국 위에서 설명한 네 가지 갭의 크기와 방향에 의해 결정된다.

따라서 다섯 개의 갭을 제대로 관리함으로써 서비스 품질을 향상시킬 수 있다.

4. 서비스품질 문화 개발

높은 품질의 서비스를 지속적으로 제공하는 기업들은 조직 전반에 걸쳐 품질 지향의 기업문화를 가지고 있다. 최고경영층에서 고객과의 접점에 있는 직원까지 '말'뿐 아니라 '행동'으로 고객 중심의 품질경영 원칙을 실천하는 것이 조직 문화로 자리잡고 있다. 리츠칼튼호텔Ritz Carlton Hotel은 미국의 품질경영상인 말콤 볼드리지상Malcolm Boldridge Award을 숙박업계 최초로 1992년에 받았으며, 1999년에 다시 수상하여 미국 기업 전체에서 이 상을 두 번 받은 첫 번째 서비스기업이 되었다.

사우스웨스트항공사Southwest Airline는 정시출발 · 도착 및 수화물 처리 등에 우수한 서비스를 제공하고, 고객 불만율이 가장 낮은 항공사로 유명하며, 우수항공사에 수여하는 트리플 크라운상Triple Crown Award을 1992년부터 5년 연속 수상하였다.

이와 같이 지속적으로 매우 탁월한 서비스를 제공하는 기업의 문화를 관찰한 결과 매터스 등Matters et al.은 그들이 공통으로 소유한 속성에서 H.E.A.R.T.를 발견하였다. 그들의 조직에는 다음과 같은 철학이 살아 숨쉬고 있었다.

Hire the right people: 적합한 인재를 고용하라.
Educate and train them well: 훌륭한 교육과 훈련을 제공하라.
Allow them to fix anything: 어떤 것이든 개선할 수 있도록 허용하라.
Recognize and reward them regularly: 정기적으로 인정하고 보상하라.
Tell them everything, every day: 매 순간 모두에게 정보를 공유하라.

(1) 적합한 인재를 고용하라

성공적인 서비스 기업은 직원에 대해 높은 가치를 인정하는 문화를 가지고 있었다. 디즈니랜드는 지원자들을 위해 지어진 특별한 빌딩에서 디즈니만의 독득한 문화를 처음 접하게 하며, 이런 채용 프로세스를 일종의 엔터테인먼트로 생각하여 즐거운 경험을 제공하고 있다. 이를 통해서 디즈니에 적합한 인재를 찾아 고용할 수 있게 된다.

'신사 숙녀에게 서비스하는 신사 숙녀입니다'라는 리츠칼튼호텔의 모토는 직원들을 손님과 똑같이 존중하는 문화를 느끼게 한다. 최고의 직원들만이 최고의 서비스를 제공할 수 있다는 리츠칼튼호텔의 철학을 실천하기 위해서 최고의 인재를 찾는데 노력을 아끼지 않는다. 바른 정신을 가지고 있으며, 고객 중심의 사고와 외향적이고 적극적으로 문제를 해결하려는 의지를 가진 직원을 고용하고 존중해야 한다.

(2) 훌륭한 교육과 훈련을 제공하라

품질 문화를 가진 기업들에게서 공통적으로 발견되는 속성으로 탁월한 훈련 프로그램을 들 수 있다. 신입 직원들이 기업문화에 빨리 적응하고 기업 가치를 학습하여 유능한 팀 구성원으로 성장하기 위한 훈련 프로그램을 가지고 있다. 디즈니랜드는 신입 직원들에게 디즈니만의 독특한 교육 훈련을 체계적으로 제공하기 위하여 디즈니대학을 설립하였다. 첫 번째 세워진 기업대학이었으며 지금도 가장 큰 기업 교육시설로 남아있다. 신입 직원에 대한 교육뿐만 아니라 중간 및 상위 관리자를 위한 원격교육e-learning도 제공하고 있다.

리츠칼튼호텔은 신입 사원을 위한 7 Day Countdown 프로그램을 통해 이틀간의 기업 문화와 가치에 대한 오리엔테이션과 5일간의 세부 기술 교육 훈련 및 서비스 교육을 실시하고 있다. 전 세계의 모든 직원들은 매일 근무교대 시간의 미팅 시작과 함께 20개의 핵심 원칙 중 한 가지에 대해 토론을 하며, 20일 간격으로 같은 주제를 반복해서 토론한다. 그리고 2000년에 설립된 리츠칼튼 리더십 센터Ritz Carlton Leadership Center는 헬스 케어, 금융, 호텔, 레스토랑 등 다양한 서비스 산업의 리더들과 직원들에게 리츠 칼튼의 전설적인 서비스, 역동적인 직원 지향의 문화, 인재 발굴과 유지 전략 등에 대한 벤치마

그림 7-4 디즈니 대학

그림 7-5 맥도날드의 햄버거 대학

킹 워크샵과 세미나를 제공하고 있다.

1961년 미국 일리노이주 오크브룩에 처음 설립된 맥도날드 햄버거 대학 Hamburger University은 현재 시드니, 뮌헨, 런던, 도쿄, 브라질 등에도 캠퍼스를 두고 있으며 매장운영, 인사관리, 경영기술, 고객서비스 등 다양한 분야의 교육 프로그램을 운영하고 있다. 햄버거 대학은 맥도날드가 직원 채용을 더 수월하게 하고 유능한 인재를 붙잡아 둘 수 있도록 역할을 하고 있다. 중국의 상하이 캠퍼스에 들어가기란 미국 하버드대 입학보다 경쟁이 더 치열하여 합격률이 1%에도 못 미치고 있다고 한다. 따라서 여기에서 교육을 받게 된 것에 매우 큰 자부심을 느낀다고 한다.

직원들에 대한 교육과 훈련을 제공하는 것은 기업이 자신을 가치있는 존재로 여기고 있다는 확신을 직원들이 갖게 한다. 충성도가 높은 직원이 충성도가 높은 고객을 낳는다. 문제가 발생했을 때 프로세스에 대한 비판과 개선을 통해서 문제를 해결하기 위해서 지속적인 교육과 훈련이 필요하다.

(3) 어떤 것이든 개선할 수 있도록 허용하라

고객에게 만족스러운 서비스 경험을 제공하기 위해서는 필요한 모든 것을 할 수 있는 권한이 직원들에게 주어져야 한다. 권한위임empowerment의 품질 문화를 갖춘 기업만이 직원을 통한 서비스 개선과 혁신이 가능해진다. 리츠칼튼호텔의 직원들은 회사에서 배정한 2,000달러의 돈으로 객실료부터 식사값까지 고객의 불편함을 해결해 줄 수 있는 일에 언제든지 사용이 가능하다. 그러나 더욱 중요한 것이 이런 각각의 행동들이 QIAQuality Incident Action에 기록되어 미래에 발생할 수 있는 유사한 문제를 예방한다는 것이다. 그리고 디즈니는 신규 직원들이 고객들을 위해 5분 동안 적극적으로 무언가 특별한 행동을 할 수 있는 'Take Five'라는 프로그램을 가지고 있다.

(4) 정기적으로 인정하고 보상하라

인정하고 보상하는 것은 개인과 팀 모두에게 품질 문화를 발전시켜주는 요소이다. 물질적인 보상뿐만 아니라 상징적인 인정은 '같은 배에 타고 있다'는 문화적 가치를 공유하게 한다. 리츠칼튼호텔의 데일리 라인업Daily Line-Up은 업무를 시작하기 전 모든 직원이 참여하는 15분 동안의 미팅으로써 회사의 서비스기준인 골드 스탠더드gold standards를 재인식하는 시간일 뿐만 아니라 직원들의 성과에 대해 인정하고 축하하는 시간이다. 최고의 성과를 낸 직원들에게는 선물, 저녁 식사권, 숙박권 등이 이 시간을 통해 칭찬과 함께 수여된다. 모든 것을 함께 축하하는 것은 틀을 벗어난 창조적 사고를 이끌어 내고, 자부심을 올려주며, 추억을 만들고, 관계를 돈독하게 해준다.

(5) 매 순간 모두에게 정보를 공유하라

조직의 규모가 클수록 커뮤니케이션은 필수적이다. 불만이나 피드백을 권유하고 이에 대해 포상하는 문화를 만들어야 한다. 모든 직원에게 필요한 모든 정보에 접근할 수 있게 하는 것은 실패에 대한 두려움에서 벗어나서 고객을 위해 시스템을 개선하거나 문제를 해결하는 기회를 줄 것이다. 리츠칼튼호텔은 고객들의 방문에 대한 정보를 추적하는 데이터베이스를 구축하여, 모든 직원들이 고객의 취향에 대한 완전한 정보를 얻을 수 있게 하였다. 적포도주를 좋아하는 고객이 레스토랑을 방문하면 "음료수는 무엇으로 하시겠습니까?"라는 상투적인 인사대신에 "오늘의 스페셜은 이 적포도주입니다"와 같이 고객의 니즈를 고려한 서비스를 가능하게 한다. 이와 같이 고객의 문제를 해결하고 고객으로부터 개선을 위한 제안을 받을 수 있도록 모든 직원들이 정보를 공유하는 것이 필요하다.

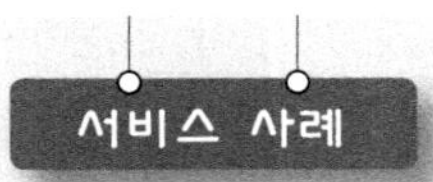

기업대학

미국 시카고 오헤어국제공항에서 남쪽으로 30분가량 달려 도착한 오크브룩 시. 도로 양쪽으로 숲이 울창하게 우거진 한적한 곳에 '햄버거대학'이라는 간판이 보인다. 큰 호수 건너에 자리 잡은 그림 같은 건물. '프레드 터너 트레이닝 센터Fred Turner Training Center'란 부제가 붙은 햄버거대학이다. 부지 33만㎡에 건평 1만3,200㎡로 웬만한 대학 못지않다. 건물 안에 자리 잡은 실습실은 일반매장과 똑같이 꾸며져 있다. 손님과 종업원으로 나눈 역할극에 참가한 학생들의 모습도 진지하기만 하다. 다이애나 토머스 미국 햄버거대학장은 "말단직원과 매장책임자가 해야 할 일을 아주 효율적이고 실감나게 가르치고 있다"며 "팀을 이끄는 방법과 팀워크까지 배우는 장"이라고 설명했다. 전 세계 121개국에 3만여 개 매장을 가진 맥도날드 경쟁력의 원천인 햄버거대학은 '기업대학Corporate University'의 원조다.

1961년 2월 설립돼 올해로 46년의 역사를 갖고 있다. 시카고 교외에 있는 맥도날드 매장 지하에서 출발해 첫 졸업생은 14명이었지만, 그 후 지속적으로 성장해 지금은 매년 5,000여 명의 직원이 햄버거대학을 거친다. 지금까지 졸업생 수는 8만 여 명. 이들이 맥도날드의 중추다. 햄버거대의 교과과정은 여러 차례 바뀌었다. 조리법과 손님 접대법에서 시작한 교과과정은 매장 배치 및 쾌적한 공간 추구 방법까지로 발전된 상태다. 그렇지만 이 학교가 추구하는 것은 변하지 않았다. 다름 아닌 뛰어난 품질, 서비스, 청결, 그리고 가치QSC&V를 제공해서 각 매장을 방문하는 고객들을 웃는 얼굴로 만드는 것이다.

직급별 · 직위별 교과과정은 모두 여기에 집중돼 있다. 교육기간은 과정별로 다르며, 대개 2주가 보통이다. 오전 8시 30분 시작하는 수업은 오후 6시가 돼야 끝난다. 강의와 실습이 반반이며, 실제 매장과 똑같은 실습실에서 손님으로, 파트타이머로, 청소용역원으로, 점장으로 역할하면서 손님을 위한 최선의 방안을 도출한다. 시설도 대학 못지않아 17개의 강의실과 12개의 팀 토론실, 실제 매장과 똑같은 3개의 실습실 및 300석 규모의 강당 도서관 등을 갖췄고, 전문교수가 16명이다. 햄버거대학에서 이수하는 과목 중 상당수(총 46학점)는 정식 대학에서 학점으로 인정되며, 매장 매니저급과 중간 간부급들의 교과과정은 100% 정식 대학에서 인정받는다. 말 그대로 '대학'이며, 성과도 눈부시다. 손님의 키 높이에 맞춘 계산대 높이나 이동 편의성을 최대한 살린 매장 배치 아이디어는 햄버거대에서 나왔다.

맥도날드는 미국 햄버거대의 효과에 고무돼 시드니, 도쿄, 런던 등 6개 도시에 햄버거대 분교를 만들었다. 이처럼 기업대학이 붐을 이루고 있는 것은 효과가 뛰어나기 때문이다. 직능별 · 직군별로 철저한 맞춤형 교육이 이뤄진다. 그것도 실무교육이 중심이다. 종업원들은 직접 실습을 통해 수업에 참여함으로써 잘못된 점을 고치게 된다. 기업은 고효율을 올리고, 종업원은 철저한 교육을 통해 숨어있는 재능을 찾아내기 때문에 서로 윈-윈이 된다.

플로리다 올랜도에 있는 디즈니대학Disney University도 대표적인 기업대학이다. 이곳에서는 사원을 직원이라고 부르지 않는다. '쇼무대의 배우cast member'라고 부른다. '일한다working'는 말 대신 '공연한다on stage'고 표현한다. '고객을 최고로 모시는' 디즈니월드의 고객감동비결은 이 같은 교육의 결과다. 디즈니직원들은 결코 '나는 바쁘다'거나, '나는 담당이 아니다'라는 말을 하지 않는다. 주인의식이 매우 강하다. 그러다 보니 재미있는 현상이 나타났다. 바로 GM 등 내로라 하는 기업들이 직원들의 위탁교육을 의뢰하기 시작한 것. 자연스럽게 자체 직원교육뿐만 아니라 외부 교육을 전담하는 부서가 생겨났다. 바로 기업대학이 기업을 먹여 살리는 시대가 됐다는 의미다.

〈한국경제신문 2007년 10월 11일 기사를 편집함〉

5. 품질중심의 서비스 구축

5.1 포카요케

일본 도요타자동차의 품질 혁명을 이끈 시게오 신고Shigeo Shingo는 프로세스 과정에 품질 문제가 발생하는 것은 작업자의 능력이 부족하기 때문이 아니라 작업 도중에 주의 부족 혹은 실수에 의한 것이라는 생각을 하게 되었다. 비용이 많이 드는 검사를 통한 품질관리는 문제의 원인을 차단하는 것이 아니라 프로세스를 통과한 제품이나 서비스에 대해서 옳고 그름을 판정하는 것이라고 믿었다. 따라서 검사를 통한 품질관리가 아니라 인간이나 시스템의 실수 자체를 예방하는 방법을 고안하였다. 이를 포카요케poka-yoke(바보도 실수하지 않는 것)라 불렀으며, 미국에서는 이를 foolproof 혹은 idiotproof로 번역하여 사용하였다. 체이스Chase와 스튜워트Stewart는 서비스 실수는 서비스 제공자와 고객 양쪽으로부터 발생하므로 양측의 실수 근원에 대한 예방 장치나 지침을 만드는 것을 서비스 포카요케 방법으로 제시하였다.

서비스 제공자의 실수는 세 가지 유형, 즉 과업, 처리, 외양으로 분류된다. 과업task 포카요케는 맥도날드McDonald's의 감자튀김 주걱처럼 항상 일정한 양이 담겨질 수 있는 도구의 사용을 통해 과업에서의 실수를 예방하는 것을 말한다. 스타벅스Starbucks는 고객에게 받은 주문내역을 종이컵에 표기함으로써 실수없이 음료가 제공되도록 하고 있다. 처리treatment 포카요케는 미국의 은행에서 창구직원들이 고객에게 인사를 하고 서비스를 시작하는지를 확인하는 방법으로 업무를 처리하려면 고객의 눈 색깔을 기억하도록 요구하는 시스템을 도입함으로써 처리에서의 실수를 예방하고 있다. 외양tangible 포카요케는 고객 접점에 있는 직원이 단정한 모습을 갖추도록 직원 휴게실에서 매장으로 연결되는 곳에 큰 거울을 설치함으로써 외양에서의 실수를 예방하고 있다.

서비스 전달과정에는 고객의 참여로 인해 품질 문제가 발생하는 경우가 많기 때문에 고객이 실수하지 않도록 도와줄 필요가 있다. 고객의 실수는 세 가지 유형, 즉 준비, 접점, 마무리로 분류된다. 준비preparation 포카요케는 병원에서 수술이 필요한 환자에게 수술에 따른 합병증이나 후유증을 사전에 파악할 수 있도록 상세한 문진표를 작성하게 함으로써 준비에서의 실수를 예방하고 있다. 접점encounter 포카요케는 테마파크에서 놀이기구를 탈 때 탑승자의 키가 허용기준을 초과하는지 확인하기 위해 키 막대를 사용함으로써 접점에서의 실수를 예방하고 있다. 인터넷에서 회원가입을 위해 아이디나 패스워드를 만들 때 문자나 숫자를 조합하는 요구조건이 만족될 때까지 에러 메시지를 보여주고 변경해서 시도하게 만드는 것도 예가 될 수 있다. 마무리resolution 포카요케는 패스트푸드 음식점에서 고객들의 주위를 환기시키고 셀프서비스를 하도록 쟁반 회수대나 쓰레기통을 출구 쪽에 위치시킴으로써 마무리에서의 실수를 예방하고 있다.

포카요케는 생산 현장에서 먼저 시작되었으나 서비스 현장에서 폭넓게 사용되고 있으며, 서비스 청사진을 통해 서비스 프로세스를 분석할 때 반드시 고려해야 하는 것이다. 서비스의 실패가 자주 발생할 가능성이 높다면 사전에 포카요케의 방법을 사용해서 실수가 발생하지 않도록 사전에 예방하는 시스템을 갖추는 것이 기본적인 품질관리 방법이 될 수 있다. 특히 생산과 서비스의 동시성으로 인해 서비스 전달과정에서 품질을 평가하기 어렵기 때문에 물리적인 설계를 통해서 실수 발생의 우려가 큰 곳에 직원과 고객의 자율적 행동을 제한하는 포카요케는 서비스 실패를 예방하는 중요한 전략이다.

5.2 서비스 보장

전자제품이나 자동차를 구매하면 1년에서 3년 혹은 더 긴 기간동안 특정 부품이나 기능에 대해서 제품 보장을 받을 수 있다. 보장은 판매를 증가시키는 동시에 반복적인 거래를 촉진한다. 페덱스FedEx의 익일 배달Next Day Delivery 보장, 도미노피자Domino Pizza의 전지역 30분내 배달 보장, 온라인 의류유통업체인 엘엘빈L.L.Bean의 '반환에 대해 이유를 묻지 않습니다'와 같은 보장 메시

출처: https://www.google.co.kr/search?q=service+guarantee

그림 7-6 서비스 보장 로고

지는 충성 고객을 통한 지속가능한 성장을 가져온다. 제품 구매시 명확하게 규정된 제품 보장에 대한 증서를 받음으로써 품질 불량에 대한 불안을 어느 정도 감소시킬 수 있지만 서비스를 구매할 때 서비스 품질의 보장 여부를 설명하는 서비스기업은 드물다. 유통업체에서는 구입하는 제품의 환불이나 교환에 대해 결제하는 과정에서 들을 수 있지만 대부분의 서비스는 사전에 보장 범위를 알 수가 없다. 하지만 많은 서비스기업들은 고객 만족을 100% 보장하는 보장정책을 실시하고 있다.

좋은 서비스 보장은 서비스 설계의 초기 단계에서 분명하게 정의해야 한다. 서비스 보장을 실행할 수 있는 운영 능력을 갖추지 않은 상태에서의 보장은 지속될 수 없기 때문이다. 크리스토퍼 하트Christopher Hart는 서비스 보장이 다음과 같은 5가지 특징을 가질 때 가장 잘 활용될 수 있다고 하였다.

① 무조건적이어야 한다. 고객 만족은 예외없이 무조건적으로 이루어져야 한다. 엘엘빈은 모든 반품을 즉각 받아들이고, 교체해 주거나 환불해 준다.

② 이해하기 쉽고 의사소통이 쉬워야 한다. 고객이 이해할 수 있는 용어를 사용하여 보장으로부터 무엇을 기대할 수 있는지를 정확하게 지적하는 간단하고 간결한 언어로 작성해야 한다. 베니건스Bennigans는 15분 이내에 점심 식사가 나오지 않으면 무료로 제공한다는 것을 보장하고 있다.

Guaranteed
You Have Our Word™

Our products are guaranteed to give 100% satisfaction in every way. Return anything purchased from us at any time if it proves otherwise. We do not want you to have anything from L.L.Bean that is not completely satisfactory.

출처: http://www.llbeanbusiness.com/llbean/company/guarantee

그림 7-7 엘엘빈의 보장원칙

출처: http://www.bennigansvineland.com/2014/02/04/time-crunch-lunch/

그림 7-8 베니건스의 보장원칙

③ 고객에게 의미가 있어야 한다. 보장은 서비스 측면뿐만 아니라 고객의 입장에서 금전적으로 의미가 있어야 한다. 1984년 도미노피자는 업계 최초로 30분 안에 배달되지 않으면 3달러를 할인해주는 보장을 실시하였는데 이 보장으로 인해서 세계에서 가장 큰 피자배달 전문업체가 되었다. 무료가 아니라 3달러를 할인하는 것은 고객이 무료로 피자를 제공받는 것을 심리적으로 불편하게 느끼기 때문이었다. 하지만 현재 미국과 우리나라를 포함한

출처: http://www.dominospizza.co.th/guarantee

그림 7-9 도미노 피자의 30분 배달 혹은 무료(태국)

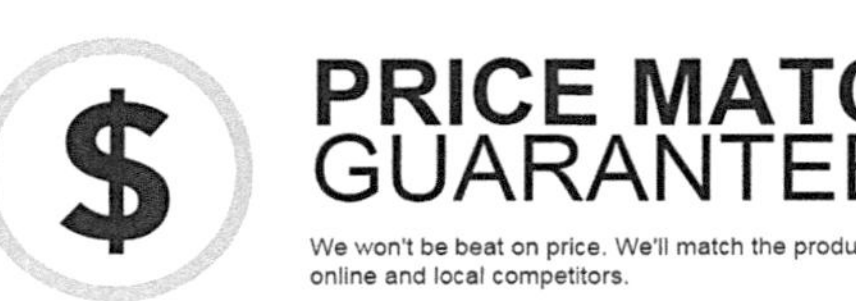

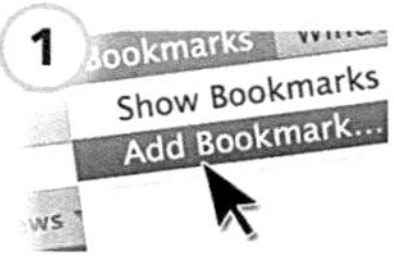

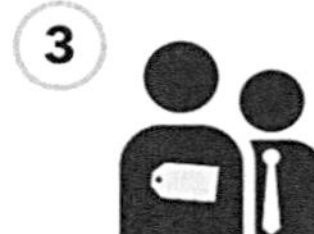

출처: http://www.bestbuy.com/site/global/price-match-guarantee/

그림 7-10 베스트 바이의 가격 매치 보장 절차

국가에서 배달과정에서 발생한 안전문제로 인해서 30분이 넘어도 금전적인 보상 정책은 실시하지 않고 있으며, 인도, 말레이시아, 태국 등 일부 국가에서 30분 이내에 배달되지 않으면 무료 피자를 제공하고 있다.

④ 요구하기 쉬워야 한다. 불만족한 고객이 보장을 행사하는데 복잡한 서식이나 절차가 없어야 하며, 변명하지 않아야 한다. 미국 최대의 전자제품 양판점인 베스트바이BestBuy는 최저가격 보장을 실시하고 있으며, [그림 7-10]

과 같이 보장받는 절차를 홈페이지에 명시하고 있다. 만약 더 낮은 가격을 제시하는 온라인 업체가 있으면 단순히 그 업체 광고 페이지의 URL을 저장하고, 콜센터로 전화하거나 출력해서 매장으로 가져가면 차액을 브상받을 수 있도록 하고 있다.

⑤ 쉽게 보상받아야 한다. 절차가 쉽고 혼란스럽지 않으며 도미노피자나 베니건스의 사례처럼 현장에서 바로 보상이 이루어져야 한다.

서비스 보장은 마케팅적으로 매력이 있지만 더 중요한 것은 서비스 보장이 해당 서비스의 표준을 설정하는 것과 같으므로 직원들에게 구체적으로 서비스를 인식하게 만들 수 있다. 왜 보장이 서비스 품질을 향상하는 강력한 도구가 되는지에 대해 크리스토퍼 하트는 다섯 가지로 설명했다.

① 보장은 고객에 초점을 맞춤으로써 조직원들에게 고객의 기대를 명확하게 인식시킬 수 있다.

② 구체적이고 명확한 보장은 직원들에게 서비스에 대한 명확한 표준을 설정해 준다. 익일 오전 10시 30분까지 배달을 보장하는 페덱스는 서비스 보장을 통해 모든 관련 직원들의 책임과 의무를 구체적으로 명시할 수 있었다.

③ 불만족한 고객들은 보장을 통해 잠재적인 오류에 대해 쉽게 피드백을 제시할 수 있으며, 경영자는 이런 서비스 실패를 빠르게 인식하고 시정 조치를 할 수 있게 된다.

④ 보장은 자사의 서비스 전달시스템에 대한 이해를 증진시킨다. 경영자는 보장하기 전에 운영 능력을 검토하게 함으로써 서비스 실패 가능성과 서비스 오류를 통제할 능력이 있는지를 확인할 수 있다.

⑤ 보장은 고객의 위험을 줄이고 고객의 기대를 명확하게 함으로써 고객 충성도와 시장점유율을 높일 수 있다.

5.3 서비스 회복

생산과 소비의 비분리성과 이질성 등의 특성으로 인해서 서비스 품질은 표준화하여 관리하기 힘든 만큼 서비스 실패의 가능성이 제품에 비해 매우 높다. 또한 전달과 생산과정에 서비스 제공자와 고객이 상호작용을 하며, 서비스 제공자의 능력 및 태도뿐만 아니라 고객의 정서와 태도에 따라서 받아들여지는 만족의 정도가 다르기 때문에 서비스 실패는 불가피하게 발생하게 된다.

서비스 실패로부터 발생하는 불만은 부정적 구전활동, 재구매포기, 전환행동 등 다양하게 나타나는데, 불만에 적극적으로 대응하고 적절하게 관리하지 않으면 기업에 커다란 손실로 작용하게 된다. 서비스 실패를 줄이기 위해 노력하는 것도 중요하지만 서비스 상황에서 실패가 발생할 수 있음을 인정하고 실제로 실패가 발생했을 때 어떻게 회복할 수 있을지를 강구하는 것은 더욱 중요하다. 서비스 실패가 발생했을 때 부적절한 대응은 고객의 이탈을 불러오지만, 적절한 대응은 오히려 고객과의 유대를 강화하고 고객 충성도를 향상시키기 때문이다.

모든 고객의 불평과 불만은 고객으로부터의 선물로 인식해야 한다. 고객이 불만을 제기한다는 것은 자신의 시간을 투입하여 서비스 실패에 대해 기업이 인지하도록 관여를 하는 것이기 때문이다. 불만을 제기하는 고객은 장기적으로 기업과 관계하고 싶은 성향이 높기 때문에 불만이 해소될 경우 더 충성도가 높은 고객이 될 수 있다.

처음부터 실패 없이 약속된 성과나 효용을 제공하는 것보다 서비스 실패가 발생한 후 서비스 회복 전략을 잘 수행하게 되면 고객 만족도를 더욱 높일 수 있다는 서비스 회복 패러독스$_{\text{paradox}}$가 발생할 수도 있다.

서비스 회복은 서비스 실패에 따른 고객 불만에 대한 대응으로써 고객반응을 수정하거나 회복시키기 위하여 기업이 취하는 일련의 행동을 의미한다. 일반적으로 고객이 서비스 실패로 인해 입은 손실을 보상하기 위해 다른 혜택을 주려고 시도하는 일종의 교환 행위이다.

서비스 회복은 서비스가 고객의 기대에 미치지 못했다는 것을 고객이 지각한 것에 대해 기업이 반응을 보이는 것으로부터 시작된다. 서비스 회복을 위해 현금, 할인 쿠폰, 보너스 마일리지, 무료이용권 등의 유형적 보상과 사과, 공감, 감정이입, 정직한 설명 등의 심리적 보상을 즉각적으로 제공하는 것이 중요하다. 서비스 회복 전략을 살펴보면 다음과 같다.

(1) 고객들의 불만을 사전에 알아야 한다. 서비스 전달이 실패할 것으로 예상되는 경우에는 불만이 제기되기 이전에 알고 조처를 취해야 한다.

(2) 첫 대면은 신속하고도 감성적으로 접근하여 고객들의 심리적 불만을 해소하는데 집중해야 한다. 실제로 불만을 제기하는 고객은 이미 인내할 수 있는 단계를 지났을 수 있다.

(3) 접수된 불만은 공정하게 처리해야 한다. 첫 대면을 성공적으로 진행했더라도 공정한 대응에 실패하면 고객의 불만은 증폭될 수 있으며, 불만을 제공하지 않던 고객들을 피해의식에 사로잡히게 할 수 있다.

(4) 가능한 한 고객의 충성도에 따라 차별화된 불만 관리를 실시해야 한다.

(5) 고객 불만을 효과적으로 활용해야 한다. 고객 불만은 시스템이나 프로세스를 개선할 수 있는 단초를 제공하기 때문이다.

서비스 실패에서의 회복은 자동적으로 이루어지지 않는다. 서비스 회복을 위해 조직의 시스템을 점검하고 서비스 수행에 필요한 교육 및 훈련 프로그램을 잘 갖추어야 한다. 하트 등Hart et al.은 서비스를 회복하는 접근법을 다음과 같이 제시했다.

① 비용을 측정하라. 서비스 실패는 고객 및 서비스 조직 모두에 대가를 치르게 한다.

② 침묵을 깨고 고객 불만에 좀 더 집중하라. 고객이 불만을 토로하지 않는 이유는 시간을 쓸 가치도 노력할 가치도 없다고 느끼거나 어디로 가서 무엇을 해야 할지 모르기 때문이다. 불만이나 제안을 위한 무료 전화번호 제공, 제안에 대한 보상, 포커스 그룹, 상실 고객 인터뷰 등을 통해 서비스 불만을 청취하거나 문제를 예방할 수 있다.

③ 회복의 필요성을 예상하라. 잠재적 실패에 대한 계획 및 절차가 개발되어야 하며 직원들은 이러한 절차를 통해 훈련되어야 한다. 서비스 시스템을 이해하는 관리자는 어디에서 실패가 발생할 가능성이 높은지 알 수 있으며, 예방과 회복을 위한 계획을 수립할 수 있다.

④ 실패에 빠르게 대응하라. 상황을 수정하고자 빠르게 대응하는 기업은

표 7-2 ■ 고객의 피드백과 구전효과

- 제품이나 서비스에 대해서 불만스런 고객 중에서 단지 4%의 고객만이 불평한다. 나머지 96%는 불평으로 인한 귀찮은 경험을 하고 싶지 않다. 그러나 그 중 25%는 심각한 문제를 가지고 있다.
- 불평하는 4%의 고객들은 불평하지 않는 96%의 사람들보다 서비스 공급자와의 관계를 더 지속하고 싶다.
- 불평하는 사람의 60%는 만일 문제가 해결된다면 계속 고객으로 남고 싶어 한다. 그리고 95%는 문제가 신속히 해결된다면 계속 고객으로 남을 것이다.
- 불만스런 고객은 그들의 문제에 대해 보통 10에서 20명에게 이야기한다.
- 문제가 해결된 고객들은 약 5명의 사람들에게 그들의 경험에 대해 이야기한다.

고객을 감동시키는 반면에 질질 끄는 기업은 궁극적으로 문제가 만족스럽게 해결되었더라도 서비스 실패를 잊지 않는다.

⑤ 직원에 대한 교육을 강화하라. 직원들이 충분한 교육과 권한을 부여받지 못한 경우에 신속하고 효과적인 회복은 불가능하다. 적합한 대화기술, 창의적 사고, 빠른 의사결정, 고객의 문제 이해 등에 대해 모의 상황과 역할 연기 등의 훈련이 필요하다.

⑥ 일선 직원에게 권한을 부여하라. 자유재량권이 없는 직원은 서비스 실패를 수정할 빠르고 과단성 있는 행동을 할 수 없다. 잘 훈련되고 동기부여된 직원에게 문제를 해결할 권한을 부여해야 한다.

⑦ 회복 및 불만처리는 종결되어야 한다. 문제가 수정될 수 없다면 고객에게 설명을 해야 하며, 불만이 서비스 또는 전달시스템의 변화를 가져올 경우에 이에 관해 고객에게 통보해야 한다.

수요와 공급의 관리

> *"Develop and maintain flawless operational execution. You might not always delight your customers, but make sure never to disappoint them."*
>
> *- Nitin Nohria -*

서비스기업들의 서비스 능력계획은 제조업보다 훨씬 어렵다. 호텔을 신축하거나 새로운 항공 노선을 추가하는 의사결정을 할 때 객실 수의 결정과 비행기 구매 대수의 결정은 매우 어려운 의사결정이다. 제조업체들은 장기간의 평균 수요를 보고 생산능력을 결정할 수 있다. 하지만 서비스기업의 상황은 수요가 공급에 미치지 못할 때 재고로 보관하였다가 공급이 수요를 따라가지 못할 때 판매할 수 있는 제품을 생산하는 제조업체와는 완전히 다르다. 서비스기업의 생산능력은 일반적인 계절적 변동, 일상적인 수요 변동, 그리고 일일 수요 변동에 대응해야 하기 때문에 장기적인 평균 수요는 의미가 없을 때가 많다.

최근 홈쇼핑의 새벽시간대에 나이 드신 노인들이 제품을 구매해 숨어 있던 수요를 발견했다는 뉴스가 있었다. 새벽시간 제품을 구매한다는 사실을 제조업체가 안다고 해도 그들의 생산능력에는 전혀 영향을 주지 않는다. 하지만 서비스기업에는 그 정보가 매우 중요하다.

어느 빙수가게의 예를 들어 보자. 평일에는 평균적으로 40~80개, 토요일에는 200~280개, 일요일에는 100~220개의 빙수가 판매되어 요일에 따라 고객 수요의 변동이 크다고 하자. 빙수가게에 빙수에 사용되는 원재료를 공급하는 제조업체는 생산능력을 간단하게 계산할 수 있다.

$$60 \times 5 + 240 + 160 = 700$$

평균적인 수요를 계산해 보면 월요일에서 금요일까지는 매일 60개, 토요일 240개, 일요일 160개이며, 이를 모두 합하면 한 주 동안의 평균 수요가 700개라는 것을 알 수 있다. 따라서 제조업체는 매일 140개씩 월요일부터 금요일까지 생산하는 일일 생산계획으로 일주일 동안 필요한 공급 물량을 준비할 수 있다. 하지만 고객이 방문하여 주문하는 시점부터 빙수를 생산해야 하는 빙수가게에 이런 계획은 받아들여질 수 없다. 제품은 재고를 통해 수요를 관리할 수 있으므로 일일 생산량을 140개로 평준화할 수 있지만 서비스는 시간소멸성과 생산과 동시에 소비되는 특성으로 인해 제품과는 다른 방식으로 관리되어져야 한다.

빙수가게는 다음의 네 가지 전략 중 하나를 선택할 수 있다. 한 종업원이 하루에 20개의 빙수를 만들 수 있다고 가정하고, 네 가지 선택에 대해 구체적으로 살펴보자.

(1) 제공: 항상 충분한 서비스 능력을 보유한다

이 전략을 수행하기 위해서는 항상 최대의 수요를 감당할 수 있는 충분한 인력을 보유해야 한다. 즉 평일에는 4명, 토요일에는 14명, 일요일에는 11명이 근무해야 한다. 모두를 파트타임으로 고용할 수는 없으므로 일정 수준 정규직 근로자를 채용할 것이다. 이 전략은 고품질의 서비스를 제공할 수 있지만 종업원의 유휴시간이 많이 발생해 효율성이 떨어지고 비용이 많이 든다. 이 전략은 높은 마진이 보장되는 사업, 즉 보석가게나 고급 자동차 판매점과 같이 부유층을 고객으로 할 때 사용할 수 있다.

(2) 일치: 필요한 만큼 서비스 능력을 변화시킨다

이 전략을 수행하기 위해서는 평일에는 3명, 토요일에는 12명, 일요일에는 8명의 종업원을 보유해야 하는데 주말에는 많은 파트타임 종업원을 고용하게 된다. 이 전략은 비용을 줄일 수는 있지만 서비스 품질이 떨어질 수 있어 비용에 민감한 고객을 대상으로 하는 패스트푸드 음식점과 대형할인점에서 사용할 수 있다.

(3) 통제: 서비스 능력 활용을 최대화한다

이 전략은 최소한의 정규직 종업원만을 가지고 업무를 수행하게 한다. 즉 3~4명의 직원을 주중과 주말에 순환근무를 하게 하여 주중에는 2명만 근무하도록 하고 대신에 주말에는 모두 근무하게 하는 방식이다. 이 전략은 종업원들의 유휴시간이 없도록 항상 고객이 대기하도록 함으로써 낮은 수익성을 가진 서비스에 사용되거나 반대로 고임금 종업원을 최대한 활용하기 위해 사용한다. 종합병원에 가면 의사들의 진료예약이 항상 꽉 차있는 경우를 볼 수 있다.

(4) 영향력 행사: 수요패턴을 기업의 서비스 능력에 맞도록 변화시킨다

이 전략은 마치 제조업체처럼 한 주 동안의 수요인 700개를 매일 100개씩으로 분산시키는 방식이다. 예약을 하도록 하거나 가격을 변화시켜 수요를 서비스 능력에 맞추는 것으로 호텔이나 항공사와 같은 자본집약적인 사업에서 흔히 사용하며, 의사나 변호사와 같은 고임금의 전문가들도 많이 사용한다.

특히 시간소멸적인 서비스 상품은 재고로 보관하여 판매할 수 없기 때문에 역동적인 환경 속에서 고객의 수요와 서비스 공급을 일치시키는 것은 서비스 관리자가 직면하는 가장 어려운 과제 중의 하나이다. 서비스 수요가 서비스능력에 미달되면 서비스 제공자와 시설은 유휴상태로 남게 되어 고정비용과 인건비 등의 비용이 발생하게 된다. 반면에 수요가 공급을 초과하면 고객의 대기와 고객 불만의 원인이 될 수 있으며, 고객이 대기하지 않고 떠나버리면 판매 기회를 상실하여 기회손실opportunity loss이 발생한다. 본장에서는 수요와 공급이 일치하도록 관리하는 방법과 일치하지 않을 때 비용을 줄이고 판매 기회를 높이는 방법에 대해 살펴볼 것이다.

1. 서비스 능력

프로세스의 능력capacity은 주어진 투입물과 자원을 활용하여 생산할 수 있는 산출물의 양을 의미하며, 가용자원에 의해 결정된다. 기계 가용시간, 노동시간, 도구의 수, 가용면적 등 비즈니스 유형에 따라 능력을 측정하는 단위가

달라진다. 서비스 능력service capacity은 주어진 시간 동안 고객들에게 제공할 수 있는 서비스 공급능력을 의미한다. 식당의 서비스 능력은 하루 동안 혹은 특정 식사시간 동안 서비스할 수 있는 손님의 수나 음식 주문량으로 측정한다. 놀이공원은 하루 동안 찾아오는 사람 수로 결정하며, 배송회사는 하루 동안 배송할 수 있는 수화물의 개수로 서비스 능력을 측정한다. 또한 투입물에 의해 측정할 수 있는데 동네 빵집은 빵 굽는 오븐의 가용시간 혹은 사용한 밀가루의 무게를 측정하기도 한다.

서비스 능력은 최대가동능력과 최적가동능력으로 구분된다. 최대가동능력은 단기적으로 이상적인 조건하에서 활동이나 프로세스가 달성할 수 있는 가장 높은 공급수준을 의미한다. 최대가동능력을 쉬지 않고 운영하게 되면 시스템과 프로세스에 피로감이 누적되어 품질에 문제가 있을 수 있어 이 능력은 단기간 동안만 지속될 수 있다.

최적가동능력은 고객에 대한 서비스 품질을 최적의 상태로 유지할 수 있는 공급수준이다. 일반적으로 최적공급능력은 최대가동능력의 70~80% 정도에서 결정된다. 따라서 가장 이상적인 상황은 최적공급능력에 일치하는 고객의 수요가 있을 때 수요와 공급이 균형을 이루게 된다. 이때 고객은 원하는 시간에 양질의 서비스를 제공받을 수 있다. 화이트칼라 직장인이 밀집해 있는 여의도나 강남역 같은 곳의 식당은 점심시간에 단 한 자리도 비지 않고 식사 손님으로 가득 차는데 복잡하고 소란스러울 뿐만 아니라 제대로 된 서비스를 제공받을 수 없다.

서비스에 대한 수요가 최적공급능력 아래에 있을 때 인력, 설비, 장비가 유휴화되는 초과공급능력 상황이 가장 문제가 된다. 결과적으로 수익성이 악화되고 이는 종업원에 대한 낮은 보상과 사기 저하로 이어지고, 이는 다시 고객에 대한 서비스 품질을 낮추게 되어 고객이 이탈하고 수익성이 악화되는 악순환을 겪게 된다. 따라서 최적공급능력에 일치하는 수요를 창출하는 것이 무엇보다 중요하다.

수요와 공급의 일치를 어렵게 만드는 원인은 수요의 변동성과 공급능력의 비유연성에 있다. 이를 극복하기 위해서 서비스 기업은 공급수준을 균일하게 유지하며 고객 수요를 고르게 만드는 마케팅 지향적marketing-oriented 전략

표 8-1 ■ 균일 공급수준 전략과 수요추종 전략의 비교

	균일 공급수준 전략	수요추종 전략
고객 대기	낮음	보통
직원 가동률	보통	높음
노동력의 기술 수준	높음	낮음
노동력의 회전율	낮음	높음
교육훈련의 요구 수준	높음	낮음
근무 환경	쾌적함	바쁨
감독 필요성	낮음	높음
예측	장기	단기

출처: "설 연휴 택배물량 사상최대", 교통신문, 2015. 2. 24.

그림 8-1 설날 배달될 택배상자로 가득찬 운송업체

을 사용하거나, 수요에 따라 공급수준을 변경시켜 수요를 추종하는 운영 지향적operation-oriented 전략을 사용하거나, 이 두 전략을 혼합한 수율관리라 불리는 혼합전략을 사용하게 될 것이다.

〈표 8-1〉은 균일 공급수준level capacity 전략과 수요추종chase demand 전략의 차이를 보여주고 있다. 전기와 수도와 같은 공공서비스는 순수한 균일 공급수준 전략을 사용하는데 발전설비는 고가이고 고객은 중단 없는 서비스를 기

대하기 때문이다. 수요의 변동에 따라 전화 응대 요원의 수를 맞추는 콜센터와 대형할인점이 오픈된 계산대의 수는 순수한 수요추종전략이다. 하지만 대부분의 서비스는 혼합전략을 사용하고 있다.

하루 900만 개씩 처리… 택배업계 설 배송 전쟁

11일 오전 7시 경기도 성남의 한진택배 분당 물류센터. 축구장 크기만한 초대형 창고에는 이른 아침부터 택배 직원 80여 명이 컨베이어벨트 위로 쉴 새 없이 밀려오는 상자들을 분류하고 있었다. 이날 하루 동안 서울과 경기 분당 · 판교 · 용인 등지로 배송해야 할 물량은 약 8만 개. 이진구 한진택배 분당센터장은 "경기가 나빠졌다고 하는데도 배달 물량은 작년 설 명절 때보다 20% 가까이 늘었다"며 "요즘은 그날 입고된 물량을 모두 처리하다 보면 밤 10~11시까지 야근하기 일쑤"라고 말했다.

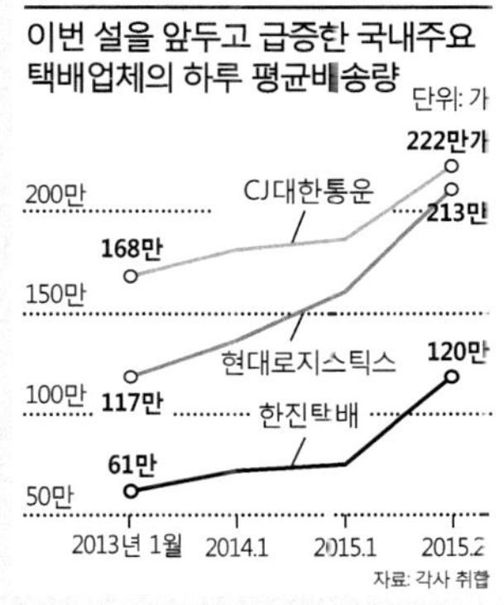

설 명절을 일주일여 앞두고 택배 회사들이 '전쟁'을 치르고 있다. 매년 1~2월은 택배업체가 추석과 함께 연중 가장 많은 물량을 소화하는 시기. 특히 올 설에는 설 선물 배송 물량이 작년보다 20% 넘게 증가했다.

본지가 CJ대한통운 · 현대로지스틱스 · 한진택배 · 우체국택배 등 국내 대형 택배업체 4곳의 배송량을 조사한 결과, 이달 들어 이 4개 업체의 하루 평균 배송 물량이 662만 개에 달했다. 이 업체들의 시장점유율(71%)을 감안하면 택배업계 전체로는 하루에 900만 개 정도의 물건이 배송 트럭에 실리고 있는 셈이다. 택배업계 관계자는 "설 명절을 앞두고 배송 물량이 평소의 2~3배가량 많아졌다"며 "설 연휴 직전에는 하루 취급량이 900만 개를 훌쩍 넘길 것 같다"고 말했다.

■ 물량 급증… 超非常 택배업체

CJ대한통운은 이달 25일까지를 '설 택배 특별수송 기간'으로 정하고, 종합 상황실을 마련해 전국의 택배 처리 현황을 실시간 파악하고 있다. 또 협력업체 차량을 추가 투입하고 고객상담센터 직원과 배송 인력도 평상시보다 20% 정도 늘렸다. 대한통운은 고객이 택배를 신청하는 것은 물론 택배기사의 얼굴과 배송상황, 방문시간을 실시간 확인할 수 있는 스마트폰 앱도 운영하고 있다. 한종희 대한통운 부장은 "배송 일정을 짤 때는 가급적 신선식품을 우선 배달하도록 하고 있다"고 말했다.

'24시간 비상 상황실'을 운영 중인 현대로지스틱스는 개인 용달트럭 5,000여 대를 택배 차량으로 추가 배치하고, 물류센터 현장 인력과 고객센터 상담원도 50%씩 늘렸다. 한진택배는 설 연휴 직전에 하루 처리 물량이 최대 130만 박스 이상 몰릴 것으로 보고 본사 직원 200여 명을 '비상 대기조'로 구성, 물량이 폭주하는 현장에서 분류 작업과 운송장 등록 업무를 지원하도록 했다. 택배기사인 조준완(46) 씨는 "현장에 지원 인력이 동원됐는데도 하루에 보통 130개씩 배달하던 1인당 작업량이 200개 이상으로 급증했다"며 "점심은 차에서 빵으로 때우고 온종일 뛰어다니고 있다"고 말했다.

■ 온라인몰 선물세트 판매 증가로 택배 ↑

택배 물량 급증의 이유로는 모바일·온라인 쇼핑몰의 매출 증가가 꼽힌다. 백화점이나 대형마트는 고객이 선물을 사서 직접 전달하는 경우도 있지만, 홈쇼핑과 온라인쇼핑몰은 택배를 통해서만 주문한 물건을 줄 수 있기 때문이다.

실제로 백화점과 대형마트에서는 설 선물 판매가 예상보다 부진한 반면 홈쇼핑과 온라인 쇼핑몰 판매는 30~40%가량 급증하고 있다. 롯데백화점 관계자는 "지금까지 설 선물세트 매출은 작년보다 판매일을 5일 늘렸는데도 13% 느는 데 그치고 있다"며 "최종적으로는 한 자릿수 증가에 머무를 것"이라고 예상했다. 신세계백화점은 작년에 비해 6% 느는 데 그쳤고, 이마트의 설 선물세트 판매는 거꾸로 2.7% 줄어들었다.

반면 온라인쇼핑몰인 11번가는 설 직전 3주 전부터 1주일 전까지 설 선물 매출이 작년 같은 기간에 비해 40% 증가했다고 밝혔다. TV홈쇼핑과 온라인 쇼핑몰을 운영하는 GS샵의 설 선물세트 판매는 32%, 모바일쇼핑몰 업체인 쿠팡의 설 상품 거래액도 작년보다 45% 늘었다.

〈출처: "하루 900만 개씩 처리… 택배업계 설 配送(배송)전쟁, 조선일보, 2015. 2. 12의 기사를 편집하였음〉

2. 서비스 수요관리전략

기업의 서비스 공급능력에 고객 수요를 맞추는 전략으로 고객의 수요를 증가 혹은 감소시키는 방법을 사용하는 것이다. 서비스 공급능력을 수요가 초과하는 경우에는 수요를 적정수준으로 줄이는 수요감소전략을 사용하며, 서비스 공급능력에 수요가 미달하는 경우에는 수요를 자극하고 진작시키는 수요증대전략을 사용해야 한다.

2.1 고객 유발성 변동

프랜시스 프레이Frances Frei는 서비스 운영에서 발생하는 고객 유발성 변동을 다섯 가지로 분류하여 제시하였다. 도착 변동성arrival variability은 서비스를 이용하고자 하는 고객들의 요구가 시간에 따라 균일하게 분포하지 않기 때문에 발생하며, 고객의 대기나 서비스 공급자의 유휴시간으로 귀결된다. 점심시간 12시에 긴 줄로 늘어선 맥도날드의 계산대가 2시가 지나면 한산해지는 경우가 이에 해당된다. 따라서 피크타임에 직원의 수를 늘리거나 반대로 예약을 요구함으로써 고객의 도착 시간을 조절할 수 있다.

능력 변동성capability variability은 고객의 지식이나 신체적 능력과 기술의 차이로 인해 발생하며, 제대로 수행하지 못하는 고객으로 인해 서비스 능력이 감소하거나 다른 고객들의 서비스 경험에 부정적인 영향을 미칠 수 있다. 열차표를 한 줄 서기로 구매하려 할 때 외국인이나 노인이 앞에 있는 경우 서비스 창구에서 업무가 처리되는 시간이 많이 걸리는 경우가 예가 될 수 있다. 따라서 고객의 능력에 맞게 서비스 전달 방식을 변경하거나 반대로 능력에 기초해 목표고객을 세분화할 수 있다.

요청 변동성request variability은 고객들이 요구하는 업무에 따라 서비스 소요시간이 일정하지 않기 때문에 발생한다. 열차표를 구매할 때 어떤 고객은 바로 출발하는 티켓만 요구하지만 다른 고객은 며칠 후 돌아오는 티켓까지 발권하기 위해 열차시간과 자리를 확인하느라 시간을 많이 소요하는 경우가 있다. 따라서 고객들의 다양한 요구를 처리할 수 있도록 직원을 교차훈련시키거나 반대로 제공되는 서비스 범위를 제한하여 업무 소요시간을 평준화할 수 있다. 할인마트는 소량계산대를 설치해 고객의 편의를 제공하기도 한다.

노력 변동성effort variability은 고객이 서비스 상호작용에서 수행하는 역할의 차이로 인해 발생한다. 할인마트에서 어떤 고객은 카트를 요구하는 위치에 갖다 놓지만 다른 고객은 아무데나 버리고 가는 경우가 있다. 따라서 고객 노력의 차이를 인정하고 받아들이거나 반대로 고객 노력에 대해 보상할 수 있다. 이마트는 100원의 동전을 넣어야 카트를 이용할 수 있으며, 제자리에 카트를 반납할 때 100원을 돌려받을 수 있도록 하고 있다.

주관적 선호 변동성subjective preference variability은 고객마다 서비스에 대한 기대와 인식의 차이로 인해 발생한다. 화장품을 구매할 때 어떤 고객은 친절하게 제품에 대해 설명하고 샘플을 사용하게 하는 것을 반가워하는 반면에 다른 고객은 지나친 친절을 불편하게 생각할 수 있다. 따라서 고객의 기대수준을 분석하여 이에 맞추거나 반대로 기대수준을 조정하도록 고객을 설득할 수 있다.

이와 같이 고객이 유발하는 변동은 다양하지만 서비스기업은 이를 예측하고 관리해야 한다. 이를 관리하는 전략으로 수용과 감축이 있다. 수용accommodation 전략은 고객의 경험을 운영의 효율보다 우선시하여 가능한 한 고객의 요구에 맞추어주는 전략을 말한다. 반면에 감축reduction 전략은 운영의 효율성을 서비스 경험보다 우선시하여 고객을 설득하거나 보상하여 기업의 운영방식에 적응하도록 하는 것이다. 〈표 8-2〉에서 앞서 설명한 고객 유발성 변동에 대한 수용전략과 감축전략을 정리하였다. 기업은 한 가지의 전략만 사용하는 것이 아니라 두 가지 전략을 혼합하여 사용하는 하이브리드 전략을 추구함으로써 고객 경험을 살리면서 운영 효율성을 획득할 수 있다. 서울역이나 부산역에 가면 한 줄로 길게 늘어선 매표소도 있지만 키오스크를 많이 설치하여 셀프서비스로 티켓을 구매할 수 있도록 하고 있으며, 인터넷이

표 8-2 ■ 고객 유발성 변동관리 전략

변동의 종류	수용 전략	감축 전략
도착	직원 수 증가	예약 요청
능력	고객 기술 수준에 적응	능력에 따른 목표 고객
요청	교차훈련된 직원	서비스 범위 제한
노력	고객을 대신해 일하기	노력 증가분 보상
주관적 선호	기대 분석과 적응	기대 조정을 위해 고객 설득

출처: Fitzsimmons, J. A. et al., *Service Management: Operations, Strategy, Information Technology*, 8th Ed., McGraw Hill, 2014.

나 스마트폰 앱으로도 티켓을 출력하거나 전자티켓을 활용하도록 다양한 옵션을 고객들에게 제공하고 있다.

2.2 수요 분할하기

서비스 수요가 동질적인 모집단에서만 발생하는 것은 아니다. 항공사에는 주중의 비즈니스 탑승객과 주말의 여행 탑승객으로 집단을 다르게 정의하고 있다. 은행에도 사업용 계좌를 가진 고객은 일정한 시간에 구칙적으로 방문하는 반면에 개인용 계좌를 가진 고객의 방문은 무작위적이어서 예측할 수 없다. 따라서 예측 가능한 수요와 무작위적인 수요를 고려하여 서비스 능력을 차별적으로 분배하는 것이다.

예를 들어 병원에는 월요일에 예약 없이 찾아오는 외래환자가 다른 요일에 비해서 많다고 알려져 있다. 이들 외래환자 수요를 통제할 수는 없지만 예약환자는 통제할 수 있다. 즉, 환자 예약을 받을 때 월요일은 적게 받아서 외래환자의 예고 없는 방문을 수용하는 것이다. 이렇게 함으로써 일주일 내내 비슷한 수요를 창출하여 서비스 능력을 고르게 활용할 수 있게 된다. 더 많은 고객을 서비스하면서 고객들의 대기시간은 단축되고 서비스 능력의 활용도는 높아지게 된다.

2.3 가격정책

서비스에 대한 수요 탄력성에 따라 가격을 다르게 책정하는 방식이다. 초과수요가 예상되는 상황에서는 적정수준까지 할증요금이나 고가정책으로 수익성을 높이며, 수요가 낮다고 예상되는 상황에서는 가격할인을 통해서 수요를 진작시키는 방식이다. 조조할인을 하는 영화관, 리조트의 비수기와 성수기의 테마파크 입장료, 런치 스페셜을 하는 레스토랑, 오후 5시 이전까지 맥주를 반값에 파는 바, 심야전기 할인 등 가격정책을 통해 수요를 조절하는 기업들이 많이 있다.

희소한 자원의 활용도를 높여 수익을 창출하도록 적절한 가격정책을 수립해야 한다. 비수기의 가격정책은 성수기의 수요를 비수기로 재분배하기보다는 잠재적인 수요를 일깨우는 역할을 하도록 해야 한다. 항공사는 승객이 요금할인을 받으려면 주말에 목적지에 머물도록 하는 단서 조항을 둠으로써 비즈니스 승객이 할인된 요금을 이용하지 못하도록 하고 있다.

2.4 다양한 수요 개발

자원의 창의적인 활용으로 비수기에 다른 수요의 원천을 찾을 수 있다. 스키 리조트는 스키 시즌이 아닐 때 물썰매장, 골프장, 혹은 산악자전거를 위한 장소로 활용될 수 있다. 리조트는 비수기에 기업의 연수원으로 임대하거나 대규모 학회를 유치할 수 있다. 매년 3,000여 명이 모이는 한국경영학회의 하계통합학술대회는 비수기가 시작하는 8월 15일 이후 첫째 주에 하이원이나 오크밸리 리조트와 같은 성수기가 지난 휴양지에서 개최된다. 원주 오크밸리의 골프코스 중 일부는 겨울에는 스키장의 슬로프로 사용되고 있다.

2.5 보완적 서비스 개발

영화관에서는 팝콘과 청량음료를 판매해 수익을 높이지만 로비 일부분에 비디오 게임기를 설치하여 운영하는 곳도 있다. 그리고 미국의 레스토랑들은 바bar를 같이 운영하는 경우가 많은데 수요가 많은 시간에 대기 중인 고객을 바로 안내함으로써 추가 수익을 올릴 뿐만 아니라 대기에 따른 고객의 짜증을 줄여주고 있다. 이와 같이 대기 중인 고객을 위한 보완적 서비스들이 있을 수 있다. 또한, 주유소는 편의점과 패스트푸드 음식점을 같이 운영하고 있으며, 난방기 서비스 업체는 에어컨 서비스를 같이 겸하고 있다.

스타벅스는 미국의 일부 대도시 지역에서 [그림 8-2]와 같이 Starbucks Evenings라는 메뉴를 제공하고 있는데, 오후 4시 이후부터 간단한 안주와 식사, 그리고 맥주와 와인을 판매하고 있다.

출처: eventidebrewing.com/?attachment_id=1394

그림 8-2 스타벅스의 이브닝 메뉴

2.6 예약시스템

예약을 받는 것은 잠재적인 서비스를 사전에 판매하는 것을 의미한다. 예약을 하게 되면 고객의 입장에서는 대기시간을 줄일 수 있으며, 서비스기업은 서비스에 대한 수요를 사전에 예측할 수 있어서 서비스 능력을 효율적으로 관리할 수 있게 된다. 하지만 고객이 예약을 지키지 않을 때 문제가 발생한다. 이런 상황을 노쇼우no show라고 부르는데, 급작스럽게 발생하는 노쇼우는 호텔과 같은 숙박업소와 항공사 등에 경제적 손실을 끼치게 된다. 노쇼우를 방지하기 위해서 할인된 항공권은 환불이나 스케줄 변경이 안 되도록 하거나 노쇼우의 경우에도 객실료를 신용카드로 청구하는 호텔이 있다.

노쇼우로 인해 발생하는 빈 좌석이나 빈 객실에 대비하여 항공사와 호텔 등은 초과예약overbooking 전략을 채택하고 있다. 하지만 초과예약으로 인해 고객 불편이 발생하지 않도록 대응 방안을 마련하고 있어야 한다. 바람직한 초과예약 전략은 유휴 서비스능력의 기회비용과 예약 초과에 따른 비용이 최소가 되게 하는 것이다. 즉, 두 개 비용의 합이 최소가 되는 수준에서 초과예약을 받아야 한다.

3. 서비스 공급관리전략

기업의 서비스 공급능력을 고객 수요에 맞추는 전략으로 변동하는 수요에 따라 서비스 공급능력에 변화를 주어야 한다. 수요가 많을 경우에는 공급수준을 빠르게 늘려야 하며, 수요가 적을 경우에는 공급수준을 낮춰 비용과 낭비를 줄여야 한다.

3.1 1일 교대 근무 일정

콜센터, 병원, 은행, 할인마트, 경찰서 등과 같이 주기적인 수요 특성을 지닌 서비스 조직에서 직원들의 1일 근무일정을 주의 깊게 수립함으로써 서비스능력을 수요와 유사하게 만들 수 있다. 시간별 수요 예측을 통해 서비스 인원을 배치함으로써 운영의 효율성을 높일 수 있다.

3.2 파트타임 직원 고용

성수기나 피크타임 때 파트타임 직원을 고용함으로써 서비스능력을 일시적으로 증대할 수 있다. 추석과 설 명절을 앞두고 백화점과 택배회사들이 파트타임 직원을 고용해서 일시적인 수요 증가에 대응하고 있다. 하지만 파트타임 직원은 정규직 직원에 비해서 기술력이나 숙련도가 낮고 이직률이 높기 때문에 업무 성과와 서비스 품질이 떨어질 수 있다. 서비스기업은 이를 극복할 수 있는 방안을 갖고 있어야 한다.

3.3 고객 참여 증대

고객의 참여는 서비스능력을 확장하는데 가장 유용한 방법이다. 패스트푸드 음식점은 고객에게 공동생산자의 역할을 하도록 요구하는 대신에 빠른 서비스와 저렴한 가격으로 보상하고 있다. 고객의 참여는 필요한 시점에 필요한 노동력을 제공함으로써 서비스능력이 고정되지 않고 수요에 따라 직접적으로 변화하게 만든다.

하지만 고객이 만드는 서비스 품질을 완전하게 통제하지 못하기 때문에 고객의 참여가 문제를 야기하기도 한다. 도서관에서 고객이 보던 책을 마음대로 다른 자리에 넣어 두면 그 책은 상당기간 컴퓨터에는 보유중인 것으로 파악되지만 제자리에는 없는 유령도서가 된다. 할인마트에서 냉장이나 냉동에 있는 제품을 구매하려다 고객이 변심하여 상점 내 임의의 장소에 방치할 때 손실이 발생하게 된다. 따라서 셀프서비스로 인한 문제가 발생하지 않도록 고객을 적절하게 교육하고 통제하는 시스템을 갖추어야 한다.

3.4 신축성 있는 서비스능력

고객 수요에 따라 서비스능력에 변화를 줄 수 있도록 서비스 디자인 단계에서부터 고려하는 것이다. 항공사는 고객 수요에 따라 주기적으로 비즈니스석과 일반석 사이의 분리대를 이동시키고 있으며, 호텔에서는 추가 베드를 제공함으로써 객실 내 고객의 수를 늘릴 수 있다.

다양한 업무를 수행하는 서비스기업은 업무에 따라 바쁜 곳도 있고 한가한 곳도 있다. 이때 여러 개의 업무를 수행할 수 있도록 교차훈련cross-training된 종업원을 사용하여 수요가 많은 부분으로 종업원의 업무를 임시로 변경할 수 있다. 사우스웨스트 항공사에서는 필요하다면 기장이 정비, 청소, 하역 업무까지 기꺼이 동참하고 있다.

3.5 서비스능력 공유

서비스기업이 가진 시설, 장비, 인력 등을 공유함으로써 피크타임의 수요를 충족하고 설비투자나 인건비 부담을 줄일 수 있다. 항공사들은 승강구, 램프, 수하물처리 장비, 육상 근무자 등을 공동으로 사용하며, 다른 항공사에 비행기를 임대해 주기도 한다. 병원과 연구소도 고가의 장비를 공동으로 사용하고 있다.

4. 수율관리

수율관리yield management는 아메리카항공사(AA)에서 수익을 극대화하기 위해 처음 시행한 전략이다. 항공사의 고객은 크게 목적에 따라 비즈니스 고객과 여행객으로 구분할 수 있다. 여행객은 저렴한 항공권을 구매하기 위하여 몇 주 전에 구매하는 경향이 있는 반면에 비즈니스 고객은 며칠 전이나 심지어 몇 시간 내의 항공권을 구매하는 경향이 있다. 따라서 항공사는 항공권의 일정 부분을 마지막까지 판매하지 않고 남겨 두었다가 가격에 민감하지 않는 비즈니스 고객에게 비싸게 팔아야 하며, 안정적으로 전 좌석을 판매하기 위해서 일정 부분은 할인된 가격에 미리 판매함으로써 수익을 극대화할 수 있다. 항공사에서 처음 시작되었지만 호텔, 렌트카 회사, 크루즈여행선 등 세분화된 잠재적 수요를 가진 고객을 대상으로 하는 기업에서 사용하고 있다.

수율관리는 고객이 부여하는 가치를 가격으로 적용해 고객의 가치 실현과 기업의 매출과 이윤을 극대화하는 경영방식으로 정의할 수 있다. 수율관리에는 예약시스템, 초과예약, 수요 분할 등의 수요와 공급관리 전략들이 복합적으로 사용되고 있다.

수율관리가 어떻게 수익을 극대화하는지를 [그림 8-3]을 통해서 설명해 보자. 제일 왼쪽에 있는 그래프는 500달러의 가격에 50개의 좌석만을 판매하는 상황이다. 즉 단일가격을 책정했을 때 예상되는 수익은 25,000달러가 된다. 중간에 있는 그래프는 350달러, 500달러, 750달러의 가격에 각각 75개, 50개, 25개의 좌석이 판매되는 상황이며, 총 37,500달러의 수익이 예상된다 오른쪽에 있는 그래프는 모든 가격대에 상이한 수요가 있는 완전판매 상황을 예시하고 있는데 이 경우에 최대 50,000달러까지 수익이 발생하는 것을 보여주고 있다. [그림 8-3]과 같이 가격을 세분화하면 할수록 각기 다른 고객층을

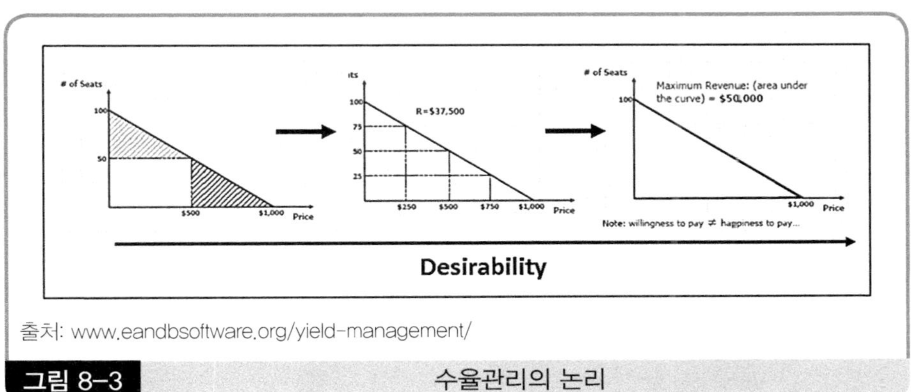

출처: www.eandbsoftware.org/yield-management/

그림 8-3 수율관리의 논리

대상으로 더 많은 수익을 올릴 수 있게 되는 것이다. 바로 수율관리를 통한 수익극대화의 논리이다.

수율관리는 다음과 같은 특성을 가진 서비스기업에서 적용할 수 있다.

① **고정된 서비스능력**: 설비 투자 규모가 큰 서비스기업은 공급 능력을 확충하는 것이 어렵다. 고정비 부담이 많고 한 단위 판매에 따른 변동비가 적어야 한다. 호텔과 항공사는 초기 투자비용이 크며, 객실이나 비행 좌석의 한계비용은 매우 낮다. 항공기 탑승객 한 명의 추가는 음료수 한 잔으로 충분할 수도 있다.

② **시장세분화 능력**: 상이한 고객층으로 시장을 세분화할 수 있어야 한다. 항공사의 경우 시간에 민감한 비즈니스 고객과 가격에 민감한 개인 고객을 차별화하고 있다. 가격에 민감한 다양한 고객층을 개발하는 것이 필요하다.

③ **소멸성 재고**: 항공 서비스의 특성상 빈 좌석이 하나라도 있다면 항공사는 그만큼 매출 기회를 상실한 것이다. 항공사에서 비행기는 매출을 올릴 수 있는 자산이지만 매출의 기회는 시간에 구속을 받는다. 이런 특성을 가진 자산을 소멸성 자산perishable asset이라고 한다. 영화관, 렌트카, 호텔 등 고정비용의 투자가 큰 서비스산업에서 제공되는 상품의 특성이다. 빈 좌석, 빈 객실, 빈 자리, 주차장에 서있는 렌트카는 제때에 팔지 못하면 영원히 판매기회가 상실되는 소멸성 재고이다.

④ **선불 판매**: 수율관리는 서비스 재고를 사전에 팔 수 있어야 하며, 이를 위해서 예약시스템과 초과예약을 사용하고 있다.

⑤ **변동하는 수요**: 가격에 따라서 수요가 변동해야 한다. 수요를 예측함으로써 적절한 가격을 부과할 수 있고 총수익을 극대화할 수 있게 된다.

신(新)중년 손님은 '비수기의 왕'

삼성카드 BDABiz Data Analytics실에 의뢰해 지난 1년간 20 · 30대, 40 · 50대, 60~75세 신중년 소비자 95만 명의 하루 24시간 소비행태를 1시간 단위로 분석한 결과 신중년과 젊은층의 시간대별 소비행태는 전혀 다른 것으로 나타났다.

새벽같이 일어나 홈쇼핑 채널에서 해 뜨기 전 '새벽 쇼핑'을 완료한다. 학생과 직장인들이 공부와 업무에 부대끼는 오전 9~10시, 동네 헬스장에서 몸을 풀면서 건강을 챙긴다. 출근 '전쟁'이 끝날 즈음 집에서 나와 병원에 가고, 식당을 꽉 채운 손님들이 자리를 뜰 때쯤 느긋하게 점심 식사를 하고, 극장이 한적한 오후에 영화 한 편을 즐긴다. 24시간 꽉 짜인 듯 돌아가는 20~40대 한국인과 전혀 다르게 움직이는 신(新)중년의 하루 일과다.

아침잠이 없는 신(新)중년(예전의 중년에 버금가는 신체적 · 정신적 능력을 갖춘 60~75세)들의 생활 습관은 시간대별 카드 결제 금액 분석 자료에서 명확하게 드러난다. 신중년층의 홈쇼핑 결제 금액 중 11.1%가 오전 5~7시 사이에 몰려 있다. 학교나 직장을 다니는 20~50대 젊은 층이 잠을 자거나, 출근 · 등교 준비로 한창 바쁜 시간이다.

신중년층은 식당, 스포츠센터, 영화관 관람 시간대까지 젊은 층이 몰리는 시간대를 철저하게 피해가며 소비를 하고 있다. 이른 아침에 홈쇼핑을 끝낸 신중년은 오전 시간엔 운동을 한다. 신중년층이 수영장과 스포츠센터를 가장 많이 찾는 시간은 오전 9시~낮 12시 사이였다. 스포츠와 관련한 카드 결제 금액의 30.9%가 이 시간대에 몰려 있다. 이 시간대 젊은이들은 대부분 학교와 직장에서 바쁘게 하루를 시작한다.

점심 식사와 식후 '커피 타임'은 신중년층이 젊은 층에 비해 1시간가량 늦다. 학생 · 직장인의 '외식 업종' 피크 타임은 낮 12시대였다. 20~30대와 40~50대는 각각 14.6%와 14.8%가 이 시간대에 외식을 하고 카드를 긁었다. 반면 신중년이 가장 많이 외식을 하는 시간은 오후 1시, 2시대(16.2%)였다.

여유롭게 점심 식사와 커피까지 한 잔 마신 신중년들은 오후 1~4시 전까지는 영화관(31.5%)을 들른다. 여성 신중년은 오후 2~4시 사이 옷가게(39.4%)에 간다. 젊은 층이 학업과 직장일을 끝내고 시장으로 쏟아져 나오기 전 신중년층은 오후

3~5시 사이 대형마트(31.8%)에서 장을 보고, 제과점(26.3%)에 들러 빵을 한 봉지 사 들고 집으로 사라진다. 술자리를 갖더라도 젊은이들보다 한두 시간 정도 먼저 파했다. 젊은이의 경우 '유흥주점' 결제는 밤 12시~오전 1시에 가장 많지만(17%), 신중년의 소비는 오후 11시대(16.4%)에 가장 많았다.

하루가 아닌 한 해를 보더라도 신중년층의 소비는 젊은 층과 달랐다. 해외여행은 보통 휴가와 방학이 겹치는 기간인 7~8월과, 1~2월이 가장 성수기다. 또 5월과 9월에는 20~30대의 신혼여행 수요도 제법 있다. 하지만 여행업계에서 3~4월과 10~11월은 해외여행객 수가 뚝 떨어지는 비수기로 여행사들이 가장 어려운 시기다. 이 시기가 되면 신중년층이 여행 업계의 '구세주'처럼 나타난다. 하나투어에 의뢰해 연령대별로 여행객 수를 조사한 자료에 따르면 60대가 가장 많이 여행을 가는 시기가 4월(27%), 3월(20%), 10월(16%) 순이었다.

신중년이 여행을 즐기는 비수기엔 비행기와 숙소 가격이 내려간다. 패키지 해외여행의 경우 성수기에 비해 가격이 30~40%가량 싸다. 태국과 필리핀 등 동남아시아 지역 4박5일 패키지 상품은 여름과 겨울철 성수기에는 가격이 100만원 안팎이지만, 비수기에는 60~70만원 안팎까지 떨어진다. 하나투어 CR전략본부 정기윤 부장은 "여행업계는 시기별로 고객 몰림 현상이 심하기 때문에 성수기에는 어느 여행사나 장사가 잘된다. 비수기에 신중년 고객을 얼마나 많이 유치하는지가 여행사의 한 해 전체 '성적표'를 결정하는 중요한 요인"이라고 말했다.

〈출처: "젊은층 안 몰리는 시간에 소비… 新중년 손님은 '非需期(비수기)의 왕'", 조선일보, 2015. 2. 15의 기사를 편집하였음〉

서비스 접점 디자인

> *"Get closer than ever to your customers. So close that you tell them hat they need well before they realize it themselves."*
> *- Steve Jobs -*

대부분의 서비스는 서비스 제공자와 고객과의 접촉이 잦다. 고객은 서비스 제공자나 시스템을 접촉하면서 서비스 전반에 대한 인식을 형성하게 된다. 이러한 고객과의 상호작용을 스웨덴의 경영컨설턴트 리처드 노먼Richard Norman은 진실의 순간moment of truth이라고 명명하였다. 스칸디나비안 항공사SAS의 최고경영자이던 얀 칼슨Jan Carlzon이 얘기한 "이륙하는 비행기의 텅 빈 좌석만큼 지저분하고 쓸모없는 것은 없다"와 "우리는 매일 5만 번의 진실의 순간을 맞는다"는 말은 경영자 사이에서 격언이 되었다. 진실의 순간이란 고객이 어떤 형태로든 기업의 어느 일부분과 접촉하여 어떤 인상을 형성하는 기회를 갖게 되는 하나의 에피소드를 말한다.

또한 얀 칼슨은 "조직은 고객과 접촉하는 최전방 직원에게 서비스하기 위해 존재한다"라고 하였다. 얀 칼슨은 전통적 조직구조를 거꾸로 세워, 기존의 조직구조에서 아래에 위치해 있던 고객 접점 종업원을 고객 바로 아래에 두었다. 즉 [그림 9-1]과 같이 고객을 제일 위에 두고 최고경영자와 중간관리자들이 고객을 위해 접점 종업원을 지원하는 고객지향적인 역피라미드형 조직구조를 제안한 것이다. 그 후 고객에게 서비스를 제공하는 접점 종업원을 위해 서비스를 제공하는 것이 모든 직원들의 책임이 되었다. 조직 구성도를

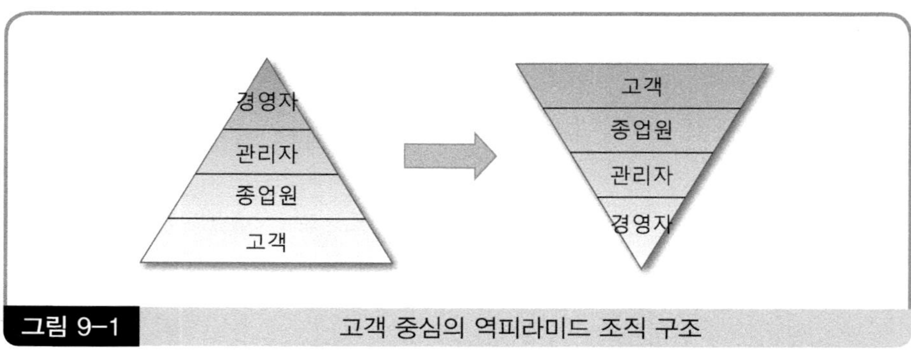

그림 9-1 고객 중심의 역피라미드 조직 구조

변화시킨 것은 고객을 위한 조직을 만들기 위함이다. 고객에 대해 가장 많이 알고 있고 고객의 문제를 해결해 줄 수 있는 방안을 가장 많이 갖고 있는 접점 종업원에게 진실의 순간을 가치 있게 만들도록 권한을 부여하는 것이다. 종업원 권한위임empowerment은 고객의 문제를 인지한 종업원이 문제 해결에 대한 책임과 권한을 모두 갖는 것을 의미한다. 이와 같이 진실의 순간은 고객을 위해 직원이 최선을 다할 수 있도록 조직의 문화와 시스템의 변화를 동반할 때 완성될 수 있다.

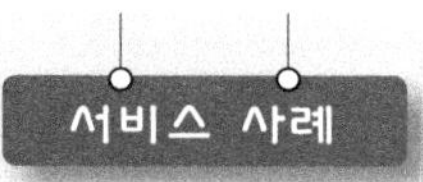

노드스트롬 백화점

노드스트롬Nordstrom 백화점은 '모든 상황에서 스스로 최선의 판단을 내려라. 그 외에 다른 규칙은 없다'는 원칙 아래 고객의 요구에 접점 직원이 모든 조치를 취할 수 있는 권한과 고객지향적 마인드를 부여하고 있다. 그래서 이 백화점의 고객경험 사례들이 많이 회자되고 있다. 옷을 구매한 한 중년여성이 공항에 가서야 비행기 티켓을 두고 온 사실을 알고 발을 동동 구르고 있을 때, 때마침 노드스트롬 의류 매장 직원이 공항까지 뒤따라 와서 티켓을 가져다 준 사례다. 세일이 끝난 뒤 세일가로 바지를 구매하려는 고객에게 치수가 맞는 재고가 없자, 타 백화점에서 정가에 구입해 와서 세일가로 판매한 사례 등이다. 팔지도 않는 자동차 타이어를 반품하러 온 고객에게 묻지도 않고 환불을 해 주었다는 믿지 못할 이야기까지 널리 알려질 만큼 고객지향의 마인드와 접점 직원의 권한 위임이 잘 되어 있는 기업이다.

서비스기업의 업무 중에서 고객과의 접점에서 이루어지는 일도 많지만 상당수의 업무는 고객이 없는 곳에서 이루어진다. 은행의 대출 승인 업무, 보험회사의 자동차 사고의 처리, 병원에서 건강검진의 결과 분석, 대학교의 성적 처리와 장학금 사정 등은 고객과의 직접 접촉이 없는 상태에서 이루어지며 종종 고객이 전혀 만나보지 못한 직원에 의해 처리된다. 또한 이들 업무 중에서 상당 부분은 전자적으로 해외로 이송되어 밤 사이 지구 정반대쪽 어느 나라에 있는 직원에 의해 이루어져 아침에 관리자의 컴퓨터 모니터에 떠 있을지도 모른다.

회사의 업무 중에서 고객의 존재를 필요로 하는 업무를 일선부서front office 업무라고 하며, 고객의 존재를 필요치 않는 업무를 지원부서back office 업무라고 한다. 많은 서비스 산업에서 고객과의 접촉이 없는 업무를 일선부서에서 분리하는 것을 디커플링decoupling이라 부른다. 또한, 디커플링된 업무 중에서 해외에서 이루어지는 업무를 오프쇼어링offshoring이라고 부른다. 본장에서는 고객과의 접점에서부터 업무의 분리와 해외 이전까지를 살펴볼 것이다.

1. 서비스 접점 삼각구조

고객이 서비스 생산 프로세스에 적극적으로 참여함으로써 고객과 서비스 제공자 사이의 상호작용이 발생하며 진실의 순간이 형성되게 된다. 서비스 접점 삼각구조service encounter triad는 [그림 9-2]에서처럼 서비스 접점에서 서비스 조직, 서비스 제공자, 고객과의 관계를 나타내고 있다.

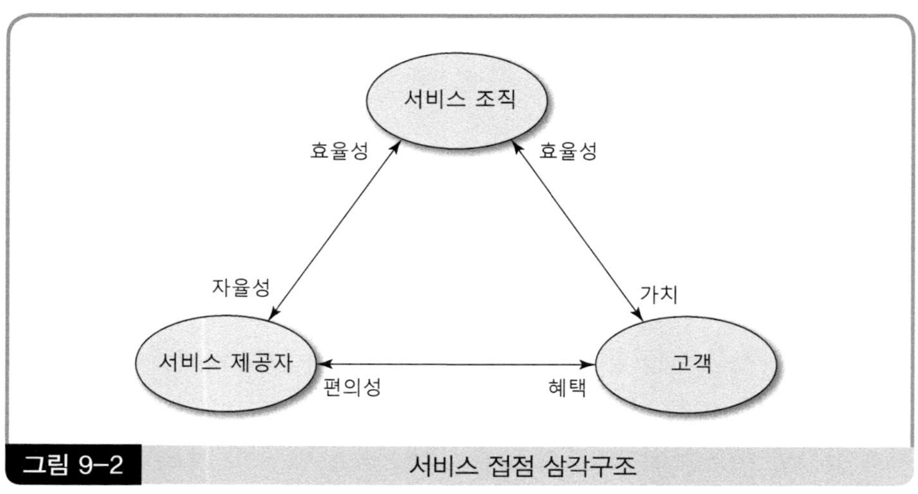

그림 9-2 서비스 접점 삼각구조

서비스 조직은 수익을 확보하고 경쟁력을 유지하기 위하여 가능한 한 효율적으로 서비스를 전달하는데 관심이 있으며, 효율적인 운영을 의해서 서비스 제공자의 자율권과 재량권을 제한하며 고객에게는 표준화된 서비스 옵션만을 제공하려고 하는 경향이 있다. 서비스 조직의 접점지배는 고객화된 서비스를 제공할 수 없을 뿐만 아니라 관료주의적인 조직 문화로 인해서 서비스 제공자의 직무 만족도가 떨어질 수 있다. 원가주도 전략을 주로 사용하는 맥도날드McDonald's, 표준화된 자동차오일 교환서비스 전문점인 지피루베Jiffy Lube, 창고형 매장인 코스트코CostCo 등에서 살펴볼 수 있다.

서비스 제공자는 서비스 조직에 대해 상당한 자율권을 갖기를 원하며, 고객과의 상호작용에서 보다 쉽게 업무를 관리하고 스트레스를 덜 받기 위해서 고객 행동을 통제하고 싶어 하는 경향이 있다. 서비스 제공자의 접점지배는 효율적인 운영에 부정적 영향을 미칠 수 있으며 고객을 종속적인 위치에 놓이게 하는 문제가 있을 수 있다. 서비스 제공자가 전문적인 지식을 갖고 있는 의사, 변호사, 컨설턴트 등에서 서비스 제공자의 접점 지배 현상을 관찰할 수 있다.

고객은 서비스 접점에서 최대한의 혜택을 이끌어 내기 위해 서비스 접점에 대한 통제권을 가지려고 한다. 고객은 극단적으로 표준화된 서비스와 극단적으로 고객화된 서비스를 통제할 기회를 가질 수 있다. 표준화된 셀프서비스는 고객이 접점을 완전히 통제할 수 있는 옵션을 고객에게 제공하며, 형사사건의 변론과 같이 고객화된 서비스에서는 조직의 모든 자원이 동원되어야 하므로 효율성이 많이 떨어지게 된다.

서비스 접점에서 어느 한 쪽이 자신의 역할만을 강조하며 접점을 지배하려 할 때 진실의 순간이 역기능적으로 작용할 수 있다. 만족스럽고 효과적인 서비스 접점을 구축하기 위해서 모든 참가자, 즉 서비스 조직, 서비스 제공자, 고객 모두의 통제 욕구가 균형을 이루어야 한다.

서비스 접점 삼각구조는 주로 사람들간의 상호작용에 초점을 두고 있다. 하지만 인터넷의 발달은 사람에 의한 서비스 제공을 기계로 대체하고 있다. 사람과 사람만이 아니라 사람과 기계, 그리고 기계와 기계간의 접점관리에 대해서도 관심을 가져야 한다.

2. 서비스 수익 체인

서비스 수익 체인service profit chain은 헤스켓Heskett 등이 사우스웨스트 항공사Southwest Airline, 숄다이스병원Shouldice Hospital, 타코벨Taco-bell, 프로그레시브자동차보험Progressive Car Insurance 등 오랫동안 수익을 창출하고 있는 서비스기업에 대한 오랜 관찰과 연구를 바탕으로 기업의 수익을 가져오는 메커니즘으로 설명하였다. 서비스 수익 체인은 [그림 9-3]과 같이 기업의 수익과 성장, 고객 충성도와 만족, 고객에게 제공된 서비스의 가치, 종업원 만족도·충성도·생산성과의 관계를 유기적인 연결체로 보고, 이 연결고리들이 강하게 연결되어 있을 때 재무적 수익이 발생한다는 것을 설명하고 있다.

먼저 수익성과 수익증대는 충성도 높은 고객에 의해 발생하며, 충성고객은 인식된 서비스 가치에 의해 영향을 받는 고객 만족에서 나온다. 그리고 서비스 가치는 만족도와 충성도가 높고 생산성이 뛰어난 종업원들이 창출하며, 종업원의 만족도는 종업원들이 고객들에게 서비스를 전달하는 데 도움이 되는 내적 서비스 품질에서 비롯된다는 것이다.

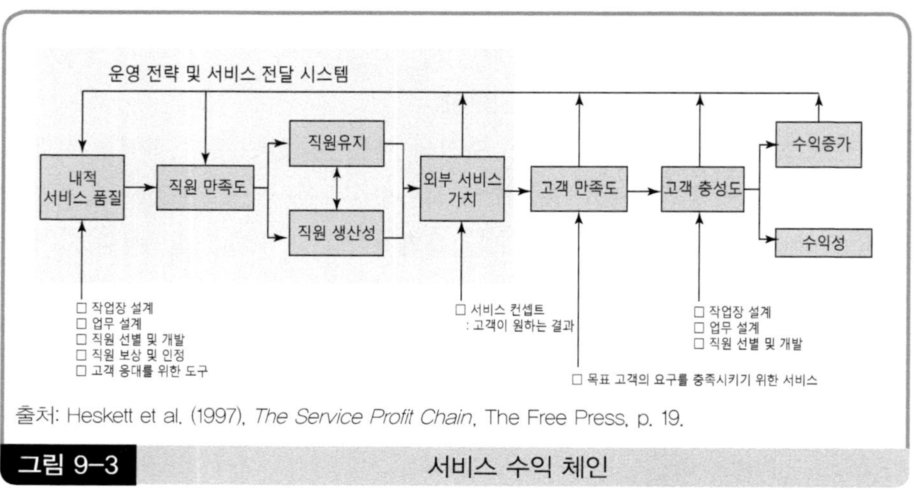

출처: Heskett et al. (1997), *The Service Profit Chain*, The Free Press, p. 19.

그림 9-3 서비스 수익 체인

헤스켓 등은 서비스 수익 체인을 통해 고객 충성도가 수익성에 가장 중요한 요인이며, 고객 충성도가 5% 증가하면 수익이 25~85% 증가한다는 사실을 발견했다. 고객 충성도를 높이기 위해서는 고객 만족을 가져 오는 서비스 가치를 제공해야 하며, 서비스 가치를 고객에게 전달하기 위해서는 직무에 만족하고 충성도가 높은 직원을 보유하고 있어야 한다. 서비스 수익 체인을 구체적으로 살펴보자.

(1) 내적 서비스 품질을 통한 높은 종업원 만족 창출

종업원 선발 및 자기 개발, 보상 및 인정, 고객 서비스에 대한 권한부여, 적절한 정보와 기술 제공, 직무 디자인 등을 포함하는 내적 품질은 종업원 만족의 가장 중요한 요소이다. 구글Google은 가장 능력이 뛰어난 직원을 선발하고 유지하기 위해서 특급호텔 수준의 카페테리어, 헬스센터, 각종 휴식공간 등을 제공하고 업무 시간의 15%는 자유롭게 창의적인 문제 해결을 위해 사용할 수 있도록 하고 있다.

(2) 종업원 만족을 통한 종업원 충성도 창출

대부분의 서비스 직종에서 종업원의 이직은 생산성과 고객만족에 부정적인 영향을 미친다. 서비스 담당직원이 회사를 떠나면 고객 만족도 수준이 75%에서 55%로 급감한다는 사실을 헤스켓 등은 발견했다. 동종 업계에서 최고의 성과를 보이는 사우스웨스트 항공사와 칙필레Chick-fil-A 레스토랑은 연간 5% 미만의 종업원 이탈률을 나타내는데 이는 건강상의 문제나 정년 등으로 인한 자연 감소분이 대부분이라고 한다. 고객 만족은 좋은 종업원을 채용하고 유지하는 기업의 노력에 대한 보상이다.

(3) 충성스러운 종업원에 의한 서비스 가치창출

고객들이 즐거운 서비스 경험을 가질 수 있도록 만드는 원동력은 종업원에게 있으며, 높은 종업원 유지율은 지속적으로 높은 고객 경험과 서비스 가치를 창출한다. 성공하는 서비스기업은 제품이 아니라 고객에게 제공하는 총체적인 가치에 기반한 고객 경험의 향상에 집중하고 있다. 사우스웨스트 항공사는 좌석도 지정해주지 않고, 기내 음식서비스도 없고, 다른 항공사와의 연결편도 제공해주지 않음에도 불구하고 서비스 가치에 대한 고객의 인지도가 매우 높다. 다른 항공사보다 낮은 요금에도 창사 후 지금까지 연속 흑자를 기록하는 것은 고도로 교육되고 유연성을 지닌 종업원이 여러 가지 직무를 기꺼이 수행하기 때문이다.

(4) 서비스 가치를 통한 고객만족 창출

고객 가치는 서비스를 획득하는데 소요된 총 비용과 서비스 결과를 비교하여 측정된다. 칙필레는 높은 품질, 빠른 전달, 건강한 음식과 최상의 고객서비스를 제공함으로써 미국에서 가장 고객 만족도가 높은 치킨 레스토랑이 되었다.

(5) 고객만족으로 충성고객 창출

48만 명의 고객을 대상으로 제품 및 서비스에 대한 만족도를 조사한 제록스Xeroxs는 '매우 만족'으로 응답한 집단이 '만족'으로 응답한 집단에 비해 재구매율이 6배가 높다는 사실를 발견했다. 단순히 만족한 고객이 아니라 충성고객을 만들어야 장기적으로 성공할 수 있다. 칙필레가 새로운 프랜차이즈 가맹점을 오픈할 때면 수백 명의 충성스러운 고객들이 추운 날씨에 상관없이 첫 100인의 고객이 되기 위해 며칠 밤을 주차장에서 지새운다.

(6) 충성스러운 고객에 의한 높은 재무적 성과 창출

고객 충성도의 5% 증가가 수익을 25~85% 상승시킨다는 사실처럼 고객 충성도가 기업에 미치는 영향은 매우 크다. 1967년 같은 해에 창업된 칙필레와 사우스웨스트 항공사는 창업 후 지금까지 47년이 넘도록 한 번도 적자를 기록한 적이 없다. 바로 충성스러운 고객이 있기 때문이다. 만족한 고객이 아니라 충성고객만이 기업의 재무적 성과를 가져온다.

3. 디커플링

은행의 대출심사나 보험회사의 보험금 지급 심사와 같은 업무는 고객의 존재를 필요로 하지 않는다. 은행에서의 대출 서비스는 [그림 9-4]의 대출심사 흐름도와 같이 대부분의 주요 업무들이 고객 눈에 보이지 않는 곳에서 이루어진다. 지점에 신청서를 제출하면 중앙에 있는 대출심사부서에서 온라인으로 서류를 전달받아 신용등급 등을 조회하여 대출여부를 결정한 후 계좌로 대출금을 지급하게 되는데, 핵심업무인 대출심사는 지점이 아니라 본사의 담당직원에 의해 이루어진다.

많은 서비스기업에는 고객과 자주 접촉하는 일선부서가 있는 반면에 고객에게 보이지 않는 장소에서 업무를 하는 지원부서가 있다. 일선부서와 지원부서의 역할을 어떻게 정의하느냐에 따라 기업의 생산성과 조직 구성원의 만족도가 크게 달라진다.

실제로 많은 서비스기업에서 소비자와 직접 접촉할 필요 없는 업무들은 일선부서 업무에서 '분리decoupled'되어 있다. 이렇게 일선부서와 지원브서로

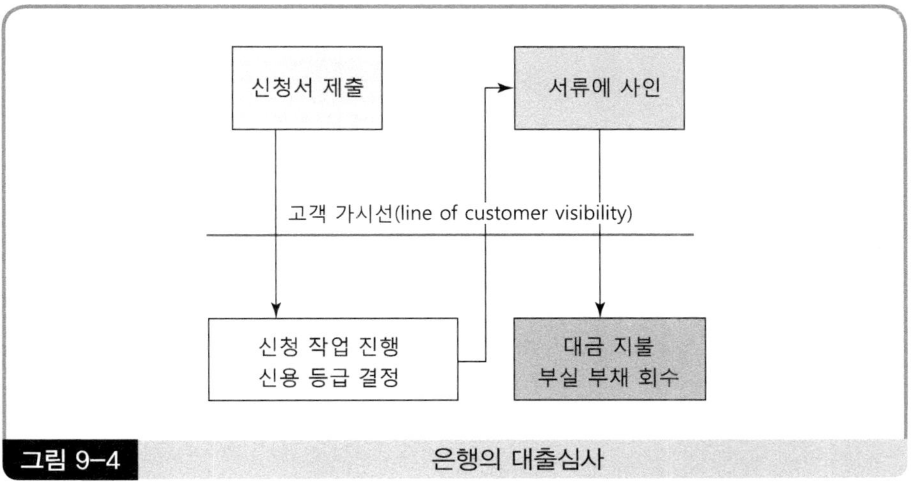

그림 9-4 은행의 대출심사

업무가 이원화된 상태를 탈동조화 혹은 '디커플링decoupling' 되었다고 한다. 디커플링으로 인해 지원부서는 일선부서와 멀리 떨어진 곳에서 업무를 수행하는 경우가 많다. 디커플링 이론은 고객과 직접 접촉이 필요하지 않는 업무의 경우 일선 부서와 분리된 별도의 부서에서 수행하는 것이 기업의 생산성 향상에 기여한다는 것을 기반으로 한다.

일반적으로 디커플링은 업무 효율성을 높이고 직원의 성격 유형에 맞게 업무 배치를 가능하게 하며, 품질의 일관성을 유지하는 등 다음과 같은 긍정적인 효과들이 있다.

(1) 효율성

고객들의 관여가 잠재적으로 업무에 방해될 수 있을 때 고객과의 접촉이 없는 곳으로 옮기면 훨씬 더 효율적으로 업무를 처리할 수 있다. 또한, 업무가 분리되어 있으면 직원들은 제한된 일을 계속 반복하게 되며, 학습 곡선learning curve에 의해 업무 숙련도가 높아져 효율성이 향상된다. 그리고 이렇게 분리되고 특화된 업무들은 규모의 경제를 위해 중앙으로 집중화된다. 디커플링은 서비스 업무를 마치 제조업에서처럼 품질 일관성을 높이면서 비용을 절감할 수 있게 한다.

일반적으로 직원들을 업무 면에서만 분리하는 것이 아니라 지리적으로도 분리해야 한다. 고객과의 접촉이 낮은 업무는 고객으로부터 분리시킬 때 잠재적 효율성이 높아지기 때문이다. 실제로 서비스기업에서 일선업무는 고객의 접근성이 좋은 번화하고 임대료가 높은 지역에 있지만 지원부서는 임대료가 낮은 대신에 적합한 능력의 직원을 채용하기 좋은 곳에 위치한다.

(2) 직원 성격 유형

직원의 성격에 따라 대인관계가 좋은 직원은 고객과 자주 접하는 일선부서에 배치하고, 기술력이나 분석력이 좋은 직원은 지원부서에 배치할 수 있다. 각자의 성격과 개성에 맞게 역량을 개발하고 능력을 최대한 발휘할 수 있도록 하는 것이다.

(3) 품질 일관성

복잡한 업무가 디커플링되고 한 개인이 하나의 업무에 매달린다면 일관된 서비스를 창출할 가능성이 높아진다.

미국의 던킨도너츠Dunkin' Donuts는 대도시 단위마다 한 곳씩 중앙 집중화된 시설에서 도넛을 구워 그 주변의 여러 매장에 조달하는 방식으로 매장과 생산을 디커플링하여 비용을 절감하고 있다. 크린토피아도 세탁물을 수령하는 매장과 세탁물을 대량으로 처리하는 세탁 공장을 분리하여 낮은 가격을 실현하고 있다.

인터넷 등 정보통신기술의 발전은 디커플링을 더욱 촉진시키고 있다. 업무는 세분화되어 디커플링을 통해 비용을 낮추고 전문성을 향상시킬 수 있지만, 개인적인 서비스를 요구하는 고객에 대해서는 광범위한 지식을 가진 직원이 지원업무까지 동시에 하는 것이 필요하다. 과도한 디커플링은 고객 서비스 수준을 떨어뜨릴 수도 있으므로 고객의 요구에 적합하게 디커플링 수준을 결정해야 한다.

4. BPO와 오프쇼어링

요즘 미국 소비자들이 노트북이 고장나서 서비스센터에 가져오면 노트북을 온라인상으로 인도 방갈루루에 있는 엔지니어들에게 수리하게 한다. 이런 업무의 위탁을 비즈니스 아웃소싱BPO: Business process outsourcing이라 부르며, 이 중 외국에 위탁하는 것을 오프쇼어링offshoring 혹은 글로벌 아웃소싱global outsourcing이라고 한다.

BPO 서비스는 기업의 다양한 업무 프로세스를 대행해주는 서비스로써 기업의 부차적 기능인 급여, 회계, 조달 등 지원업무 아웃소싱을 비롯하여 정보기술과 접목시킨 고객관리, R&D, 마케팅 등의 업무를 아웃소싱하는 것을 의미한다. 과거 제조업 중심의 아웃소싱이 BPO를 통해 화이트칼라의 사무직

서비스로까지 확장된 것이다.

오프쇼어링은 '해외의 타사 혹은 자사 계열사에 제조나 서비스 역할을 이전해 수행하는 행위'로 정의된다. 아웃소싱 범위가 국경을 넘어 해외로 확장된 것으로 글로벌 아웃소싱을 뜻하지만 오프쇼어링이라는 용어가 더 많이 사용된다. 오프쇼어링은 재화와 서비스를 지구상에서 가장 경쟁력 있는 조건으로 생산해 효율성과 부가가치를 극대화하는 것이 목적이다.

특히 세계화와 정보통신기술의 발전으로 인하여 글로벌 생산 네트워크 구축 및 오프쇼어링은 기업의 경쟁력 확보를 위한 중요한 수단으로 활용되고 있다. 콜센터 등 단순 업무를 대행해 주는 데서 벗어나 재무 · 회계 · 인사 · 구매 · 교육 등으로 계속 확장되고 있다. 오프쇼어링도 국내 아웃소싱domestic outsourcing과 마찬가지로 비용절감, 핵심역량 집중을 통한 효율성 추구, 생산성 증대를 통한 경영 효율화 등을 통해 경쟁력을 확보하는 데 목적이 있다. 하지만 지역적으로 분산된 기업경영 프로세스를 제대로 통제하지 못할 경우 예기치 않은 위험에 노출될 수 있다. 그리고 국가 간 일자리 이동에 따른 실업 문제도 주요 논쟁거리가 되고 있다.

OECD 통계에 따르면 세계 교역량의 54% 정도가 오프쇼어링과 직 · 간접적으로 관련되어 있다. 대부분의 서비스는 오프쇼어링될 수 없지만 전자적으로 전달되는 것, 즉 컴퓨터를 통해 보내지는 데이터, 음성, 비디오 커뮤니케이션 등 자료입력부터 고차원의 제품 설계 등은 오프쇼어링의 대상이 될 수 있다. 오프쇼어링은 제조영역을 넘어서 R&D와 디자인 등 고부가가치 영역과 서비스 영역으로 빠르게 확산되고 있다.

햄버거 주문이 태평양 넘는 이유

하와이 호놀룰루에 있는 맥도날드의 드라이브 스루 코너에서 차에 탄 채 마이크에 대고 주문하면 스피커를 통해 응대하는 사람은 점포 안에 있는 직원이 아니다. 태평양 건너 캘리포니아에 있는 콜센터 직원이 주문을 접수해 다시 바다 넘어

하와이 맥도날드의 주방으로 송신하고, 주방에서는 햄버거를 만들어 대기하고 있는 고객에게 전달한다. 햄버거 주문이 가게로 접수되지 않고, 태평양을 왕복하는 장거리 여행을 하고 있는 것이다. 언뜻 비상식적이고 비효율적으로 보이지만 기발하고 혁신적인 아이디어가 깔려 있다.

처음 맥도날드는 가게직원들이 교대로 주문을 받아서 생기는 실수를 줄이고 식사시간에 밀려드는 주문을 효과적으로 처리하고자 이를 도입했다. 드라이브 스루drive-thru 코너에서 주문을 마친 차가 이동하기까지 대기시간은 10~20초이다. 가게 입장에서는 낭비Loss Time인데, 점포 하나로 보면 미미하지만 여러 점포를 합치면 큰 규모이다. 이것을 콜센터로 집중시키면 대기시간이 없어져 상당한 인건비를 줄일 수 있다. 또 드라이브 스루 코너를 이용하는 고객들은 히스패닉이 많아 부정확한 영어발음으로 생겨나는 잘못된 주문도 골칫거리였는데, 콜센터 직원을 히스패닉으로 채용해서 이 문제도 일거에 해소했다.

〈출처: 김경준, "햄버거 주문이 태평양 넘는 이유", 한국경제신문, 2006. 5. 8 기사에서 일부를 발췌함〉

고객 대기 관리

> *"It takes months to find a customer and only seconds to lose one."*
>
> *- Anonymous -*

많은 서비스 산업에서 서비스를 받기 위해 기다리는 대기waiting는 생산과 소비의 동시성이라는 서비스의 특성으로 인해 어쩔 수 없는 것으로 인식되고 있다. 이렇게 서비스를 요구하며 기다리는 고객의 줄을 대기행렬queue이라고 한다. 레스토랑, 은행, 테마파크 등 고객과의 접촉이 많은 서비스는 필연적으로 고객의 대기를 경험하게 된다. 면대면 접촉이 없는 서비스에도 대기행렬은 발생한다. 제품이나 서비스에 문제가 발생해 콜센터call center에 전화를 거는 순간부터 모든 고객은 대기행렬 안으로 들어가게 된다. 대부분의 고객들은 서비스를 받기 위해 기다리는 것을 부정적인 경험으로 인식하고 있으며, 대기에 대한 부정적인 반응은 전체 서비스에 대한 평가에도 좋지 않은 영향을 미쳐 고객 만족도를 떨어뜨리게 된다. 대기와 기다림으로부터 발생하는 고객의 경제적 비용과 심리적 반응에서부터 고객들을 지루하지 않게 대기시간을 관리하는 방법까지 구체적으로 살펴볼 것이다.

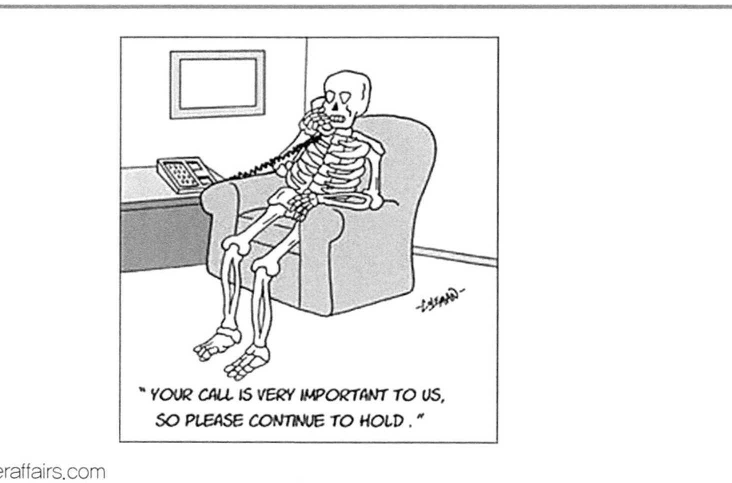

출처: consumeraffairs.com

그림 10-1 콜센터에 전화대기 중인 사람

1. 기다림의 경제학

대기의 경제적 비용은 두 개의 관점에서 살펴보아야 한다. 종업원을 기다리게 하는 것은 종업원의 유휴시간에 대한 비생산적 비용으로 간주될 수 있다. 고객을 기다리게 하는 것은 그 시간에 고객이 할 수 있었던 다른 일의 가치에 대한 대기비용이며, 이에 더해서 지루함, 초조함, 걱정 등 정신적 비용이 추가적으로 발생한다.

서비스기업의 경우 고객의 대기는 서비스 능력을 최대로 활용할 수 있는 좋은 기회이다. 서비스를 받기 위해서 줄 서서 기다리는 고객은 제조업의 재고와 같은 것으로 고객의 대기에 의해서만 서비스의 재고화가 가능한 서비스 기업에게 수익을 향상시킬 좋은 기회가 된다. 고객의 대기는 서비스 능력의 활용도를 높여 생산성 향상에도 기여한다.

하지만 대기가 있다는 것을 고객이 시스템에 들어오기 전에 알게 해서는 안 된다. 경쟁이 치열한 시장에서 지나친 대기시간 혹은 오래 기다릴 것 같은 느낌은 매출을 감소시킬 수 있다. 봄철 불청객 황사가 심하지 다녀간 다음 주유소에 있는 자동세차기 앞에는 대기하는 차량으로 인산인해를 이룬다. 세차를 하려는 고객은 대기하고 있는 차량이 얼마나 많은지를 살펴보고 대기행렬에 들어갈지 말지를 결정한다. 따라서 고객에게 대기행렬이 안보이게 하는 것은 매출을 향상시킬 좋은 전략이 된다.

고객의 입장에서 대기는 시간적 측면에서 다른 생산적인 일을 하지 못한 것에 대한 기회비용을 유발하며, 대기하는 동안 느끼는 심리적인 고통으로 인해 대체로 유쾌하지 않은 경험이다. 하지만 어쩔 수 없는 대기를 가치 있는 시간으로 만들어 주는 기업의 창의적인 혁신은 짜증나는 대기를 고객이 잊어버리게 만들 수 있다. 짜증을 줄여줄 수 있는 방법 중 하나는 고객에게 기다리는 시간 동안 서비스 프로세스에 참여할 수 있는 기회를 제공하는 것이다.

[그림 10-2]와 같이 피자전문점은 피자가 준비되는 시간 동안 이용할 수 있는 샐러드바를 설치하여 추가 수익과 고객화된 샐러드 제공이라는 가치를

출처: www.mrpizza.co.kr/store/store-menu

그림 10-2 미스터피자의 샐러드바

고객에게 전달할 수 있었다. 또한 의사를 기다리는 동안에 환자에게 진찰 기록지를 쓰도록 하여 의사의 시간, 즉 서비스 능력을 절약할 수도 있다. 이와 같이 대기행렬은 어떻게 관리하느냐에 따라서 고객과 기업 모두에게 이익을 가져다 줄 수도 있고 부정적인 경험만을 남길 수도 있다.

2. 기다림의 심리학

기다림에 대한 인식이 실제로 기다린 시간보다 고객에겐 더욱 중요하다. 고객이 기대한 것보다 더 나은 서비스를 받으면 고객은 행복하고 만족하게 되며 좋은 구전효과를 얻을 수 있으나, 그 반대의 경우에 고객은 불만족하게 되고 좋지 않은 입소문을 퍼트린다. 그리고 기다림으로 받은 첫 인상은 나머지 서비스 경험 전체에 영향을 미친다.

대기시간을 관리하는 방법에는 두 가지 방법이 있다. 서비스 제공 시스템을 개선하여 실제 대기시간을 줄이는 운영관리적 방법과 실제 대기시간은 줄지 않지만 다양한 조치를 통해서 고객의 지각을 변화시킴으로써 체감 대기시간을 줄이는 심리적 방법이 있다. 실제 대기시간을 줄이기 위해서는 많은 비용이 발생하기 때문에 서비스기업은 대기 경험에 대한 고객의 지각을 통제하는 방법에 더 많은 관심을 가지고 있다. 따라서 기다리는 시간을 즐거운 경험으로 채워 가치 있는 시간으로 인식하도록 하는 혁신적인 방안이 필요하다. 이를 위해서는 다음의 대기 심리학의 특성을 고려해야 한다.

(1) 지각은 현실보다 중요하다

고객은 얼마나 오래 기다렸는가보다 얼마나 오래 기다렸다고 생각하는가에 더욱 민감하다고 한다. 똑같은 거리를 걷더라도 혼자 걸어갈 때와 애인과 같이 걸어갈 때 느끼는 이동시간에 차이가 있다. 약속시간에 늦을 때 교통이 막히면 느끼는 시간과 그렇지 않을 때 느끼는 시간에는 큰 차이가 있다. 이와 같이 물리적인 시간보다 심리적인 인식이 더욱 중요하므로 서비스 디자인 과정에서 고객의 심리적인 요인을 충분히 고려해야 한다.

(2) 공허한 감정 누그러뜨리기

아무 것도 하지 않고 기다리는 시간은 길게 느껴진다. 사람들은 공허한 '빈 시간'을 싫어한다. 아무 것도 할 수 없다는 것은 고객에게 좌절감을 느끼게 하며, 시계바늘이 평소보다 느리게 도는 것 같은 느낌을 갖게 한다. 이와 같은 공허한 감정을 누그러뜨리기 위해서는 고객의 눈동자를 관리해야 한다. 대표적인 방법이 엘리베이터 옆에 설치된 거울이다. 엘리베이터 속도를 높이기 위해서는 많은 비용이 소요되지만 엘리베이터 안과 밖에 거울을 설치하는 것은 비용을 많이 들이지 않으면서 사람의 눈동자를 관리하는 좋은 방법이다.

많은 기업에서 유사한 전략을 사용하고 있다. 콜센터는 반복되는 신호음 대신에 음악을 들려주며, 은행과 병원에는 항상 TV를 틀어두고 관련 책자나 잡지를 비치해서 고객들의 주의를 분산시키고 있다. 또한 실내의 대기실 구조를 바꾸는 것도 고객들의 지루함을 줄일 수 있다. 카페의 고정된 벤치 같은 의자는 대화를 방해하는 반면에 옮기기 쉬운 탁자와 의자의 배열은 교제의 기회를 제공한다.

굿모닝백이안과

부산 서면에는 백년을 이어갈 수 있는 안과라는 캐치프레이즈를 가진 굿모닝백이안과가 있다. [그림 10-3]은 굿모닝백이안과의 외래환자 진료대기실의 전경이다. 왼쪽 사진에 보이는 대기실은 환자들이 서로 마주보거나 옆으로 서로를 살펴볼 수 있도록 소파를 배치해 둔 반면에 오른쪽 사진에 보이는 대기실은 한 방향으로 시선을 향하도록 소파가 배치되어 있다. 백내장 수술이 많은 병원의 특성상 수술에 대한 지식이 부족한 환자들은 주위 사람들의 대화에 귀를 기울이며, 수술하고 검진차 방문한 환자에게 수술에 대한 갖가지의 궁금한 점을 물어본다. 실제로 왼쪽 사진에 있는 소파에서 대기하는 환자들 간에는 대화와 소통이 빈번하게 일어나 환자들이 대기시간을 유익하게 보내고 있는 반면에 맞은편에 있는 대기실에는 환자들도 별로 없지만 전부 앞만 쳐다보고 지루한 얼굴들을 하고 있다. 이처럼 대기실의 디자인에 대한 세심한 배려는 고객의 기다림을 가치 있는 시간으로 바뀌게 할 수 있다.

출처: 102eye.com

그림 10-3 안과병원 대기실 전경

(3) 서비스의 시작을 알리기

고객은 서비스가 시작되고 나서의 기다림보다 그 이전의 기다림을 더 길게 느끼며 불만을 토로한다. 서비스가 시작되었다는 생각을 갖게 하면 사람들의 초조했던 마음이 많이 줄어든다고 한다. 레스토랑에서 자리에 앉았는데 물이나 메뉴판을 금방 가져다주지 않으면 짧은 시간이지만 길게 느껴진다. 디즈니랜드는 고객들이 대기 줄에서 기다리는 동안 조금 있다 경험하게 될 어트랙션에 대한 정보를 스크린이나 여러 장치들을 통해 제공해 어트랙션이 시작되었다는 느낌을 갖게 한다.

병원에서 의사를 기다리는 환자는 다른 어떤 서비스산업의 고객보다 근심과 걱정이 많으며 상당히 민감한 상태에서 대기하고 있다. 이때 진찰기록지 작성이나 혈압측정과 같은 간단한 검사의 시작은 환자에게 진료가 시작되었음을 알리는 신호가 된다. 대기실에서 검사실로, 또 다른 대기실에서 다른 검사실로 이동하면서 환자들은 자신들이 서비스를 받고 있다는 안정감을 느끼게 될 것이다. 20분의 막연한 기다림 후에 한 번에 이루어지는 서비스보다 10분 대기와 진료 또 10분 대기와 진료가 고객들에게 더 짧게 느껴지는 이유이다.

(4) 기다림의 끝을 알려주기

언제 기다림이 끝나는지를 모르고 기다리는 것은 끝을 알고 기다리는 것보다 길게 느껴진다. 버스정류장에서 언제 도착할지도 모르고 기다리는 것보다 도착이 몇 분 남았다는 안내판을 보면 막연한 기다림의 불안감이 사라진다. 불확실성이 사라지면 심리적인 안정감을 얻게 되며, 예상했던 시간보다 빠른 도착은 고객에게 큰 기쁨으로 다가온다.

디즈니랜드와 같은 테마파크의 놀이기구 앞에는 항상 예상되는 대기시간이 표시되어 있다. 그리고 실제로 기다려야 하는 시간보다 조금 더 길게 표시해 두어 어트랙션이 시작될 때 고객들은 더 감동하게 된다.

또한 설명되지 않는 기다림은 더 길게 느껴진다. 10시에 예약이 된 상태에서 9시 50분에 도착해 기다리는 10분의 시간은 길게 느껴지지 않지만, 약속된 시간에 서비스가 시작되지 않고 또 늦어지는 이유를 설명해주지도 않을 때 기다리는 시간은 더욱 길게 느껴진다.

(5) 공정하다는 느낌을 갖게 하기

늦게 온 고객이 먼저 서비스를 받으면 불공정하다는 느낌으로 분노하게 된다. 다 같이 기다리는 시간보다 공정하지 않은 기다림이 더 고객을 짜증나게 한다. 은행과 공공기관 같은 곳에는 도착 순서대로 서비스를 받을 수 있도록 번호표 발급기를 사용하고 있다. 먼저 오는 사람이 먼저 서비스 받는 'FCFSfirst come first service' 정책은 기다리는 시간과 불공정의 가능성에 대한 고객의 우려를 감소시켜준다. 그리고 서울역 매표창구와 같이 서버server가 여럿일 때 FCFS를 위해서 대개 '한 줄 서기'를 시행한다. 비록 서버별로 여러 줄을 설 때 평균대기시간이 더 짧게 소요될지라도 '한 줄 서기'를 하는 것이 고객들에게 공정하다는 느낌을 주어 더 좋다.

하지만 서비스기업은 수익을 높이기 위해서 FCFS를 실시하지 않는 것이 더 좋을 때가 많다. 수익에 영향을 많이 주는 주요 고객들에게 먼저 서비스하는 것이 기업입장에서 유리하다. 항공사는 1등석 고객이나 자주 이용하는 고객들은 일반 고객과 분리된 다른 줄에서 서비스를 받도록 한다. 콜센터는 주요 고객의 전화를 먼저 받는 소프트웨어를 사용하고 있다. 만약 고객 집단에 따른 차별화를 하려 한다면 특별한 대우를 받는 고객들을 일반 고객들이 볼 수 없도록 시스템을 설계해야 한다.

3. 기다림을 통제하는 방법

(1) 격려

미국의 옴니 파크 센트럴 호텔Omni Park Central Hotel은 기다리는 고객이 여섯 명 이상이 되면 부지배인이 대기하는 고객들에게 오렌지와 포도 주스를 제공함으로써 고객들의 존재를 알고 있으며, 곧 서비스가 시작될 것임을 알게 한다. 디즈니랜드의 놀이기구도 고객이 대기 중 이동하면서 볼 수 있도록 갖가지 장치를 해 두고 있다.

(2) 구별

에이비스Avis 렌트카는 충성 고객을 분류하여 이들에게 사무실에 도착해서 3분 내로 자동차 키를 인계받을 수 있는 '3분 보장제'서비스를 제공하고 있다. 그리고 단골 고객은 PDA를 가진 직원이 주차장에서 렌트카를 대여하고 반납할 수 있도록 하고 있다. 또한 유니버셜 스튜디오Universal Studio는 세 개의 대기라인을 가지고 있는데, 일반과 익스프레스뿐만 아니라 혼자 이용하는 고객을 위한 라인이 있다. 어트랙션을 이용하는데 한 자리가 빌 때 혼자 온 고객이 이용할 수 있도록 한 것이다.

(3) 자동화

보험회사 콜센터 등에서는 고객이 요청하는 서비스에 따라 표준화된 대본, 즉 스크립트를 가지고 있다. 고객의 이름과 건강보험의 종류만 입력하면 컴퓨터에 읽을 수 있는 대본이 뜨며, 빠르게 서비스를 할 수 있다.

(4) 판단을 흐리게 하기

디즈니랜드와 같은 테마파크에서는 놀이기구를 타기 위해 기다리는 고객의 줄을 뱀처럼 꾸불꾸불하게 세우는데, 사람들은 줄이 얼마나 긴가 보다는 얼마나 빨리 움직이는가에 초점을 두게 된다.

4. 대기행렬

4.1 대기의 정의

서비스를 받기 위하여 고객들이 기다려야 하는 상황이 있다. 서비스를 받고자 하는 고객은 많은 반면에 서비스를 제공하는 시설이 부족한 경우 고객들이 줄을 서서 기다리게 하는 대기가 형성된다. 대기는 제한된 자원의 사용자가 한 명 이상일 때 발생하는 자연스러운 현상이다.

대기란 고객이 서비스를 받을 준비가 되어 있는 시간부터 서비스가 개시되기까지의 시간이다. 고객들의 기다림은 거래가 시작되기 전, 거래도중, 그리고 거래가 일어난 후에 모두 발생할 수 있다. 즉 과정 전pre-process, 과정 중in-process, 과정 후post-process에 기다리는 일이 발생할 수 있다. 예를 들어 레스토랑에 도착해 자리에 앉기 전에 기다릴 수 있고, 주문 후 식사가 나올 때까지 기다리는 경우가 있으며, 식사 후 요금을 계산하는 과정에서 기다릴 수 있다. 하지만 고객은 과정 전 기다림을 가장 괴로워하며, 대부분의 대기관리는 과정 전 대기를 다루고 있다. [서비스 사례: 베니건스의 타임 크런치 런치]는 베니건스가 과정 중 대기에 고객에게 즐거운 경험을 제공하고 빠른 식사제공을 보증하기 위해 시행하는 이벤트를 설명하고 있다.

베니건스의 타임 크런치 런치

패밀리레스토랑 베니건스Bennigan's는 2012년 4월 오전 11시부터 1시 30분까지 고객이 주문한 음식이 18분 이내에 나오지 않으면 50% 할인가로 제공하는 '타임 크런치 런치Time Crunch Lunch'를 재시행하고 있다. 1996년 업계 최초로 시행했다 2004년 중단되었던 베니건스만의 고객지향서비스이다. 담당 직원이 주문을 받은 직후 테이블에 설치돼 있는 초시계의 버튼을 누르면 '타임 크런치 런치' 시간이 계산된다. 짧은 점심시간 탓에 시간적 부담을 느끼는 직장인을 위해 마련한 이벤트다. 베니건스 관계자는 "시간적인 부담을 줄이면서 재미까지 더하니 기존보다 매출이 약 20% 증가했다"고 말했다.

출처: www.metroseoul.co.kr/news/

그림 10-4 베니건스의 타임 크런치 런치

4.2 대기의 중요성

거의 모든 서비스 접점에서의 시작은 고객의 대기로부터 시작된다. 고객의 입장에서 대기는 유쾌하지 않은 경험이며, 다른 일을 하지 못하는데 따른 기회비용이기 때문에 지나치게 대기시간이 길 것으로 예상되면 서비스의 구매 자체를 포기하게 된다.

서비스 산업에서 대기가 중요한 것은 고객 수요가 예측 불가능하고 불규칙하기 때문이다. 제조업과 달리 미래의 판매를 위해서 서비스를 재고화할 수 없는 서비스기업에게 대기는 서비스를 재고화할 수 있는 기회 중 하나이다. 재고화된 서비스는 효율적인 운영을 통한 수익 극대화에 기여하게 된다.

4.3 대기행렬의 이해

(1) 대기행렬은 전체 업무량이 서비스 능력보다 적을 때라도 만들어진다. 하루 8시간 근무에 단지 6시간 분량의 업무만 주어지더라도 대기행렬은 만들어진다. 고객들은 일정한 시간 간격으로 도착하지 않고, 그들을 서비스하는데 소요되는 시간도 일정하지 않은 변동이 존재하기 때문이다.

(2) 대기행렬은 선형이 아니다. 한 사람이 근무할 때 대기하는 평균 고객 수가 12명이라고 할 때, 두 사람이 근무를 하면 평균 고객 수가 6명으로 줄어드는 것이 아니라 1명으로 줄어든다. 따라서 조금만 서비스능력을 확충해도 대기는 크게 줄일 수 있다.

4.4 대기행렬의 유형

대기행렬은 [그림 10-5]와 같이 복수 대기행렬, 단일 대기행렬, 고객 순번대기 이용 등 다양한 유형이 가능하다.

(1) 복수 대기행렬

복수 대기행렬은 어느 줄에 설 것인지를 도착 고객이 선택해야 한다. 자신의 줄보다 빠르게 줄어드는 옆줄을 보면 화가 날 수 있지만 다음과 같은 이점도 있다.

① 제공하는 서비스가 차별화될 수 있다. 할인마트의 소품목 전용 계산대가 그 예가 된다.

② 노동의 분화가 가능하다. 복잡한 업무가 많은 줄에는 보다 능력 있는 직원을 배치할 수 있다.

③ 고객은 선호하는 특정 서버를 선택할 수 있다.

④ 진입포기를 막을 수 있다. 구불구불한 한 줄의 긴 대기행렬을 보고 줄서기를 포기할 수 있다.

(2) 단일 대기행렬

단일 대기행렬은 한 줄의 구불구불한 대기행렬에 도착한 고객이 끝에 합류하도록 하는 것이다. 맨 앞에 있는 사람이 서버가 준비될 때마다 이동하는 방식으로 놀이동산과 화장실 등에서 일상적으로 사용된다. 이 방법의 장점은 다음과 같다.

① 오는 순서대로 서비스 받기 때문에 형평성이 보장된다.

② 어느 줄에 설지를 고민할 필요가 없다.

③ 단일 입구로 되어 있어 끼어들기 문제가 해소된다.

④ 서비스받는 고객과 바로 뒤에서 기다리는 고객의 거리가 멀어 프라이버시가 향상된다.

(3) 고객 순번대기 이용

도착하는 고객이 자기 순서를 알게 되는 번호표를 받는 것으로 단일 대기행렬의 변형이다. 번호표를 사용하면 형식적인 줄이 필요가 없으며, 고객을 자유롭게 어슬렁거리게 하여 '충동구매'를 유도할 수 있다. 커피전문점에서 진동벨을 받은 고객은 케익쇼케이스를 기웃거리다 디저트를 충동구매하

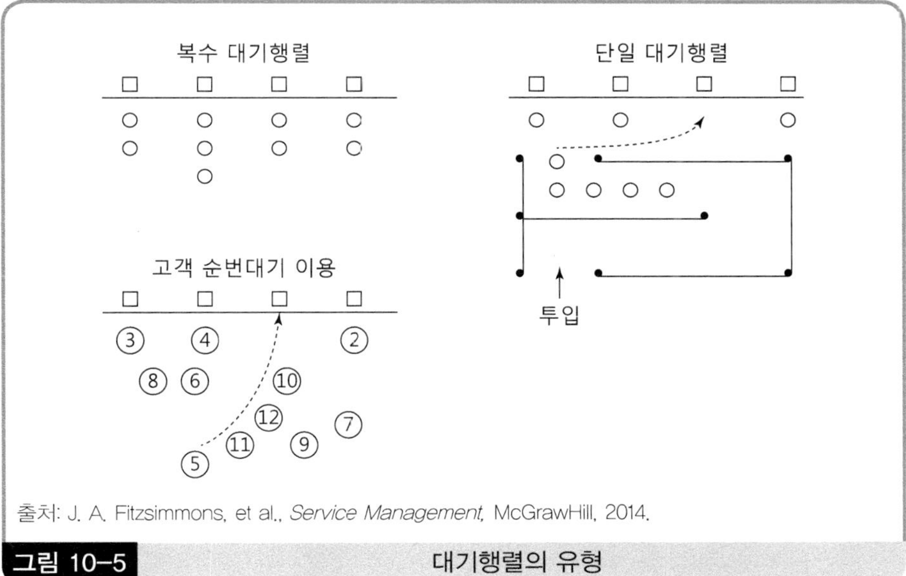

출처: J. A. Fitzsimmons, et al., *Service Management*, McGrawHill, 2014.

그림 10-5 대기행렬의 유형

게 된다. 하지만 주의를 집중하지 않으면 자기 순서를 지나칠 위험이 있다.

디즈니의 대기시간 관리

디즈니 월드 리조트Disney World Resort에서 어떻게 하면 대기시간을 줄이면서 인기 있는 놀이기구를 이용할 수 있을까에 대한 방법들을 제시한 책과 블로그 등은 매우 많다. 디즈니랜드는 기다림의 지루함을 줄여 줄 수 있도록 시간대별로 퍼레이드와 관악대 등을 통해 기분전환을 시켜주고 있으며, 패스트패스 제도를 도입해 놀이기구를 예약할 수 있도록 했다. 패스트패스Fastpass란 디즈니 입장객은 누구나 무료로 이용할 수 있는 시스템으로 사전에 인기 놀이기구 탑승을 '예약' 해 두고, 예약된 시간에는 최소한의 대기(15분 이내)만으로 탑승할 수 있게 만들어진 시스템이다. 패스트패스를 예약/발권하게 되면 미리 정해진 1시간의 범위를 주고, 그 시간동안에는 일반 대기줄이 아닌 특별히 마련된 짧은 대기줄을 통해서 놀이기구를 탑승할 수 있게 한다.

다른 놀이기구를 먼저 즐긴 후 다시 돌아와서 예약된 시간에 최소한의 대기만으로 놀이기구를 이용할 수 있는 제도이다. 디즈니는 2014년 1월에 업데이트된 패

그림 10-6 디즈니랜드의 패스트패스

스트패스 플러스(FP+)를 도입함으로써 기존에 사용되던 종이 패스트패스를 대체하였다.

이용할 어트랙션 앞에 있는 발권기에 패스포트를 넣고 예약시간이 적힌 패스트패스 티켓을 받는 것으로, 다른 어트랙션을 먼저 즐긴 후 다시 돌아서 예약된 어트랙션을 탈 수 있게 하는 제도다.

/ 찾아보기 /

저자 소개

서강대학교 경제학과에서 학사를, 미국 University of Nebraska-Lincoln에서 경영학 석사와 박사를 수여받았습니다. 현재 경성대학교 경영학과 교수로 재직 중이며, 학부와 대학원에서 서비스운영관리, 생산운영관리, 품질경영, 창의적 문제해결, 의사결정론, 사회적기업 등을 강의하고 있습니다. 서비스 혁신, 고객경험관리, 창의적 문제해결, 린스타트업 등에 관심이 많으며, 특히 국내·외 서비스기업의 혁신 사례에 대한 연구를 수행 중에 있습니다.

이 책에 관해 의문점이나 토의할 사항이 있으시면 저의 이메일 주소인 slee@ks.ac.kr로 연락주시기 바랍니다.

스마트한 서비스경영

2024년 2월 23일 중판인쇄
2015년 2월 25일 초판발행

저 자 이 상 식
발행인 이 구 만
발행처 유원북스 도서출판

121-130 서울특별시 마포구 토정로 198, 204호
전화 (02)593-1800 Fax (02)593-1801
등록 2011. 9. 6. 제25100-2012-3호
www.uwonbooks.com uwbooks@daum.net

정가 18,000원 ISBN 978-89-97926-40-4

이 도서의 국립중앙도서관 출판예정도서목록(CIP)은 서지정보유통지원시스템 홈페이지(http://seoji.nl.go.kr)와 국가자료공동목록시스템(http://www.nl.go.kr/kolisnet)에서 이용하실 수 있습니다.(CIP제어번호: CIP2015005938)